现代林业理论与管理

主 编 李晓艳 赵欣宇 严玲玲

东北林业大学出版社
Northeast Forestry University Press
·哈尔滨·

版权专有　侵权必究

举报电话：0451-82113295

图书在版编目（CIP）数据

现代林业理论与管理 / 李晓艳，赵欣宇，严玲玲主编. —哈尔滨：东北林业大学出版社，2023.4

ISBN 978-7-5674-3110-2

Ⅰ.①现… Ⅱ.①李… ②赵… ③严… Ⅲ.①林业管理－研究 Ⅳ.①F307.2

中国国家版本馆CIP数据核字（2023）第064607号

责任编辑：	任兴华
封面设计：	鲁　伟
出版发行：	东北林业大学出版社
	（哈尔滨市香坊区哈平六道街6号　邮编：150040）
印　　装：	廊坊市广阳区九洲印刷厂
开　　本：	787 mm × 1 092 mm　1/16
印　　张：	16.25
字　　数：	270千字
版　　次：	2023年4月第1版
印　　次：	2023年4月第1次印刷
书　　号：	ISBN 978-7-5674-3110-2
定　　价：	65.00元

如发现印装质量问题，请与出版社联系调换。（电话：0451-82113296　82191620）

编 委 会

主　编
李晓艳　山东建筑大学
赵欣宇　甘肃省小陇山林业保护中心
严玲玲　浙江省永康市林业技术和种苗推广站

副主编
郭亚楠　聊城市林业发展中心
王阿萍　鄂尔多斯市林业和草原事业发展中心
王　伟　蒙阴县综合行政执法局
谢健全　国有中牟县林场
叶　红　国有中牟县林场
张立宾　东营市科技创新服务中心
（以上副主编按姓氏首字母排序）

前　言

　　林业可以维持生态平衡，保护生态环境，并且是国民经济的重要组成部分之一。在不同的发展阶段，社会对于林业的需求也是变化的。但是目前人类对于林业的破坏比较严重，必须要建立新的林业发展理论来制约和指导人们的行为，使人们对林业产生新的认识和定位，并用科学的思维和方法指导实践，使得现代林业发展理论能真正成为可持续发展的理论基础。

　　目前人类为了追求高利润和高效益，不惜以牺牲环境为代价，由此衍生的森林问题成为世界资源和环境的首要问题，这严重危害着地球和人类的可持续发展。虽然世界各国都在号召要重点关注森林保护和人类的可持续发展，但是在实践过程中缺乏系统的理论指导以及参考标准。所以现代林业发展理论的建立迫在眉睫，并且要用科学的方法及理论对实践进行探索和应用，为了创造美好的家园每个人都要付出不懈的努力。

　　对现代林业进行生态管理是当前提高我国经济发展速度和实现可持续发展的重要任务，因此，林业工作者必须要从生态管理的角度出发来制定林业保护政策，以从根本上落实林业在我国社会主义市场经济发展中的重要作用。推进新时代林业现代化建设，不仅要打造一支高素质的科研队伍来提高技术创新力度，还努力将生态观念落实到现代林业的管理过程中。

　　本书对中国林业发展的历史、政策、建设、管理相关内容进行了介绍。由于作者水平有限，书中难免存在不足之处，恳请广大读者批评指正。

作　者
2023 年 4 月

目　　录

第一章　中国林业的发展历史及趋势 ·································· 1
第一节　中国林业的发展历史简述 ·································· 1
第二节　中国林业建设的成就、经验和问题 ·························· 8
第三节　林业发展战略 ·· 15

第二章　中国林业制度和主要林业政策 ································ 18
第一节　制度的基本内涵 ·· 18
第二节　中国林业制度发展 ·· 21
第三节　中国的主要林业政策 ······································ 28

第三章　林业建设项目管理 ·· 36
第一节　项目概论 ·· 36
第二节　项目建议书的编制 ·· 40
第三节　建设项目可行性研究报告的编制 ···························· 46
第四节　建设项目初步设计的编制 ·································· 57
第五节　项目竣工验收 ·· 70

第四章　森林公园建设管理 ·· 73
第一节　森林公园概述 ·· 73
第二节　森林公园风景资源调查与评价 ······························ 76
第三节　森林公园建设可行性研究 ·································· 83
第四节　国家级森林公园行政许可项目 ······························ 86

第五节　森林公园森林旅游产品……………………………………90
　　第六节　森林公园总体规划…………………………………………101
　　第七节　森林公园旅游市场调查与评价……………………………105

第五章　自然保护区建设管理……………………………………………113
　　第一节　自然保护区概述……………………………………………113
　　第二节　自然保护区设立和功能区划调整审批管理………………116
　　第三节　自然保护区总体规划………………………………………118
　　第四节　自然保护区基本建设和项目建设可行性研究……………123
　　第五节　自然保护区日常管理与管理计划…………………………127
　　第六节　自然保护区生态旅游管理与规划…………………………132
　　第七节　自然保护区社区共管………………………………………136

第六章　现代林业的发展与实践…………………………………………139
　　第一节　气候变化与现代林业………………………………………139
　　第二节　荒漠化防治与现代林业……………………………………140
　　第三节　森林及湿地生物多样性保护………………………………149
　　第四节　现代林业的生物资源与利用………………………………160
　　第五节　森林文化体系建设…………………………………………178

第七章　现代林业与生态文明建设………………………………………189
　　第一节　现代林业与生态环境文明…………………………………189
　　第二节　现代林业与生态物质文明…………………………………208
　　第三节　现代林业与生态精神文明…………………………………214

第八章　现代林业体制改革与创新………………………………………222
　　第一节　我国林业管理体制…………………………………………222
　　第二节　我国林业体制改革所面临的困难…………………………226

第三节　现代林业的保障体系…………………………………229

　　第四节　现代林业的国际合作…………………………………242

结　　语……………………………………………………………249

参考文献……………………………………………………………251

第一章　中国林业的发展历史及趋势

第一节　中国林业的发展历史简述

一、中华人民共和国成立前的林业发展概况

我国古代是一个多林的国家。据《山海经》等史料记载，远古时代的华北、西北分布着相当数量的森林。从陕西到甘肃的西山，有大小山峰78座，其中覆盖树木多的33座，占42%；无木者7座，不到10%。华北地区也分布着大量森林，并不像现在的景观。随着社会的发展和人口的增加，森林受到破坏，林地日益减少。

从秦汉时代直到鸦片战争前的漫长时期，我国逐渐由一个多林国家变成少林国家。原来密林遍布的黄河流域，是中华民族经济、文化发展的摇篮，但是，历经数千年的反复摧残破坏，加之人口增多，到处毁林开荒，森林面积日益减少，水土流失日益严重，以致黄河上游到处是秃岭荒坡和千沟万壑；下游河床淤高，水灾频繁。

从1840年到1949年的100多年间，国内封建地主、官僚资本主义和帝国主义相互勾结，加剧了对我国森林资源的破坏和掠夺。

1912年农林部公布了《东三省国有林发放规则》，其中规定发放林场有效期20年为限，一次承领面积200平方千米为限，从而大部分森林资源落入大地主官僚之手。1937~1945年，由于法西斯侵略者对我国大部领土实行野蛮的军事占领，疯狂烧杀与大规模掠夺，使我国林业方面的损失约相当于当时我国森林面积的10%（约6亿立方米）。

总之，我国的森林随着大自然的变迁而演化，随着人类的干预而减少，到1949年中华人民共和国成立前夕，我国森林覆盖率只有8.6%。

二、中华人民共和国成立后的林业发展历程

中华人民共和国成立后，林业为国民经济建设和人民生活做出了重大贡献，取得了巨大成绩，同样也存在某些问题。回顾中华人民共和国林业的发展状况，有利于分析目前的形势，总结经验，寻找未来发展之路。

中华人民共和国成立后的林业发展大致可以分为三个阶段：1949~1978年为第一阶段，1979~1997年为第二阶段，1998年至今为第三个阶段。

1. 林业建设的起步与徘徊阶段（1949~1978年）

1949~1978年，是中华人民共和国林业发展的第一阶段。这一阶段国家针对林业建设方针、森林权属界定，保护森林资源、防止森林火灾，禁止乱垦滥伐等问题先后出台了一系列政策，这一阶段又可分为建设起步和徘徊停滞两个时期。

（1）建设起步时期（1949~1958年）。

1949年，《中国人民政治协商会议共同纲领》提出了"保护森林，并有计划地发展林业"的方针。1950年，国家提出了"普遍护林，重点造林，合理采伐和合理利用"的建设总方针。林业建设总方针的提出与完善，对保护发展、开发利用森林资源发挥了重要的指导作用。

中华人民共和国成立前，我国山林权绝大多数为私有，山林可以自由买卖。1950年通过的《中华人民共和国土地改革法》，对山林权属问题做出了界定，确立了国有林和农民个体所有林。1950年第一次全国林业业务会议决定"护林者奖，毁林者罚"。各地政府积极组织群众成立护林组织，订立护林公约，保护森林，禁止乱砍滥伐。同年，政务院还颁布了《关于全国林业工作的指示》，指出林业工作的方针和任务是以普遍护林为主。严格禁止一切破坏森林的行为，在风沙水旱灾害严重地区发动群众有计划地造林。1958年4月，中共中央、国务院颁布了《关于在全国大规模造林的指示》。同月，中共中央、国务院颁布了《关于加强护林防火工作的紧急指示》等。

林业建设总方针的确立与完善、森林权属的界定、保护森林资源政策的出台与实施，有助于保护森林资源，推动了我国林业的发展。据相关统计资料，1949

年前后，全国森林覆盖率仅为8.6%。1950~1962年主要林区的森林资源调查显示，全国森林覆盖率为11.81%，森林覆盖率有较快的增长。

（2）徘徊停滞时期（1958~1978年）。

这一时期，国家为推动林业的健康发展，曾出台过一些政策。如1958年9月，中共中央下发了《关于采集植物种子绿化沙漠的指示》；1961年6月，中共中央做出《关于确定林权、保护山林和发展林业的若干政策规定（试行草案）》；1963年5月，国务院颁布了《森林保护条例》，这是中华人民共和国成立以后制定的第一部有关森林保护工作的最全面的法规；1967年9月，中共中央、国务院、中央军委等联合下发了《关于加强山林保护管理，制止破坏山林、树木的通知》等。这些政策措施，都有利于森林资源的保护和合理开发。

但总体而言，这一阶段我国林业建设历经曲折。全国范围内出现了毁林种粮的现象，森林资源遭到了严重的破坏，水土流失严重，生态环境问题迅速凸显。1973~1976年，我国开展了第一次全国森林资源清查工作。结果显示，当时森林面积约121.9万平方千米，森林覆盖率为12.7%。1977~1981年第二次全国森林资源清查，我国森林面积为115.3万平方千米，森林覆盖率降至12.0%，指标较第一次清查时有所下降。

2. 林业建设的恢复与复兴阶段（1979~1997年）

从20世纪70年代末到90年代后期，即从改革开放之初到20世纪末期，是林业发展的第二阶段。大力植树造林，加强森林保护，强调可持续发展，成为这一时期国家林业政策措施的重点。这一阶段又可分为三个时期。

（1）恢复发展时期（1979~1983年）。

十一届三中全会以后，伴随着国家工作重点转移，林业建设步入正常轨道。国家就植树造林问题，相继出台了一些政策。

1981年7~8月，我国四川、陕西等省先后发生了历史上罕见的特大洪水灾害。长江、黄河上游连降暴雨，造成洪水暴发、山体崩塌，给人民群众生命财产和国家经济建设造成了巨大损失。专家学者以大量的数据和事实论证了森林植被遭到破坏，生态失去平衡是造成这次洪灾的主要原因。

（2）加强森林保护时期（1984~1991年）。

按照国家部署，为了保护森林，促进林业发展，我国农村广泛实行了林业"三定"政策。但随着经济体制改革的深入，木材市场进一步放开，在经济利益的驱动下，一些集体林区出现了对森林资源的乱砍滥伐偷盗等现象，甚至一些国有林场和自然保护区的林木也遭到了哄抢，导致集体林区蓄积量在300万立方米以上的林业重点市，由20世纪50年代的158个减少到不足100个，能提供商品材的县由297个减少到172个。第三次全国森林资源清查（1984~1988年）显示，较第二次清查，南方集体林区活立木总蓄积量减少了18 558.68万立方米，森林蓄积量减少15 942.46万立方米。在生产建设需要和人口生存需求的双重压力下，木材年产量居高不下，长期超量采伐。计划外采伐，对森林资源消耗巨大，远远超出了森林的承载能力。

（3）向可持续发展转变时期（1992~1997年）。

1992年6月，巴西里约热内卢联合国环境与发展大会对人类环境与发展问题进行了全球性规划，会议通过的《21世纪议程》，使可持续发展这一模式成为世界各国的共识。会后，我国编制了《中国21世纪议程——中国21世纪人口、环境与发展白皮书》，成为中国可持续发展的总体战略。作为可持续发展战略的重要组成部分，国家把生物多样性资源保护、森林资源保护等放到了突出位置。在《国务院关于进一步加强造林绿化工作的通知》（1993）中，明确指出要坚持全社会办林业，全民搞绿化，总体推进造林绿化工作，切实抓好造林绿化重点工程建设。在随后制定的《中华人民共和国农业法》中明确指出，国家实行全民义务植树制度：保护林地，制止滥伐、盗伐森林，提高森林覆盖率。1994年10月通过的《中华人民共和国自然保护区条例》，强调要将生物多样性作为重点保护对象。

在1996年9月出台的《中华人民共和国野生植物保护条例》中，明确提出以严厉的措施，保护生物多样性，维护生态平衡。

从20世纪70年代末到90年代后期，经过各方努力，林业建设中存在的毁林开垦、乱砍滥伐等现象，得到了一定程度的遏制，植树造林、封山育林等工作初见成效。1984~1988年第三次全国森林资源清查，我国森林面积为124.65万平方千米，森林覆盖率12.98%，包括活立木蓄积量105.72亿立方米，森林蓄积量91.41亿立方米。1989~1993年第四次清查，森林面积133.70万平方千米，森林覆盖率13.92%，包括活立木蓄积量117.85亿立方米，森林蓄积量101.37亿立方米。1994~1998年第五次清查，森林面积158.94万平方千米，森林覆盖率16.55%，活立木蓄积量124.88亿立方米，森林蓄积量112.66亿立方米。可见，我国森林面积和蓄积量出现双增长的良好局面，林业发展取得了阶段性成果。

同时，也需清醒地认识到，由于生产建设对木材的需求居高不下，林业发展形势依然严峻。依据《中国林业统计年鉴》中的统计数据，1986~1991年，我国每年的木材产量曾一度递减，从6 502.4万立方米下降到5 807.3万立方米，减少了695.1万立方米，减幅为10.7%。但是，1991年之后又迅速反弹，至1995年，木材产量攀升至67 669万立方米，超过了1986年的产量。

3. 林业建设的快速发展阶段（1998年至今）

1998年至今是我国林业建设的第三个阶段。这一时期我国的林业建设初步实现了，以木材生产为主向以生态建设为主的历史性转变。这一阶段有1998年特大洪灾、《中共中央 国务院关于加快林业发展的决定》的出台和中央林业工作的召开三个节点。

（1）发展战略开始转型（1998~2002年）。

1998年特大洪灾后，林业发展向以生态建设为主转变。1998年我国"三江"（长江、嫩江、松花江）流域发生了特大洪灾。此次灾害持续时间长、影响范围广，灾情特别严重。据国家权威部门统计，全国共有29个省（自治区、直辖市）受到不同程度的洪涝灾害，农田受灾面积220余万公顷，倒塌房屋600余万间，直接经济损失超过2 000亿元。有专家指出，洪灾与生态环境的破坏有着直接的关系。长期以来，长江流域上游无节制的森林采伐，致使植被减少。森林覆盖率急速降低，导致流域内水土大量流失，泥沙淤积，河流蓄水能力降低。北方嫩江、松花江流域的洪灾成因也是如此。

洪灾引发了国家对林业发展战略的深入思考。时任国务院总理朱镕基在考察洪灾时指出："洪水长期居高不下，造成严重损失，也与森林过度采伐、植被破坏、水土流失、泥沙淤积、行洪不畅有关。"在灾情还未结束时，国务院就下发了《关于保护森林资源制止毁林开荒和乱占林地的通知》，强调："必须正确处理好森林资源保护和开发利用的关系，正确处理好近期效益和远期效益的关系。绝不能以破坏森林资源，牺牲生态环境为代价换取短期的经济增长。"在此基础上，国家又出台了多项政策，如《国务院办公厅关于进一步加强自然保护区管理工作的通知》（1998）、《中共中央关于农业和农村工作若干重大问题的决定》（1998）等。在这些政策中，国家反复强调保护和发展森林资源的重要性、迫切性。同时，国家果断采取措施，实行天然林保护工程。进入21世纪后，又相继实施了退耕还林还草工程、"三北"防护林建设、长江中下游地区重点防护林体系建设、京津风沙源治理、野生动植物保护及自然保护区建设、重点地区速生丰产用材林建设等工程。林业六大工程的实施，标志着我国林业以生产为主向以生态建设为主转变。

（2）新的发展战略确立（2003~2007年）。

《中共中央 国务院关于加快林业发展的决定》的出台，标志着我国林业以生态建设为主的发展战略基本确立。由于林业具有生产周期长、破坏容易、恢复难的特点，进入21世纪后，我国生态问题日益严重。2003年6月，中共中央、国务院出台了《关于加快林业发展的决定》，指出我国生态整体恶化的趋势没能根本扭转，土地沙化、湿地减少、生物多样性遭破坏等仍呈加剧趋势，乱砍滥伐林木、乱垦滥占林地等现象屡禁不止，气候异常、风沙、洪涝、干旱等自然灾害频发，严重制约了经济、社会等各项事业的发展。

随后，在中共中央、国务院出台的一系列政策中，反复强调贯彻林业可持续发展战略的重要性。这些政策主要有：《中共中央 国务院关于促进农民增加收入若干政策的意见》（2003）、《中共中央 国务院关于进一步加强农村工作提高农业综合生产能力若干政策的意见》（2004）、《中共中央 国务院关于推进社会主义新农村建设的若干意见》（2005）、《中共中央 国务院关于积极发展现代农业扎实推进社会主义新农村建设的若干意见》（2007）、《中国应对气候变化国家方案》（2007）等。

这些政策体现出国家对林业建设、生态建设的认识进一步深化，国家对林业建设的认识已经上升到事关国家发展全局、事关应对全球气候变化的战略地位，由此确立了"三生态"林业发展战略思想，即确立以生态建设为主的林业可持续发展道路，建立以森林植被为主体的国土生态安全体系，建设山川秀美的生态文明社会。这一阶段规划了林业建设的目标：力争到2010年使我国森林覆盖率达到20.3%，2020年达到23.4%，2050年达到28%，基本建成资源丰富、功能完善、效益显著、生态良好的现代林业，最大限度地满足国民经济与社会发展对林业的生态、经济和社会需求，实现我国林业的可持续发展。

（3）跨越式发展新时期（2008年至今）。

中央林业工作会议召开，我国林业建设进入以生态建设为主的新阶段。为了促进传统林业向现代林业转变，2008年6月，中共中央、国务院出台了《关于全面推进集体林权制度改革的意见》，要求用5年左右时间基本完成明晰产权、承包到户的改革任务。2009年6月，中央召开了中华人民共和国成立60年来首次林业工作会议，研究了新形势下林业改革发展问题，全面部署了推进集体林权制度改革的工作。会上时任国务院总理温家宝明确指出：林业在贯彻可持续发展战略中具有重要地位；在生态建设中具有首要地位；在西部大开发中具有基础地位；在应对气候变化中具有特殊地位。时任国务院副总理、全国绿化委员会主任回良玉也指出，实现科学发展必须把发展林业作为重大举措；建设生态文明必须把发展林业作为首要任务；应对气候变化必须把发展林业作为战略选择；解决"三农"问题必须把发展林业作为重要途径。这说明国家对生态林业建设重要性的认识，达到了前所未有的高度。随着我国工业化、城镇化步伐的加快，毁林开垦和非法占用林地的现象日趋严重，社会经济发展需求与林地供给矛盾十分突出。为此，2010年6月9日，国务院审议通过了《全国林地保护利用规划纲要（2010—2020年）》。这是我国第一个中长期林地保护利用规划。纲要从严格保护林地、合理利用林地、节约集约用地的角度，提出了适应新形势要求的林地分级、分等保护利用管理新思路，具有里程碑意义，体现了国家全面加强生态建设的决心和意志，也标志着我国林业发展政策，由以前摸着石头过河，在不断尝试中前进，逐步过渡到对林业发展规律有了深入认识，注重总体规划顶层设计的新的历史时期。随着以上政策的出台和实施，林业建设获得了健康的发展，森林资源得到有效保护，发展取得了巨大成就。

总体来看，我国过去长期以木材生产为中心，这段历史时期有着一定的合理性甚至是必要性。随着实践的发展和认识的转变，林业生态效益与经济效益相对立的观点逐步被破除，未来林业建设的方向应该是：进一步解放思想；妥善处理林业建设中经济效益与生态效益的关系；积极探索能够实现两者之间共赢的最佳切入点和载体，实现两者之间的良性互动；在坚定以生态建设为主的林业发展战略的同时，推动林业经营方式改革，提高林业生产力水平，最大限度地满足经济社会发展对木材及林产品的需求。

第二节　中国林业建设的成就、经验和问题

一、林业建设的主要成就

中华人民共和国成立 70 多年来，我国林业建设在摸索中前进，在改革中发展。尤其是最近 30 多年来，林业在管理体制、经营机制、组织形式、经营方式、产业结构等方面进行了富有成效的改革和调整，林业生态体系、产业体系和生态文化体系建设取得了长足的发展。

1. 全面构建林业生态体系，为维护国家和全球生态安全做出了重大贡献

建立完善的林业生态体系，发挥林业巨大的生态功能，是发展现代林业的首要任务，也是维护生态安全、建设生态文明的重要基础。1978 年以来，国家采取一系列有效措施，全面加强林业生态体系建设，为维护中华民族生存根基和全球生态安全做出了突出贡献。

（1）建设和保护森林生态系统，我国成为世界上森林资源增长最快的国家。一是大力发展人工林。目前，我国人工林保存面积达到 5 300 多万公顷，占世界人工林总面积的近 40%，居世界首位。2000~2005 年全球年均减少森林面积 730 万公顷，而我国年均增加 405.8 万公顷，我国人工林年均增量占全球的 53.2%。二是大力保护天然林。为了保护我国珍贵的天然林资源，国家实施了天然林资源保护工程，全面停止长江上游、黄河上中游地区天然林商品林采伐，大幅度调减东北三省、内蒙古等重点国有林区天然林采伐量，有效地保护了 9 930 万公顷森林。三是大力实施退耕还林。1999 年以来，退耕还林工程区 25 个省、自治区、直辖市累计完成退耕地造林 905 万公顷、荒山荒地造林 1 262 万公顷、封山育林 160 万公顷，占国土面积 82% 的工程区森林覆盖率有所提高。四是大力建设长江、珠江、沿海等防护林体系。1989 年以来，长江、珠江流域、太行山绿化、沿海防护林体系建设工程分别完成营造林 570 万、71 万、489 万、142.09 万公顷。2008 年，国务院又决定到 2015 年再投资，全面加强沿海防护林体系建设。

建设和保护森林生态系统的有效措施，使我国森林资源实现了持续增长。森

林覆盖率从1981年的12%增加到21.63%（2009~2013年第八次全国森林资源清查结果），森林蓄积量达到151.37亿立方米，活立木总蓄积量达到164.33亿立方米。森林资源总量持续增长，使我国吸收二氧化碳的能力显著增加。2004年，中国森林净吸收了5亿吨以上二氧化碳当量，约占同期全国温室气体排放总量的8%以上。国际著名专家评估表明，中国是世界上森林资源增长最快的国家，为中国乃至全球经济社会可持续发展创造了巨大的生态价值。

（2）治理和改善荒漠生态系统，土地沙化趋势得到初步遏制。我国是土地荒漠化危害最严重的国家之一。为遏制土地荒漠化我国坚持科学防治、综合防治、依法防治的方针，实施了三大重点治理工程，土地荒漠化由20世纪90年代末期年均扩展3 436平方千米转变为21世纪初期年均缩减1 283平方千米，总体上实现了从扩展到缩减的历史性转变。一是实施"三北"防护林体系建设工程。工程涉及我国13个省、自治区、直辖市的551个县（旗），建设期到2050年。经过30多年的建设，累计造林保存面积2 374万公顷，使黄土高原40%的水土流失面积得到治理。二是实施京津风沙源治理工程。工程涉及北京、天津等5省、自治区、直辖市的75个县（旗）。到2007年，累计完成治理任务669.4万公顷，实行禁牧568.4万公顷，生态移民11.6万人。工程区林草植被盖度平均提高10.0%~20.4%。三是实施农田防护林体系建设工程。1988~2007年，全国平原地区累计完成造林710万公顷，农田林网控制率由59.6%提高到74%，3 356万公顷农田得到保护。

（3）保护和恢复湿地生态系统，不断增强湿地的生态功能。我国湿地面积5 635万公顷，居世界第四位、亚洲第一位，保存了全国96%的可利用淡水资源。改革开放以来，我国制定了抢救性保护自然湿地、制止随意侵占和破坏湿地等一系列政策，实施了湿地保护工程。2013年，第三次全国湿地资源调查显示，我国已建立各级湿地公园468处，受保护湿地面积达到2 324.32万公顷，比第二次调查增加了525.94万公顷，水源涵养等生态功能不断增强。我国政府先后获得"献给地球的礼物特别奖""全球湿地保护与合理利用杰出成就奖""湿地保护科学奖""自然保护杰出领导奖"等国际荣誉。

（4）全面保护生物多样性，使国家最珍贵的自然遗产得到有效保护。物种是最珍贵的自然遗产和生态平衡的基本因子，维护物种安全是可持续发展的重要标志。为了加强野生动植物和生物多样性保护，国家颁布了《中华人民共和国野生动物保护法》《中华人民共和国野生植物保护条例》等法律法规，建立各类自然保护区近3 000处，覆盖了15%以上的陆地国土面积，超过了世界12%的平均水平。目前，我国已建立野生动物拯救繁育基地200多处，野生植物种质资源保育或基因保存中心400多处，初步形成了类型齐全、功能完备的自然保护区网络体系。300多种珍稀濒危野生动植物和130多种珍贵树木的主要栖息地，分布地得到较好保护，濒危野生动物种群数量不断扩大，有效保护了90%的陆地生态系统类型、85%的野生动物种群和65%的高等植物群落。

2. 加快建设林业产业体系，为国民经济发展和农民增收发挥重要作用

建设发达的林业产业体系，发挥林业巨大的经济功能是现代林业建设的重要任务，也是建设生态文明的重要物质基础。改革开放以来，我国林业产业在曲折中发展、在开拓中前进、在调整中完善，从小变大、由弱渐强，取得了显著成绩。

（1）产业规模不断扩大。2013年，全国林业产业总产值达到4.46万亿元，木材、松香、人造板、木竹家具、木地板和经济林等主要林产品产量稳居世界第一。同时，产业集中度大幅提升，全国规模以上林业工业企业超过15万家。产值占到全国的70%以上，广东、福建、浙江、山东、江苏五省林业产业总产值占到全国的一半左右，龙头企业培育初见成效，依托自然资源和具有区域特色的产业集群已逐步形成。

（2）新兴产业异军突起。近年来，在传统林业产业继续巩固的同时，竹藤花卉、森林旅游、森林食品、森林药材等非木质产业迅速发展。野生动植物繁育利用、生物质能源、生物质材料等一批新兴产业异军突起。2013年，全国木本油料、干鲜果品等特色经济林产量达1.34亿吨，油茶种植面积达到383.3万公顷，花卉种植面积112万公顷，木材产量达8 367万立方米，森林等自然资源旅游达7.8亿多人次。林产品进出口贸易额达1 250亿美元，初步确立了我国作为林产品国际贸易大国的地位。

（3）特色产业不断壮大。不同地区的特色支柱产业不断发展。有力地促进了区域经济繁荣、农民增收和社会就业。2007年，陕西省继苹果形成支柱产业后，花椒产业成为新的经济增长点，韩城市花椒产值占林业总产值的95%以上，有11万农民靠花椒实现脱贫致富；江苏省邳州市大力培育杨树和银杏产业，林业年产值达到140多亿元；山东省沾化仅冬枣一项就实现年销售收入18亿元，枣农人均收入超过6 000元。

3. 大力发展生态文化体系，全社会的生态文明观念不断强化

改革开放以来，在林业生态体系和产业体系建设方面取得重大进展的同时，国家高度重视生态文化发展，生态文化体系建设明显加强，人与自然和谐相处的生态价值观在全社会开始形成。

（1）生态教育成为全民教育的重要内容。发布了《关于加强未成年人生态道德教育的实施意见》。坚持每年开展"关注森林""保护母亲河"等行动，在植树节、国际湿地日、防治荒漠化和干旱日等重要生态纪念日，深入开展宣传教育活动。在电视频道开办《人与自然》《绿色时空》《绿野寻踪》等专题节目，创办了《中国绿色时报》《中国林业》《森林与人类》《国土绿化》《生态文化》等重要文化载体。树立了林业英雄马永顺、治沙女杰牛玉琴和治沙英雄石光银、王有德等先进模范人物，坚持用榜样的力量推动生态建设。

（2）生态文化产品不断丰富。举办了"创建国家森林城市"等各种文化活动，极大地丰富了生态文化内涵；举办了全国野生动植物保护成果展；绿色财富论坛、生态摄影展、文艺家采风和生态笔会。《中华大典·林业典》编纂和林业史料收集整理工作全面启动。制作播出了11集大型系列专题片《森林之歌》赢得社会好评，电视专题片《保护湿地》荣获2007年度华表奖优秀科教片奖。

（3）生态文化基础建设得到加强。到2013年，我国已建立国家级森林公园779处，经营面积1 048万公顷，确立了上百处国家生态文化教育基地。2007年，首个生态文明建设示范基地——淄州岛生态文明建设示范基地正式建立。国家级特大型综合植物园——秦岭国家植物园工程开工。建设了一批森林博物馆、森林标本馆、城市园林等生态文化设施，保护了一批旅游风景林、古树名木和革命纪念林。2007年，福建省启动了第一批20个"森林人家"示范点，重庆市建成20多个农家社区森林公园，河南省建成生态文化基地232个，北京市建成观光果园400多个。这些基础设施建设，为人们了解森林、认识生态、探索自然、陶冶情操提供了场所和条件。

（4）生态文化传播力度明显加大。2013年以来，为宣传贯彻中共十八大精神，以促进生态林业和民生林业发展为主题，各级林业部门大力宣传林业在生态文明建设中的地位和作用，宣传林业在经济社会发展中的职责和任务，全面推进生态文化体系建设。一方面，天然林保护、退耕还林、湿地恢复、沙漠化治理等16项重大生态修复工程的建设情况不断向社会公开，在植树节、森林日、爱鸟周、

湿地日、防治荒漠化日、森林防火紧要期，广泛组织开展系列宣传活动。另一方面，大力宣传集体林权制度改革的重要意义、重大举措和巨大成就。用典型事例说明改革带给农村社会的发展红利，给广大农民带来的福祉。持续宣传林业产业"倍增计划"和产业基地建设、产业集群发展的态势，引导社会资本投入林业发展。持续宣传林业十大主导产业及其政策要点，特别是林下经济、森林旅游、油茶等木本油料产业和林业生物质能源产业的扶持政策和激励措施。

二、林业建设的重要经验

改革开放以来我国林业建设的实践，初步探索出了一条适合中国国情、林情的林业发展道路，为林业在21世纪取得更大的发展积累了宝贵的经验。

1. 坚持把解放思想作为现代林业发展的重要前提

解放思想、与时俱进是事业不断取得胜利的重要思想武器。改革开放以来，我国林业之所以能够得到持续快速发展，取得巨大成就，创造成功经验，甚至有很多方面在世界上处于领先地位，就在于坚持解放思想、实事求是的思想路线，不断破除阻碍林业发展的旧观念，消除束缚林业发展的思想羁绊，提出了"在发展中保护、在保护中发展"，"生态中有产业、产业中有生态"，"兴林为了富民、富民才能兴林"等许多新理念，为林业发展打开了广阔的视野。

2. 坚持把深化改革作为现代化林业发展的根本动力

只有深化改革，才能激发林业的内在活力，增强林业发展的动力；只有深化改革，才能理顺生产关系，解放发展林业生产力。改革开放以来，各级林业部门坚定不移地推进以林业产权制度改革为重点的各项改革，不断调整完善林业政策和机制，有效激发了林业发展的内在活力。

3. 坚持把建设生态文明作为现代化林业发展的战略目标

林业是生态文明建设重要的物质基础，也是重要的文化载体。建设现代林业就是按照建设生态文明的要求，努力构建三大体系，提升三大功能（生态功能、经济功能和社会文化功能），发挥三大效益（生态效益、经济效益和社会效益），以林业的多种功能满足社会的多样化需求，从而使林业发展的方向更好地适应建设生态文明的要求。

4. 坚持把兴林富民作为现代林业发展的根本宗旨

兴林富民是国家、集体和个人多方利益的最佳结合点，只有兴林才能不断夯实富民的资源基础，只有富民才能不断壮大兴林的社会基础。在林业发展实践中，各级林业部门坚持在兴林中富民，在富民中共林，充分调动了广大林农群众和林业职工发展林业的积极性，为林业发展增添动力和活力。

5. 坚持把实施重点工程作为现代林业发展的重要途径

重点工程是国家投资的载体，发展现代林业，必须坚持工程带动战略，带动各种生产要素向林业流动。国家先后启动实施了一批林业重点工程，优化了林业生产力布局，解决了林业长期投入不足的问题，为林业发展提供了有力保障。

6. 坚持把依法治林和科技兴林作为现代林业发展的重要手段

发展现代林业，必须全面加强法制建设，充分发挥科技的支撑、引领和带动作用。我国林业法制建设不断完善，基本建立了较为完备的林业法律法规体系、行政执法体系、监督检查和普法体系。林业科技支撑能力不断增强，科技对林业发展的贡献率不断提高，已由1996年的27.3%提高到"十二五"期间的48%，2019年的53%。其中科技转化率达55%，为林业又好又快发展提供了有力支撑。

7. 坚持把国际合作作为现代林业发展的重要力量

我国先后与70多个国家（地区）及国际组织建立了长期稳定的林业合作关系，累计争取无偿援助项目700余个，受投资金约7.7亿美元。林业对外科技交流、经济贸易，对外承包和海外开发森林不断发展。我国加入了《濒危野生动植物种国际贸易公约》《关于特别是作为水禽栖息地的国际重要湿地公约》《联合国气候变化框架公约》《生物多样性公约》《联合国防治荒漠化公约》《国际植物新品种保护公约》等，在促进全球林业发展和生物多样性保护方面发挥了重要的作用。

三、林业建设中存在的问题

我国林业建设在取得重大成就的同时，仍然需要看到，与全面建成小康社会的要求相比，我国林业发展还较落后，林业供给能力还不充分，难以满足不断增长的多样化需求。林业从以木材生产为主的发展阶段转向以生态建设为主的发展阶段，这一阶段的特征是：边治理，边破坏，治理速度赶不上破坏速度，生态环境"局部好转，总体恶化"，并且恶化的趋势还未得到根本扭转。与此相伴随的另一个特点是：中国林业目前处在社会主义初级阶段的较低发展水平，森林资源还没有摆脱农民对它的生存依赖，工业对它的经济依赖。破坏森林资源的原发性动力依然强劲。

与国内经济发展需求和世界先进水平相比，当前我国林业建设的问题主要表现如下。

1. 森林资源总量不足，质量较低

我国人均森林面积和蓄积量仅为世界平均水平的 1/4 和 1/7，远不能满足占世界 23% 人口生产生活的需要。尽管森林清查结果反映，我国已经连续多年实现了森林面积和蓄积量的双增长，但增长速度已经开始放慢，第八次全国森林资源清查显示，森林面积增量只有第七次清查的 60%，未成林造林地面积比第七次清查减少 396 万公顷，仅有 650 万公顷。同时，现有宜林地质量好的仅占 10%，质量差的多达 54%，且 2/3 分布在西北/西南地区，立地条件差，造林难度越来越大、成本投入越来越高，见效也越来越慢，实现森林面积增长目标还要付出艰巨的努力。

2. 严守林业生态红线面临的压力较大

2009~2013 年，各类建设违法违规占用林地面积年均超过 13 万公顷，其中约一半是有林地，局部地区毁林开荒问题依然突出。随着城市化、工业化进程的加速，生态建设的空间将被进一步挤压，严守林业生态红线，维护国家生态安全底线的压力较大。

3. 加强森林经营的要求非常迫切

我国林地生产力低，森林每公顷蓄积量只有世界平均水平 131 立方米的 69%，人工林每公顷蓄积量只有 52.76 立方米。林木平均胸径只有 13.6 立方米。龄组结构依然不合理，中幼龄林面积比例高达 65%。林分过疏、过密的面积占乔木林的 36%。林木蓄积年均枯损量增加 18%，达到 1.18 亿立方米。进一步加大投入，加强森林经营、提高林地生产力、增加森林蓄积量，增强生态服务功能的动力还很大。

4. 森林有效供给与日益增长的社会需求的矛盾依然突出

我国木材的对外依存度超过50%，木材安全形势严峻；现有用材林中可采面积仅占13%，可采蓄积仅占23%，可利用资源少，大径材林木和珍贵用材树种更少，木材供需的结构性矛盾突出。同时，森林生态系统功能脆弱的状况尚未得到根本改变，生态产品短缺依然是制约我国可持续发展的突出问题。

第三节 林业发展战略

一、战略指导思想

林业发展战略是从林业生产的宏观角度出发，制定出符合国民经济发展需要的林业战略目标，总体地研究林业发展过程全局应该采取的方针政策。林业发展战略包括战略指导思想、战略目标、战略重点和战略措施。林业发展战略是林业长期发展必不可少的纲领。回顾中华人民共和国成立以来我国林业建设走过的曲折历程，是森林资源经受破坏、恢复和发展的过程，是从以木材生产为中心的林业建设指导思想从不断强化到逐步弱化的过程，是对林业性质、地位、作用的认识不断深化的过程。前30年是我国林业基本上大规模开发利用森林资源的时期。这是当时国家经济建设的现实要求，但客观上造成了不少地方森林质量退化、生态功能弱化、生态状况恶化。改革开放以后，林业进入了恢复、发展的时期。这个时期，社会对林业性质和作用的认识发生了变化，但由于体制共性和投入严重不足，林业整体上还停留在"挖坑栽树砍木头"上，以木材生产为中心的指导思想仍然在起主导作用。20世纪末，我国林业开始发生巨变，特别是进入21世纪，随着人们对改善生态的愿望越来越迫切，以及国家综合实力显著增强，投入巨资启动六大林业重点工程，催生了我国林业由以木材生产为主向以生态建设为主的历史性转变。

总体上，中华人民共和国成立以后我国林业发展战略经历了以木材生产为主、木材生产与生态建设并重、以生态建设为主三大阶段，具有与时俱进的鲜明特点。基于对我国林业发展所处阶段的判断，为了更好地服务于国民经济总体发展战略，

21世纪林业的发展必须置于国民经济和社会可持续发展的全局中统筹考虑，拓宽林业发展空间，不断强化林业的战略地位。

1. 指导思想

高举中国特色社会主义伟大旗帜，深入贯彻党的十九大和十九届二中、三中、四中、五中全会精神，以习近平新时代中国特色社会主义思想为指导，认真践行习近平生态文明思想，牢固树立绿水青山就是金山银山理念，坚持尊重自然、顺应自然、保护自然，坚持节约优先、保护优先、自然恢复为主，以全面推行林长制为抓手，以林业草原国家公园"三位一体"融合发展为主线，统筹山水林田湖草沙系统治理，加强科学绿化，构建以国家公园为主体的自然保护地体系，深化科技创新和改革开放，提高生态系统碳汇增量，推动林草高质量发展，为建设生态文明、美丽中国和人与自然和谐共生的现代化做出新贡献。

2 基本方针

林业发展的基本方针是七个坚持：坚持全国动员，全民动手，全社会办林业；坚持生态效益、经济效益和社会效益相统一，生态效益优先；坚持严格保护、积极发展、科学经营、持续利用森林资源；坚持政府主导和市场调节相结合，实行林业分类经营和管理；坚持尊重自然和经济规律，因地制宜，合理配置，城乡林业协调发展；坚持科教兴林；坚持依法治林。

3. 战略目标

选择林业发展战略目标是林业发展的核心问题，它会影响林业发展战略能否顺利进行。目标定得过高，脱离客观条件，容易挫伤积极性；目标定得过低，又会同整个社会经济发展战略不协调。所以，客观合理地确定战略目标，对于促进林业健康发展和促进国民经济发展都具有重要意义。我国林业发展的战略目标是：通过管好现有林，扩大新造林，抓好退耕还林，优化林业结构，增加森林资源，增强森林生态系统的整体功能，增加林产品有效供给，增加林业职工和农民收入。

国家林业和草原局、国家发展和改革委员会联合印发《"十四五"林业草原保护发展规划纲要》，明确了"十四五"期间我国林业草原保护发展的总体思路、目标要求和重点任务，提出到2025年，我国森林覆盖率达到24.1%，森林蓄积量达到180亿立方米，草原综合植被盖度将达到57%，湿地保护率达到55%，以国家公园为主体的自然保护地面积占陆域国土面积的比例将超过18%。到2035

年，全国森林、草原、湿地、荒漠生态系统质量和稳定性全面提升，建成以国家公园为主体的自然保护地体系，生态系统碳汇增量明显增加，国家生态安全屏障坚实牢固，生态环境根本好转，美丽中国建设目标基本实现。

二、战略建设重点

发展现代林业，维护生态安全，建设生态文明，是历史赋予林业的重大使命。《"十四五"林业草原保护发展规划纲要》提出：科学推进大规模国土绿化行动，坚持存量增量并重、数量质量统一；构建以国家公园为主体的自然保护地体系，健全保护体制，创新管理机制；加强草原保护修复，增强草原生态系统稳定性和服务功能；强化湿地保护修复，增强湿地生态功能，保护湿地物种资源；加强野生动植物保护，维护生物多样性和生物安全；科学推进防沙治沙，加强荒漠生态保护，推进荒漠化、岩溶地区石漠化综合治理；做优做强林草产业，巩固生态脱贫成果，推动乡村振兴；加强林草资源监督管理，全面推行林长制，实施综合监测，开展成效评估；共建森林草原防灭火一体化体系，坚持预防为主，加强早期火情处理，提升保障能力，抓好安全生产；加强林草有害生物防治，实施松材线虫病疫情防控攻坚行动；深化林草改革开放，盘活集体林地资源，健全国有林场经营机制，理顺国有林区资源管理体制；贯彻山水林田湖草沙生命共同体理念；完善林草支撑体系；加强规划实施保障。

第二章 中国林业制度和主要林业政策

第一节 制度的基本内涵

一、制度的概念和内涵

"制度"一词从不同学科领域的视角有不同的表述,从语言和词汇字面给出的概念和内涵解释往往是综合了多个学科视角的,多是一个较为综合的概念。例如《辞海》对"制度"的注解包括三条:①要求共同遵守的,按一定程序办事的规程或行为准则,如工作制度。②在一定的历史条件下形成的政治、经济、文化等方面的体系,如社会主义制度;旧时指政治上的规模法度。与中文"制度"一词对应的英文词汇是"institution",在《牛津大辞典》中的定义是:一种已经在一个民族的政治生活和社会生活中建立起来或长期形成的法律、风俗习惯、使用习惯、组织或其他因素。它是一种遵从于一个有组织的社团或作为一种文明的总成果有规则的原则或习俗。可以看出,不论是中文还是英文词汇的解释都至少包含了经济学、政治学、管理学和社会学等方面的含义。

不同学科角度制度含义侧重点各有差别,每一个学科视角的制度也都存在层次范围的区别。本章所指"制度"是经济学角度的概念。按照新制度经济学比较一致接受的定义是:制度是在一个特定群体内部得以确立并实施的行为规则,这套行为规则抑制着个人可能出现的机会主义行为,使人的行为变得可预见。制度成为经济学的范畴并流行开来主要归功于制度经济学派优秀经济学家的贡献,其中最为重要的是罗宾斯、哈耶克、科斯和道格拉斯·诺斯。罗宾斯以推广"机会成本"和以其他"科学的"现代经济分析方法取代古典经济学著名。哈耶克则以对知识和经济学关键问题分析的贡献获得了诺贝尔经济学奖,这两位学者的上述经济思想对科斯制度经济学思想的形成起到了直接影响,尤其日后大行其道的"交易费用"概念都可以用罗宾斯的"机会成本"及哈耶克关于知识和经济学的思想进行解释。科斯1991年、诺斯1993年分获诺贝尔经济学奖之后,制度经济学日益流行,"制度"一词也连同"交易费用""产权"成为经济学范畴之一。至此,制度开始专指人们在博弈均衡状态下的行为规范,进而以此打破了新古典经济学一般均衡理论制度既定的假设,在均衡分析中开始引入权力分配的状态。这种关于权力分配的"制度"是围绕稀缺资源选择社会多人博弈的均衡结果,在动态多人博弈中,每一个博弈均衡都表明了一套行为规范,从而定义了一个制度。因此,制度并不是静态长期不变的,而是随着社会多人博弈的均衡结果变化而变迁的。当一个博弈均衡制度形成时,同时也就产生了稀缺资源个人选择的前提条件,即个人在选择决策时必须遵守特定制度包含的行为规则,由此制度就和预算共同成了选择者面临的约束。

制度的基本内涵包括四个方面:①制度是人们行为选择的约束规则,抑制着人际交往中可能出现的任意行为和机会主义行为。②一定时期相对稳定的制度是在特定社会文化传统、道德观念、价值观和知识结构背景下通过多人博弈社会选择形成的。③制度具有公共物品的属性。④政府在制度形成过程中具有正式认可和执行保护的作用,但政府并不能完全按照自己的理想供给制度物品。政府也只是制度形成多人博弈的主体之一,非正式规则多数时候并不需要借助政府的强制力来执行和保护。

二、制度的构成

1. 非正式规则

非正式规则是人们在长期交往中无意识形成的、代代相传的、具有持久的生命力并能对人们行为产生非正式约束的规则。非正式规则多是不成文的规定,在缺乏正式规则的场合起到规范人们行为的作用,是相对于法律等正式制度的概念。非正式规则主要包括习惯习俗、伦理规范、文化传统、价值信念和意识形态等因素。非正式规则不是人为设计的,而是自发演进的结果。人们的交往是为了实现一定的预期目标。由于人类知识和理性的有限性,人们无法做到无所不知、无所不能，只靠个人的知识和努力难以维持生存并实现发展，必须通过集体行动和社会联系交流和传递个人拥有的信息和知识，进而形成了基于共同利益和彼此认同的社会共同体。社会共同体内部具有相似的习惯、思维方式和习俗。这些既是维持社会共同体的纽带，也是个体行为选择和利益实现的要求与规范。

2. 正式规则

正式规则是人们有意识地创造的一系列政策法则，一般由统治共同体的政治权力机构自上而下设计出来，强加于社会并付诸实施的各种规则。

正式规则包括政治规则、经济规则和契约以及由这一系列规则构成的等级结构，如从宪法到其他成文法、不成文法、特殊的细则，最后到个别契约就形成了一个共同约束人们行为的等级结构。正式规则的出现是人为设计的结果，由一个主体设计出来并强加于共同体。进行制度设计的主体高居于共同体之上，具有政治意志和实施强制的权力，往往借助国家来实施正式规则。正式规则具有强制性的特征，明确以奖赏和惩罚的形式规定可干和不可干的行为。对于社会成员来说，正式规则是一种外在约束，不考虑个体愿意与否。

这种强制性还体现在利益的差别性上，在正式规则约束的地方，常常会有一部分人获益而另一部分人受损，因而强制成为其实施必不可少的工具。

新制度经济学在论述政治规则与有效产权形成的关系时认为，只有在设计一项规则（产权）的预期收益大于其成本的情况下才能导致产权的出现；而且在这种规则的等级结构中，政治规则的有效性是产权有效的关键。

3. 制度的实施机制

制度的实施机制是指由一种社会组织或机构对违反制度（规则）的人做出相应惩罚或奖励，从而使这些制度或规则得以实施的条件和手段的总称。制度的实施机制内含了两大功能，即惩罚功能和激励功能。制度惩罚功能可以使违规者的违规成本大于违规所得，从而使违规变得不合算。制度的激励功能是让执行者感觉到执行制度虽然使自己付出了一定的成本，但收益大于成本，执行是划算的，从一方面产生执行的正效应。当然，也存在具有自我执行机制的制度。制度的实施机制对于制度的功能和绩效的发挥具有至关重要的作用，制度得不到实施，不仅会影响制度的稳定性和权威性，使制度形同虚设起不到应有的作用，还会使人们产生对制度的不正常的预期，或者产生漠视制度的文化心理，从而使目无法纪愈演愈烈。

第二节　中国林业制度发展

　　制度包括各种层面的正式和非正式规则，这些规则根据调控人们行为选择的领域又可以分为多种专项制度，如产权制度、财税制度、司法制度和等，其中最为基础的制度之一是产权制度。关于财产权利的制度安排直接决定了个人努力程度、经济回报水平及其与社会回报水平一致性的程度，是个人行为选择最为根本的动机。各类制度在林业行业中的应用就是各种林业制度，如林业产权制度、税费制度、森林经营管理制度等，其中最为重要的也是产权制度。一方面因为产权制度的基础地位和重要作用，另一方面因为其他各种制度较为庞杂，所以本节对中国林业制度变迁及其当前林业制度改革发展的讨论主要集中于林业产权制度。

　　林业产权构成中最为核心的是林地和林木资产的产权，中华人民共和国成立时通过土地改革把封建半封建土地所有制变为了农民的土地所有制，同时把封建官僚资本所有以及大规模集中连片无主山林划归国家所有，初步建立了我国山林农民所有和国家所有的产权格局。自此以后，随着国家政治经济形势的变化，国家围绕农民所有的林地和林木资产所有及使用等问题实施了一系列的改革，使得中华人民共和国成立初期建立的林地、林木农民所有制度大致经历了两个时期：①中华人民共和国成立到21世纪初期，是集体林权制度多变和频繁调整的时期；②2008年以后至今，集体林权制度全面改革的推进。

　　频繁调整时期，集体林权制度的变迁又可以分为五个发展阶段。第一次是20世纪50年代初期的土地改革，实现林地由封建地主所有制到农民所有制的转变。第二次是20世纪50年代中期的初级农业生产合作社，实行的是农民所有，初级社集体经营的林地制度。第三次是20世纪50年代中后期至70年代末期的高级农业生产合作社和人民公社，林地产权制度由农民所有、集体经营转变为集体所有、集体统一经营。第四次是20世纪80年代初期的林业"三定"，实行了家庭联产承包责任制，将集体山林划分为自留山、责任山和统管山。自留山、责任山在不改变林地集体所有的基础上，由集体统一经营改变为农户家庭经营。第五次是林权的市场化运作，森林、林木和林地流转迅速发展，集体所有的森林资源通过市场进行一次或二次流转。

集体林权制度全面改革推进时期的主要制度目标是全面推行集体林家庭承包经营制度，同时把林木随同承包林地划归农户所有。接下来首先回顾一下频繁调整时期我国集体林权制度的变迁过程，然后介绍集体林权制度全面改革的进展。频繁调整时期，集体林权制度变迁的主要阶段及其改革内容如下。

1. 土地改革时期（1949~1953年）

这一时期制度的目标是把封建所有制的土地制度改革为农民私有制的土地制度。这一时期制度变迁是通过强大的政治力量推动实现的，是一种典型的强制性制度变迁。

1950年6月30日，中央人民政府发布了《中华人民共和国土地改革法》（以下简称《土改法》），这是土地改革中山林权属处理的依据。《土改法》第一条明确规定："废除地主阶级封建剥削的土地所有制，实行农民的土地所有制，借以解放农村生产力，发展农业生产，为新中国的工业化开辟道路。"当时，各地政府依靠政权的力量没收地主的土地，征收祠堂、庙宇、寺院、教堂等封建土地，分配给无地、少地农民。分配土地时，往往按土地数量，土地质量及其位置，用抽补调整方式按人口统一分配，也就是按照"均田"思想，按人平均分配土地。这时林权安排的特点是：农民既是林地、林木的所有者，又是使用者。《土改法》第三十条规定："承认一切土地所有者自由经营、买卖及其出租土地权利。"农民具有收益权的独享权和完整的处分权。土地产权可以自由流动，允许土地买卖、出租、典当、赠予等交换活动。但不久以后，这种收益的独享权和完整的处分权发生了变化。1951年8月政府发布了"节约木材的指示"，对合理采伐做了全面规划，使其走上了国家统一管理、统一采伐的道路。在产权的保护方面，《土改法》第三十条规定了发放土地所有权证。1951年，国家发布了《关于适当处理林权、明确管理保护责任的指示》，明确按土改法规定分配给农民的山林，由县政府发给林权证明。但在实际工作中分配给农民的山林已经有了土地证，山林"四至"基本上是正确的，绝大部分地区没有再颁发林权证明。

在这个阶段，全国还建立了一批全民所有制大林场、森工企业。在农村，农民分得了个体所有的山林，山林所有者可以自由地就自己所有的山林进行采伐、利用、出卖和赠予。林农对个人所有的山林拥有支配权，极大激发了林农经营的积极性。

2. 初级农业生产合作社时期（1954~1956年）

该时期土地产权制度改革的目标是所有权和使用权的分离，即私人拥有林地所有权、合作社拥有使用权。

1953年12月，中共中央通过的《关于发展农业生产合作社的决议》强调指出："为了进一步提高农业生产力，在农村的最根本的任务就是逐步实行农业的社会主义改造，使农业能够由落后的小规模生产的个体经济变为先进的大规模生产的合作经济。"1954年初，农村很快掀起了大办农业合作社的热潮。初级农业生产合作社的基本做法是：在允许社员有小块自留地的情况下，社员的土地必须交给农业生产合作社统一使用，合作社按照社员入社土地的数量和质量，从每年的收入中付给社员以适当的报酬。初级农业生产合作社建立后，入社农民仍然拥有土地使用权，以入股土地分红成为农民在经济上实现其土地所有权收益的基本形式：土地经营权、使用权成功从所有权中分离出来，统一由合作社集体行使，合作社集体对土地进行统一规划、统一生产、统一收获，农民还拥有土地的处分权、退社自由，退社时可以带走入社时带来的土地。

初级合作社期间，林区的山林与农地一样，农民将土地和山林折价入社，经营权归合作社，所有权归林农，所有权和经营权分离，开始了规模经营，合作造林，谁造谁有，合造共有。因此，初级合作社时期的林权安排如下：个人拥有林地和林木的所有权，合作社拥有部分林木所有权和林地的使用权，收益权在林地所有者和合作社之间分配，所有者获得土地分红，但这种分红必须在做出公积金、公益金扣除后兑现；处分权也受到很大制约，所有者不能再按照自己的意志来处分土地了。社员不能出租或出卖土地，但农户有退社的自由。林木的处分权也受到了限制，1951年8月政府发布的《关于节约木材的指示》对合理采伐做了全面的规划，由国家统一管理、统一采伐，并实行木材的统一调拨。

3. 高级农业生产合作社和人民公社时期（1957~1978年）

（1）高级农业生产合作社（1957~1958）。1955年10月，中共七届六中全会（扩大）通过的《关于农业合作化问题的决议》提出，有重点地试办高级的（全社会主义性质的）农业生产合作社。有些已经在基本上实现了半社会主义的合作化的地方，可以根据发展生产的需要，群众觉悟程度和当地的经济条件按照个别试办、由少到多、分期分批逐渐发展的步骤，拟订关于由初级社变为高级社的计划。会后，高级社就由个别试办转向重点试办。高级农业生产合作社的做法是破除土地私有制，使土地由农民所有转变为合作社集体所有。这是农村土地所有制的又一次重大变革。在高级社里，除社员原有的坟地和宅基地不必入社外，社员私有的土地及地上附属私有的塘、井等水利设施，都无偿转归合作社集体所有。土地由集体统一经营使用，全体社员参加统一劳动。取消土地分红，按劳动的数量和质量进行分配。

高级农业生产合作社时期，林区除少数零星树木仍属社员私有外，大部分森林、林地、林木产权实现了农民私有向合作社集体所有的转变。

（2）人民公社时期（1958~1978年）。人民公社化的前奏是小社并大社。1958年3月，中共中央政治局成都扩大会议讨论并通过了《关于把小型的农业合作社适当地合并为大社的意见》。同年4月，该意见经中共中央政治局正式批准下发，全国各地迅速开始了小社并大社的工作。1958年8月，中共中央政治局在北戴河举行扩大会议，会议讨论通过了《关于在农村建立人民公社问题的决议》。此后，各地争先恐后，纷纷并社组建人民公社，人民公社运动很快在全国农村范围内广泛展开。通过人民公社化运动，原属于各农业生产合作社的土地和社员的自留地、坟地、宅基地等一切土地，连同牲畜、农具等生产资料及一切公共财产，公积金、公益金，都无偿收归公社所有。公社对土地进行统一规划、统一生产、统一管理，分配上实行平均主义。

林区的山林产权制度也发生了相同的变革。农村土地（山林）的性质在人民公社化的过程中并没有发生根本的改变，农村土地（山林）仍属于集体所有。由集体统一经营，只是集体的规模由小社变成了大社，但高级农业生产合作社仅仅是经济单位。而人民公社既是经济单位又是行政单位，因此人民公社时期的集体所有制带有浓厚的国有化色彩。"政社合一"的人民公社奠定了国家以行政权力控制农村经济的制度基础。名义上土地等生产资料归公社所有，但国家通过自上而下的行政体系实现了对公社干部的管理与控制，从而掌握了实际上的土地控制权。

1962年9月中共八届十中全会召开，通过了《农村人民公社工作条例修正草案》，确定人民公社实行以生产队为基础的三级所有制，恢复农民的自家地和家庭副业，取消公共食堂和部分供给制。这时候农村土地所有者为"三级所有，队为基础"，生产队范围内的土地都归生产队所有，生产队所有的土地，包括社员的自留地、宅基地等，一律不准出租和买卖。1961年，中共中央发布了《关于确定林权、保护山林和发展林业的若干政策规定（试行草案）》。对确定和保护山林的所有权问题做了规定，提出：林木的所有权必须长期稳定下来，划清山界，树立标记，不再变动。这个阶段不仅林木、林地，而且所有重要的生产资料也都属于公有（国家或集体所有）。国家和集体拥有森林、林木和林地所有权。产权集中化，高度共有。由于产权残缺，高昂的强制成本、劳动组织成本和监督成本，使林业效率没有提高，林业资源受到严重破坏。高级社和人民公社时期林业产权变迁属于强制性制度变迁。

4. 林业"三定"时期（1979年至20世纪90年代初）

1979年2月，第五届全国人大常委会第六次会议通过《中华人民共和国森林法（试行）》，明确规定保障国家、集体和个人林木所有权不受侵犯，不准将国有林划归集体和非林业单位，不准将集体林划归个人，不准平调社队的林木和社员个人的树木。

1981年中央布置了全国开展林业"三定"工作，即稳定山权林权、划定自留山和确定林牧业生产责任制。这一时期的集体林产权安排的改革是参照农业的家庭联产承包责任制。家庭联产承包责任制属于诱致性制度变迁，这一制度的推行并非由于事前政府在政策上有一个明确、完整的改革方案，而是出于农民的自发要求。在其有效性得到实践证明以后，政府因势利导，全面实施，形成规模巨大的变革。1978年安徽省滁州市的农民首先打破"三级所有，队为基础"的体制，探索出包产到组和小宗田间管理负责人的办法；淮南凤阳县小岗生产队首创了包产到户的责任制形式。新的制度安排创造出来的巨大利益，使当时部分国家领导人看到了新制度中蕴含的巨大生产力，安徽、四川两省有意识地维持并积极推进了新制度。当制度创新的收益被国家经济决策深刻理解后，承包责任制对中国整体而言转变为诱致性制度变迁，局部地区则转变为自上而下的制度变迁。

这个阶段集体林区实行开放市场、分林到户的政策，使林农拥有较充分的林地经营权和林木使用权。同时，在国有林区实行以放权让利为主要特征的承包责任制，把部分国有林业企业的经营权转到了经营者手上。但是由于配套政策没有跟上，加上经营者对改革政策缺乏信任，南方部分省（自治区）出现了大范围采伐承包到户林木的现象。这个阶段的制度变迁既有诱致性变迁，也有强制性变迁，总体而言，产权关系仍然不够明晰，激励功能依然不足。

5. 林权市场化运作时期（20世纪90年代初至今）

20世纪90年代初，随着我国市场经济体制改革的深入，林业生产责任制的问题日益显现，各地开始探索林业产权改革的新路子，林权市场化运作不断涌现。这一时期产权制度的变革开始于诱致性制度创新，而后政府加以引导。1995年8月，原国家体改委和原林业部联合下发的《林业经济体制改革总体纲要》中明确指出，要以多种方式有偿流转宜林"四荒地使用权"，要"开辟人工活立木市场，允许通过招标、拍卖、租赁、抵押、委托经营等形式，使森林资产变现"。1998年8月第九届全国人大常委会第四次会议修订的《中华人民共和国土地管理法》第九条规定："国有土地和农民集体所有的土地，可以依法确定给单位或个人使用。"1998年7月1日施行的《中华人民共和国森林法》第十五条规定：下列森林、林木、林地使用权可以依法转让，也可以依法作价入股或者作为合资、合作造林、经营林木的出资合作条件，但不能将林地改为非林地：

①用材林，经济林、薪炭林；

②用材林、经济林、薪炭林的林地使用权；

③用材林、经济林、薪炭林的采伐迹地、火烧迹地的林地使用权；

④国务院规定的其他森林"林木和其他林地使用权"。

这些条款给林权的市场化运作提供了政策和法律依据，林权的市场化运作日益活跃。

（1）"四荒"拍卖。集体林区的荒山大多归集体所有，过去由于荒山利用可能带来的经济效益没有明确的受益者，没有人真正关心荒山的合理使用，也就没有人投资荒山荒地造林。即使国家或集体拿出一部分投资，并动员群众投工投劳造林，也是"多年造林不见林"。"四荒"使用权的拍卖，以契约化形式授予经营者土地使用权。把"四荒"开发可能带来的效益与购买者的切身利益直接联系起来，吸引了众多的投资者投资开发荒山，大大加快了绿化荒山的步伐。

（2）活立木转让。活立木转让主要有两种形式。一是转让林木采伐权。林木所有者按照林木生产安排和市场需求以及年度森林采伐限额指标，确定森林采伐作业现场、进行伐区调查设计并依法办理林木采伐许可证后，根据所要采伐的树木质量和数量，参考当地木材价格，制定采伐立木的招标底价，向社会公布伐区状况和招标事项，公开竞标，中标者获得林木采伐权、木材销售权。二是以培育、经营为目的的林木折价转让，即林木经营者将成熟林或者中幼林转让给单位、个人经营管理。这种形式的转让价格根据林木数量、质量议定，转让期限由双方在合同中约定，可以是一个轮伐期，也可能是其他时间。

（3）林地使用权流转。林地使用权流转是指在不改变林地所有权和林地用途的前提下，将林地使用权按一定的程序以有偿或无偿的方式，由一方转让给另一方的经济行为。参与流转的对象一般不受行政区域、行业、身份的限制。林地使用权流转实际上是林业联产承包责任制的延伸和发展，是适合社会主义市场经济的需要，中心环节是转换经营机制，以吸引更多的社会资金，促进林业产业化进程，实现森林的可持续经营。

总之，这一阶段的产权制度也是所有权与使用权分离，按照集体和林农或者其他经营者之间的合同约定权利义务关系，是一种债权关系。这一时期与林业"三定"时期相比，体现了产权主体多元化和产权界定细分化的过程。

这一阶段，一些省份也出现了林业股份合作制的尝试，即按照"分股不分山、分利不分林"的原则对责任山实行折股联营。产权进一步细分，产权形式出现多元化，呈现产权市场化导向。这个阶段既有诱致性制度变迁，也有强制性制度变迁。

以上各个阶段林权制度改革表明，我国集体林权制度改革转折变迁的过程，与我国特定的社会历史背景和社会发展进程相吻合，林业产权制度改革是要创立以产权安排为基础，以利益机制为纽带，以政府干预和农民参与为标志，以优化资源配置、提高林业效率为目标的新型林业发展模式。改革进行到第五个阶段，我国在明晰林业产权界定、林业产权有效分制、林业产权自由流转和规范交易、林业产权权益保障等方面，制度安排仍不完善。制度供给与需求相比仍旧不足，制度激励的功能仍未有效发挥出来。相关利益主体的林业生产经营管理的积极性尚未充分调动起来，需要进一步探索我国林业产权制度的有效安排。为建立一套符合我国社会主义市场经济的林业产权制度安排，充分调动相关利益主体的积极性，提高林业经营效率，进一步解放林业生产力，中共中央、国务院在试点的基础上，于2008年6月8日颁布了《关于全面推进集体林权制度改革的意见》。由此把我国集体林权制度改革推入了新的历史阶段。

第三节 中国的主要林业政策

改革开放以来，中国政府十分重视林业建设，制定了一系列适应中国国情、林情的林业建设政策。其中，最主要的两大政策就是林业分类经营政策及林业重点工程建设政策。林业分类经营政策作为我国林业经营体制改革的重大举措，是我国全面建设林业生态体系和产业体系的重要手段，而林业重点工程建设政策的制定和实施则成为21世纪我国林业建设的主要载体，具有划时代的重要意义。

一、林业分类经营政策

20世纪80年代末90年代初，得改革开放之利的广东省面对巨大的森林资源供求矛盾和日益增长的环境需要，率先提出森林分类经营设想，并于1994年出台了《广东省森林保护管理条例》，正式以立法形式将全省森林划分为公益林和商品林两大类。1995年，《林业经济体制改革总体纲要》首次提出了"林业分类经营"的政策思路，推出以分类经营改革为主题的林业经济体制改革总体方案。1996年，《关于开展林业分类经营改革试点工作的通知》发布，全国各省（自治区、直辖市）相继开展森林分类经营改革试点工作。1999年，国家林业局发布《关于开展全国森林分类区划界定工作的通知》，对森林分类经营提出了具体的可操作原则、方法和步骤。到目前为止，全国各省（自治区、直辖市）已完成森林分类区划界定工作。

1. 林业分类经营的概念和内涵

林业分类经营，是在社会主义市场经济体制下，根据社会对林业生态效益和经济效益的两大要求，按照对森林多种功能主导利用的不同和森林发挥两种功能所产生的"产品"的商品属性和非商品属性的不同，相应地把森林划分为公益林和商品林，并按各自特点和规律运营的一种新型的林业经营体制和发展模式。需要指出的是，这一概念包括如下内容。①分类是人为的，分类经营是经营和管理森林的方法，不是目的。②分类经营包括分类区划和分类管理。分类区划是分类经营的前提，分类管理是分类经营的保障。③分类的依据是森林的经营目的，不是森林的功能,森林功能是森林固有的基本特性。任何森林几乎都具有生态功能和经济功能,只是程度不同而已。森林经营目的是森林经营者有针对性地采取相应的措施,充分发挥森林的某种功能,为经营者提供效益。④区划界定是分类经营的基础,各类森林必须有空间定位。没有空间定位,没有边界和范围的分类是不能落实的,不能落实的分类谈不上分类经营。

2. 林业分类经营的政策措施

公益林建设以生态防护、生物多样性保护国土安全为经营目的,以最大限度地发挥生态效益和社会效益为目标,遵循森林自然变化规律及其自然群落层结构多样性的特性,采取针阔混交、多树种、多层次、异龄化与合理密度的林分结构,封山育林,飞播造林,人工造林,补植,管护并举,封育结合,乔、灌、草结合,以封山育林、天然更新为主,辅之以人工促进天然更新。商品林是在国家产业政策指导下,以追求最大经济效益为目标,按市场需要调整产业产品结构,自主经营、自负盈亏,可以依法承包、转让、抵押。商品林建设应以向社会提供木材及林产品为主要经营目的,以追求最大的经济效益为目标,要广泛运用新的经营技术,培育措施和经营模式,实行高投入、高产出、高科技、高效益,定向培育、基地化生产、集约化规模经营;以商品林生产为第一基地,延长林产工业和林副产品加工业产业链;构建贸工林一体化商品林业。

公益林和商品林的政策区别主要包括:

(1)资金投入政策不同。1998年第二次修改的《中华人民共和国森林法》(以下简称《森林法》)对资金投入政策进行了强化:"国家设立森林生态效益补偿基金,用于提供生态效益的防护林和特种用途林的森林资源、林木的营造、抚育、保护和管理。"这就将国家对公益林进行补偿的政策法定化,而商品林则主要通过市场投入和取得回报。

(2)使用权流转政策不同。商品林的森林、林木和林地使用权可以依法转让,也可以依法作价入股或者作为合资、合作造林、经营林木的出资合作条件,但不得将林地改为非林地。而公益林的森林、林木和林地使用权,除了国务院有特殊规定的以外,是不能流转的。

(3)采伐政策不同。商品林中的用材林按消耗量小于生长量的原则制定森林年采伐限额,防护林和特种用途林中的国防林、母树林、环境保护林、风景林,只准进行抚育和更新性质的采伐;特种用途林中的名胜古迹和革命纪念地的林木、自然保护区的森林严禁采伐。公益林采伐分为抚育采伐、更新采伐、低效林改造和其他采伐。

（4）划分和批准的权限不同。国家重点防护林和特种用途林由国务院林业主管部门提出意见，报国务院批准公布；地方重点防护林和特种用途林由省、自治区、直辖市人民政府林业主管部门提出意见，报本级人民政府批准公布；其他的防护林、用材林、特种用途林以及经济林、薪炭林由县级人民政府林业主管部门根据国家关于林种划分的规定和本级人民政府的部署组织划定，报本级人民政府批准公布。省、自治区、直辖市行政区域内的重点防护林和特种用途林的面积，不得少于本行政区域森林总面积的30%。经批准公布的林种改变为其他林种的，应当报原批准机关批准。

（5）权利人的林权不同。商品林的经营者依法享有经营权、收益权和其他合法权益，公益林的经营者有获得森林生态效益补偿的权利。

（6）征用、占用两类林地的审批权限不同。国家重点工程建设需要占用或征用防护林或者特种用途林地面积10公顷以上的，用材林、经济林、薪炭林林地及其采伐迹地面积35公顷以上的，其他林地面积70公顷以上的，由国务院林业主管部门审核；占用或者征用林地面积低于上述规定数量的，由省、自治区、直辖市人民政府林业主管部门审核；占用或者征用重点林区的林地的，由国务院林业主管部门审核。

（7）改变林地用途所承担的法律责任不同。未经批准，擅自将防护林和特种用途林改变为其他林种的，由县级以上人民政府林业主管部门收回经营者所获得的森林生态效益补偿，并处所获取森林生态效益补偿3倍以下的罚款；而对将商品林改为公益林则没有这样的法律责任。

实施分类经营，意味着以服务社会目标、生态目标为主的公益林，国家必须通过财政强制性地将社会其他部分投入转移到公共项目上，因为生态和环境资源不是企业资产，而是全社会公共资产，所以保护经营生态公益林，从国家到地方政府各级财政必须对生态公益林经营实行经济补偿，实行有偿使用，使生态公益林能持续不断地为国家、为社会提供最大的生态效益和社会效益，来满足人们对生存环境的需要。而以追求最大经济效益为目标的商品林，经营者在按市场规律进行经营生产的同时，必须服从于环境保护目标。这种服从要具体落实到采伐方式、采伐量等森林经营措施的制定和实施上。生态与环境方面的限制，促使经营者一方面经营木材生产，追求经济效益；另一方面充分利用其他资源以短养长，来弥补由于受生态环境限制而经营商品林中用于生产资金的不足。利用森林资源中除木材以外的其他资源的合理开发，吸引更多的投资者来经营森林、发展森林，整个森林的系统结构才能保持稳定，才能持续不断地为全社会提供所需的物质和木材，来满足社会对林产品不断增长的需要，实现青山常在，森林永续利用。

所以，实施林业分类经营是社会主义市场经济条件下林业发展中带有全局性的改革，是建立林业生态体系和经济体系的客观要求。它对于深化林业改革，合理调整林业产业和产品结构，科学配置林业生产要素，提高林业生产力、管理水平和林业综合效益，具有十分重要的意义。

二、森林资源经营管理的相关重要政策

1. 林地利用管理

土地作为基本生产要素之一，可以用于多种用途。土地在林业用途上使用即为林地，在没有政策限制情况下，土地用途会受社会经济发展环境因素影响而发生动态变化。我国实行土地用途管制制度，《中华人民共和国土地管理法》（以下简称《土地管理法》）第四条明确规定："国家实行土地用途管制制度。国家编制土地利用总体规划，规定土地用途，将土地分为农用地，建设用地和未利用地。严格限制农用地转为建设用地，控制建设用地总量，对耕地实行特殊保护。前款所称农用地是指直接用于农业生产的土地，包括耕地、林地、草地、农田水利用地、养殖水面等；建设用地是指建造建筑物、构筑物的土地，包括城乡住宅和公共设施用地、工矿用地、交通水利设施用地、旅游用地、军事设施用地等；未利用地是指农用地和建设用地以外的土地。使用土地的单位和个人必须严格按照土地利用总体规划确定的用途使用土地。"因此，林地更多是一个法律概念，其利用管理受到《土地管理法》和《森林法》等有关法律法规的严格限制。

《中华人民共和国森林法实施条例》（以下简称《森林法实施条例》）对林地的界定是："林地，包括郁闭度0.2以上的乔木林地以及竹林地。灌木林地、疏林地、采伐迹地、火烧迹地、未成林造林地，苗圃地和县级以上人民政府规划的宜林地。"当前我国正在施行的直接有关林地利用管理的法律法规除《森林法》及《森林法实施条例》外，还有《建设项目使用林地审核审批管理办法》《林木

和林地权属登记管理办法》《林木林地权属争议处理办法》等。这些法律法规规定关于林地利用管理的主要方面包括:

(1)林地权属登记。《森林法实施条例》第四条规定,依法使用国家所有林地的单位和个人必须依法申请权属登记。其中使用国务院确定的国家所有的重点林区(以下简称重点林区)林地的单位,应当向国务院林业主管部门提出登记申请,由国务院林业主管部门登记造册,核发证书,确认林地使用权以及由使用者所有的林木所有权。使用国家所有的跨行政区域的林地的单位和个人,应当向共同的上一级人民政府林业主管部门提出登记申请,由该人民政府登记造册,核发证书,确认林地使用权以及由使用者所有的林木所有权。使用国家所有的其他林地的单位和个人,应当向县级以上地方人民政府林业主管部门提出登记申请,由县级以上地方人民政府登记造册,核发证书,确认林地使用权以及由使用者所有的林木所有权。

集体林地权属登记管理,《森林法实施条例》第五条规定:集体所有的林地,由所有者向所在地的县级人民政府林业主管部门提出登记申请,由该县级人民政府登记造册,核发证书,确认所有权。使用集体所有的林地的单位和个人,应当向所在地的县级人民政府林业主管部门提出登记申请,由该县级人民政府登记造册,核发证书,确认林地使用权。

(2)林地征用占用审核审批管理。按照《土地管理法》有关规定,林地必须按照土地利用总体规划确定的区域和用途使用,严禁非法转换林地用途。如确需转用,必须依法审核审批。《森林法实施条例》第十六、十七和十八条具体规定了占用或者征收、征用林地的许可事项、申请审批程序、数量限制、收费标准、临时占用林地和森林经营单位在所经营的林地范围内修筑直接为林业生产服务的工程设施需要占用林地的事项及审批手续等。

(3)权属争议处理。林地权属争议是指因森林、林木、林地所有权或者使用权的归属而产生的争议。处理林地的所有权或者使用权争议,主要适用《林木林地权属争议处理办法》,该办法详细规定了争议处罚的机关依据和程序。

2. 植树造林

关于植树造林,培育森林的法律规范及政策很多。

(1)种子、种苗许可检疫政策。国家鼓励、支持单位和个人从事良种的选育和开发;主要林木品种在推广应用前要通过国家级或省级审定,审定后要公告;

应当审定的品种未经审定通过的，不得发布广告，不得经营、推广。

主要林木的商品种子生产实行许可制度。符合条件的申请单位由县级林业主管部门审核，省级林业主管部门发放许可证。生产者按许可证规定的品种、地点以及规定的生产技术和检验检疫程序进行生产。

种子经营实行许可制度。种子经营者必须先取得种子经营许可证后方可凭种子经营许可证向工商行政主管机关申请办理或者变更营业执照，农民个人自繁自用的常规种子除外。林业主管部门规定林木种苗的检疫对象，划定疫区的保护区，对林木种苗进行检疫。省、自治区、直辖市可规定本地补充检疫对象，报国务院林业主管部门备案。凡是种子、苗木和其他繁殖材料，不论是否列入应实施检疫的植物及其制品名单，在调运前都必须经过检疫。

（2）义务植树。1981年12月，党的第五届全国人大四次会议做出了《关于开展全民义务植树运动的决议》。规定凡是条件具备的地方，年满11岁的公民，除老弱病残外，都要每人每年义务植树3~5棵，或者完成相应劳动量的育苗、管护和其他绿化任务。国务院随后又制定了《关于开展全民义务植树运动的实施办法》，要求县级以上各级人民政府均应成立绿化委员会，统一领导本地区的义务植树运动和整个造林绿化工作。各级绿化委员会由当地政府的主要领导同志及有关部门和人民团体的负责同志组成，委员会办公室设在同级人民政府的林业主管部门。各级绿化委员会组织和推动本地区各部门各单位有计划、有步骤地开展植树运动。

（3）部门单位造林绿化责任制。铁路公路两旁、江河两侧、湖泊水库周围，由各有关主管部门因地制宜地组织造林；工矿区、机关、学校用地，部队营区以及农场、牧场、渔场经营地区，由各单位负责造林，国家对造林绿化实行部门和单位负责制，规定各类造林任务的责任单位。对未按县级人民政府下达的责任通知书要求完成植树造林的，处造林费用2倍以下的罚款，对主要责任人给予行政处分。

3.森林资源采伐

我国森林资源采伐实施限额管理制度。《森林法》明确规定：国家根据用材林的消耗量低于生长量的原则，严格控制森林年采伐量。国家所有的森林和林木以国有林业企业事业单位、农场、厂矿为单位，集体所有的森林和林木，个人所有的林木以县为单位，制定年采伐限额，由省、自治区、直辖市林业主管部门汇总，经同级人民政府审核后，报国务院批准。

采伐限额一般按五年周期进行编制，主要是总量控制，然后依据限额编制年度木材生产计划，具体实施采伐时根据年度生产计划数执行。《森林法》对采伐方式、采伐后的更新造林、不同林种的采伐要求也给予了明确规定。

单位和个人实施采伐前还要先申请采伐许可证，并按许可证的规定进行采伐，农村居民采伐自留地和房前屋后个人所有的零星林木除外。国有林业企业事业单位、机关、团体、部队、学校和其他国有企业事业单位采伐林木，由所在地县级以上的林业主管部门依照有关规定审核发放采伐许可证。铁路、公路的护路林和城镇林木的更新采伐，由有关主管部门依照有关规定审核发放采伐许可证。农村集体经济组织采伐林木，由县级林业主管部门依照有关规定审核发放采伐许可证。农村居民采伐自留山和个人承包集体林地上的林木，由县级人民政府林业主管部门或者其委托的乡、镇人民政府依照有关规定审核发放采伐许可证。

4. 木材经营、加工管理

从林区运出木材，必须持有林业主管部门发给的运输证件。依法取得采伐许可证，按照许可证规定采伐的木材，从林区运出时，林业主管部门应当发给运输证件。经省、自治区、直辖市人民政府批准，可以在林区设立木材检查站，负责检查木材运输。对未取得运输证件或者物资主管部门发给的调拨通知书运输木材的，木材检查站有权制止。在林区非法收购明知盗伐、滥伐林木的，由县级以上人民政府林业主管部门责令停止违法行为，没收违法收购的盗伐、滥伐的林木或者变卖所得，并处违法收购林木的价款1倍以上3倍以下的罚款；构成犯罪的，依法追究刑事责任。在林区经营（含加工）木材，必须经县级以上人民政府林业主管部门批准。

5. 野生动植物资源保护管理

野生动植物资源是森林资源的有机组成部分，是森林自然生态系统的重要组成环节，对生态平衡和生物多样性保存具有重要作用。我国高度重视野生动植物资源及其多样性保护，除了在《森林法》中做出了原则性保护要求外，还陆续出台了一系列专门法律法规进一步规范，如《中华人民共和国野生动物保护法》《中华人民共和国陆生野生动物保护实施条例》《中华人民共和国野生植物保护条例》《中华人民共和国自然保护区条例》《森林和野生动物类型自然保护区管理办法》

《中华人民共和国濒危野生动植物进出口管理条例》等。以上及其他各类法律法规涉及野生动植物资源保护管理的方面包括国家一级保护陆生野生动物特许猎捕证核发，出售、收购、利用国家一级保护陆生野生动物或其产品审批，出口国家重点保护陆生野生动物或其产品审批，进出口国际公约限制进出口的陆生野生动物或其产品审批，外国人对国家重点保护野生动物进行野外考察、标本采集或在野外拍摄电影、录像审批，国家一级保护野生动物驯养繁殖许可证核发，外来陆生野生动物物种野外放生审批，科研教学单位对国家一级保护野生动物进行野外考察、科学研究审批，采集国家一级保护野生植物审批，进出口中国参加的国际公约限制进出口野生植物审批，出口国家重点保护野生植物审批，出口珍贵树木成其制品、衍生物审批，引进陆生野生动物外来物种种类及数量审批，在林业系统国家级自然保护区实验区开展生态旅游方案审批，在林业系统国家级自然保护区建立机构和修筑设施审批等一系列行政许可事项。

此外，《中华人民共和国刑法》中也有专门界定涉及野生动植物违法犯罪行为及量刑标准的条款，全国人大常委会又根据执法情况和《中华人民共和国刑法》中涉及野生动植物的违法犯罪的条例出台了专门的司法解释。

第三章　林业建设项目管理

第一节　项目概论

一、项目概念及分类

（一）项目的概念

投资项目是在规定的期限内，为完成某项或某组开发目标而独立进行的投资活动。项目包含三方面的含义。首先，投资项目是一个过程。投资项目作为一个具体的工程项目，包含了立项、评估、设计、开工施工、竣工、运行等一系列过程，完成从"资产投入"至"效益产出"的一个完整的循环。其次，投资项目是一个体系。它不但包含资金筹措，而且包括建设管理、机构设置、运营管理、效益管理等，其实就是生产与扩大再生产的一个复杂体系。再次，就项目内部来说，包括该项目的建筑、机器设备、资源供应、人员构成组织机构、管理运行模式等各个方面。

（二）项目的分类

按照性质划分，可分为新建项目和改、扩建与更新改造项目两大类。改、扩建与更新改造项目是指改建、扩建、恢复、迁建及固定资产更新和技术改造项目。

按照经济用途划分，可分为经营性项目和非经营性项目。

对林业行业来说，经营性项目主要指木材及林副产品加工、经济林种植等收益比较好的项目，主要特征是投资能回收，在投资来源上主要利用政策性贷款（含国际银行组织贷款）、龙头企业扶持（含结构调整资金）、社会资金及企业自筹等。这类项目如不使用政府投资，一律不再实行审批制，区别不同情况实行核准制和备案制；使用政府补助转贷、贴息投资的，政府只审批资金申请报告。

非经营性项目主要指涉及公共安全的国土绿化及为其服务的基础设施建设项目。"十五"以来，我国的主要"六大"林业工程中，有五项是非经营性项目。这类项目主要依靠公共财政支出建设，要严格执行基本建设程序，逐级审批。按照建设规模划分，可分为大型项目、中型项目和小型项目。我们把总投资5 000万元以上的经营性项目和总投资3 000万元以上的非经营性项目作为大中型项目，其他作为小型项目。

二、建设项目管理

根据国家林业和草原局颁布的《林业固定资产投资建设项目管理办法》，各级林业计划机构是林业建设项目的主管部门，其他业务机构按照各自的职责分工参与林业建设项目的管理工作。

大中型项目必须由项目建设单位（也可委托有相应工程咨询资质的机构）编制项目建议书，小型项目可以直接编制项目可行性研究报告，但必须由具有相应工程咨询资质的机构编制。建设单位根据批准的项目可行性研究报告组织编制初步设计文件，初步设计必须委托具有相应工程设计资质的机构编制。单纯购置类项目可以不编制项目初步设计，由建设单位在可行性研究报告的基础上直接编制项目实施方案。

这里说的"相应资质"，应分两个层次理解。第一层的意思是资质的范围，所有项目设计文件，根据建设内容，委托具有该项设计资质的单位进行设计。例如，建设内容涉及建筑工程的项目设计，设计单位应该具有建设部门颁发的资质；涉及林业本地资源调查的项目设计，必须具有林业部门颁发的规划设计资质。第二层的意思是资质的等级。一般上报国家林业局的项目可行性研究报告，应该委托具有甲级资质的设计单位进行设计。

建设项目一经批准，必须严格按照审批文件执行，各级林业主管部门和建设单位不得擅自变更项目建设地点、建设性质、建设单位、建设内容，降低工程质量，增加或压缩投资规模等。

项目实施过程中因客观原因造成部分建设内容、建设标准、建设规模需要调整的，应按以下程序进行：概算总投资超过可行性研究报告审定的估算总投资的10%的，应当重新报批可行性研究报告，由原可行性研究报告批准部门重新批准后，按新批准的可行性研究报告重新编制初步设计，按规定的程序报批；由于建设地点变更以及建设标准、建设规模、建设方案发生变化，确需调整的项目，由建设单位提出调整方案，按规定的程序报原可行性研究报告批准部门批准后方可进行建设；因设计变更、项目建设地点和项目实施环境变化等原因，确需调整的部分项目子项，在总投资不超过可行性研究报告审定的总投资情况下，由建设单位提出调整方案，按规定程序报原初步设计审批部门批准后实施。

以下介绍项目建设中的几个制度。

（一）招投标制度

林业建设项目的勘察、设计、施工、监理和与工程建设有关的重要仪器、设备、材料的采购，应当按照《中华人民共和国招标投标法》的规定进行招标。符合下列条件之一的林业建设项目必须进行公开招标：施工单项合同估算价在400万元（含400万元）以上的；仪器、设备、材料采购单项合同估算价在200万元（含200万元）以上的；勘察、设计、监理等服务的；采购单项合同估算价在100万元（含100万元）以上的；单项合同估算低于以上规定的标准，但项目总投资额在3 000万元（含3 000万元）以上的。

这里需要说明的是，根据国家林业和草原局颁布的《林业固定资产投资建设项目管理办法》，勘察、设计、监理等服务应公开招标的投资标准与《中华人民共和国招标投标法》的规定一致，所以在编制由国家林业局审批的项目设计（尤其是可行性研究报告）时，按"勘察、设计、监理等服务的采购，单项合同估算价在100万元（含100万元）以上"的标准执行。

招标方式分为三大类。

1. 公开招标

公开招标又称无限竞争性招标，是指招标单位以在报刊、广播、电视等新闻媒体发布招标广告的形式进行公开招标，按照招标、开标、评标和定标的程序选择承包商。

2.邀请招标

邀请招标也称有限竞争性招标，是指招标单位向预先确定的若干家承包单位发出投标邀请函，并说明招标工程的内容、范围和实施条件等，邀请招标竞争。被邀请竞标的承包商同意参加竞标后的其他工作程序与公开招标相同。邀请招标的邀请对象一般为5~10家，但不能少于3家。

3.议标

议标是指业主指定少数几家承包商，分别就承包范围内的有关事宜进行协商，直到与某一承包商达成协议。由于此种方式缺乏竞争性，因此一般不宜采用。议标方式仅适用于不宜公开招标或邀请招标的特殊工程，而且需经建设行政主管部门批准后方可采用。对达不到招标标准的基建项目及设备（材料）采购，要由计财纪检、审计、设备（材料）使用等部门选派人员组成建设项目管理或设备（材料）采购小组，建立内部制约机制。确需邀请招标或不进行招标的必须经可行性研究报告审批部门批准。

（二）监理制

列入国家规定监理范围即可行性研究报告批复文件中含有监理费的林业建设项目，建设单位应当委托具有相应资质等级的工程监理单位进行监理。监理单位应当根据有关工程建设的法律、法规、规程、工程设计文件和施工、设备监理合同以及其他工程建设合同，对工程投资、工期和质量等内容进行控制。未经监理工程师签字，建筑材料、建筑构配件和设备不得在工程上使用或者安装，施工单位不得进行下一道工序施工。未经总监理工程师签字，建设单位不拨付工程款，不进行竣工验收。

建设监理是指社会建设监理单位受业主（即项目法人，下同）委托和授权，依法对其工程项目建设活动实施监理，即为业主进行项目管理。业主与监理工程师的关系是委托与被委托的经济法律关系，双方通过合同来确定双方的权利与义务。业主与承包商的关系是发包与承包的经济法律关系，双方按照合同各负相应的权利与义务。监理工程师与承包商的关系是监理与被监理关系，不存在经济法律关系。承包商按照合同要求和监理工程师的指示施工；承包商随时接受监理工程师的监督管理；监理工程师在业主所委托的权限范围内指导检查承包商履行合同的情况。

（三）资本金制度

所谓资本金，是指在建设项目总投资中，由建设单位或者建设单位的财政主管部门认缴的出资额，是非债务性资金，投资者可按其出资的比例依法享有所有者权益。资本金占总投资的比例，对林业项目的要求是在20%以上。按照国家林业和草原局近几年的项目批复情况，基本上西部地区是20%，中东部是40%。

（四）代建制

所谓"代建制"，是指政府主管部门对政府投资的基本建设项目，按照使用单位提出的建设功能要求，通过公开招标选定专业的工程建设单位（以下简称代建人）并委托其进行项目可行性研究、环境评估、规划设计、项目报审以及项目施工的招投标和材料设备采购等整个建设过程；代建人利用自身的专业优势统筹建设安排，对项目的工期和质量等进行科学的、严格的管理，全面实现优质高效，使政府投资效率最大化；在项目建成后再将其移交给使用单位的项目管理方法。工程"代建制"是世界上一种比较先进和成熟的项目法人运作方式。

第二节 项目建议书的编制

一、项目建议书概述

（一）项目建议书的地位

根据我国现行的投资建设程序，投资前期（建设前期）是指从提出项目建议书到批准可行性研究报告这一时期，包括提出项目建议书、可行性研究、评估和决策等工作内容。

项目建议书，是指按规定由政府部门、全国性专业公司以及现有企事业单位或新组成的项目法人，根据国民经济和社会发展的长期规划、产业政策、地区规划、经济建设的方针技术、经济政策和建设任务，结合资源情况、建设布局等条件和要求，经过调查、预测和分析，向国家计划部门、行业主管部门等或本地区有关部门提出的对某个投资建设项目需要进行可行性研究的建议性文件，是对投资建设项目的轮廓性设想。

编制、提交和审批项目建议书是投资建设程序的初始环节，是将国家计（规）划落实到具体地点、具体项目的重要步骤。项目建议书得到批准（或者核准），该项目方可列入国家投资计划（或者发展规划）；项目建议书得到批（核）准，也才能编制可行性研究报告。因此，项目建议书在投资建设程序中有着重要的地位。

20世纪80年代以前，在我国长期遵循的基本建设程序中，把设计任务书（计划任务书）作为第一个工作环节，强调所有建设项目都必须有批准的设计任务书才能列入年度基本建设计划。在这个阶段所做的项目技术经济分析论证，也以满足审批设计任务书的要求为目标。随着经济建设的发展和经济体制改革的开展，原有基本建设程序也不断补充和完善，在建设程序的工作阶段划分上，从设计任务书一个阶段发展为项目建议书、可行性研究两个阶段，为投资决策的科学性、可靠性提供了程序上的保证。1984年，根据计划管理体制改革的精神，确定所有项目都实行项目建议书和设计任务书两个阶段，利用外资、引进技术项目，以可行性研究报告代替设计任务书。2004年的《国务院关于投资体制改革的决定》明确规定："对于企业不使用政府投资建设的项目，一律不再实行审批制，区别不同情况实行核准制和备案制。其中，政府仅对重大项目和限制类项目从维护社会公共利益角度进行核准，其他项目无论规模大小，均改为备案制，项目的市场前景、经济效益、资金来源和产品技术方案等均由企业自主决策、自担风险，并依法办理环境保护、土地使用、资源利用、安全生产、城市规划等许可手续和减免税确认手续。对于企业使用政府补助、转贷、贴息投资建设的项目，政府只审批资金申请报告。"同时规定："对于政府投资项目，采用直接投资和资本金注入方式的，从投资决策角度只审批项目建议书和可行性研究报告，除特殊情况外不再审批开工报告，同时应严格执行政府投资项目的初步设计、概算审批工作；采用投资补助、转贷和贷款贴息方式的，只审批资金申请报告。具体的权限划分和审批程序由国务院投资主管部门会同有关方面研究制定，报国务院批准后颁布实施。"

（二）项目建议书的特点

项目建议书是对项目的轮廓性设想，主要是从宏观上来考察项目建设的必要性，看其是否符合国家长远规划的方针和要求，同时初步分析项目建设的条件是否具备，是否值得投入人力、物力做进一步的深入研究。从总体上看，项目建议书是属于定性性质的，与可行性研究相比，项目建议书具有如下几个主要特点。

（1）从目的性考察看，提交项目建议书的目的是建议和推荐项目，因此它只是对项目的一个总体设想，主要是从宏观上考察项目的必要性，分析项目的主要建设条件是否具备，研究有没有价值投入更多的人力、物力、财力进行深入的可行性研究。

（2）从基础性分析看，项目建议书阶段是投资建设程序的第一步，这时还难以获得有关项目本身的详细的经济、技术、工程资料和数据。因此，其工作依据主要是国民经济和社会发展的长远规划、行业规划、地区规划、技术进步的方针、国家产业政策、技术装备政策、生产力布局状况、自然资源状况等宏观信息资料，以及同类已建项目的有关数据和其他经验数据。

（3）从内容上探究，项目建议书的内容相对简单。主要侧重于论证项目是否符合国家宏观经济政策的要求，特别是产业政策产品结构政策的要求和生产力布局方面的要求。关于市场调查、市场预测、建设条件和建设措施以及社会经济效益评价等方面不如可行性研究深入、细致。

（4）从方法上看，在编制项目建议书阶段需要运用和计算的指标不多，而且大多采用静态指标，对数据精度的要求不高。例如，对需用的投资总额，可以根据单位生产能力投资按比例估算，误差一般在20%左右。

（5）从结论上判断，项目建议书的结论为是否值得做进一步的研究工作，其批准也不意味着是对项目的决策，通常是在认为值得进行可行性研究时才提交项目建议书，因而其结论一般都是肯定的，而可行性研究有时会得出"不可行"的结论。

（三）项目建议书的作用

项目建议书是项目发展周期的初始阶段。在前期工作中，项目建议书的作用主要体现在三个方面。

（1）项目建议书是国家选择项目的依据。国家投资计划最终要落实到一个个具体项目上。国家对项目，尤其是大中型项目的比选，初步确定就是通过审批项目建议书来进行的。项目建议书的审批过程实际上就是国家对所建议的众多项目进行比较筛选、综合平衡的过程。项目建议书经过批准，项目才能列入长期计划和前期工作计划。

（2）项目建议书是可行性研究的依据。可行性研究是在项目建议书的基础上进行的，是在项目建议书的指导下开展的。而且，对于在城市内进行的建设项目，国家发展和改革委员会在审批项目建议书的同时也可确定委托进行评估的咨询单位。

（3）涉及利用外资的项目，在项目建议书批准后，方可开展对外工作。

二、项目建议书的基本内容

如前所述，项目建议书只是投资前对项目的轮廓性设想。主要从投资建设的必要性方面论述，同时初步分析投资建设的可行性。基本内容有：①投资项目提出的必要性；②产品方案；③投资估算和资金筹措设想；④项目大体进度安排；⑤经济效益和社会效益的初步评价。项目建议书的内容总体来说比较简明，因而不同性质的项目（指一般项目、技术引进和设备进口项目、外商投资项目）的建议书之间的差异就比较明显。下面按项目性质分别列出不同类别项目建议书的主要内容。

（一）一般项目建议书的内容

1984年国家计划委员会发布的《关于简化基本建设项目的审批手续的通知》中规定了项目建议书的内容和要求。根据这项通知，一般项目建议书应包括以下主要内容。

1. 项目提出的必要性和依据

（1）说明项目提出的背景、拟建地点，提出与项目有关的长远规划或行业、地区规划资料，说明项目建设的必要性。

（2）对改扩建项目要说明现有企业概况。

（3）引进技术和进口设备项目，还要说明国内外技术的差距和概况及进口的理由。

2. 产品方案、拟建规模和建设地点的初步设想

（1）产品的市场预测包括国内外同类产品的生产能力、销售情况分析和预测，产品销售方向和销售价格的初步分析等。

（2）确定产品的年产量，一次建成规模和分期建设的设想（改扩建项目还需说明原有生产情况及条件）以及对报建规模经济合理性的评价。

（3）产品方案设想包括主要产品和副产品规格、质量标准等。

（4）建设地点论证。分析拟建设地点的自然条件和社会条件，建设地点是否符合地区布局的要求。

3. 资源情况、建设条件、协作关系和引进国别、厂商等的初步分析

（1）拟利用的资源供应的可能性和可靠性。

（2）主要协作条件情况，项目拟建地点、水电及其他公用设施、地方材料的供应分析。

（3）主要生产技术与工艺，如拟引进国外技术，要说明引进的国别以及与国内技术的差距、技术来源、技术鉴定及转让等概况。

（4）主要专用设备来源，如拟采用国外设备，要说明引进理由以及拟引进国外厂商的概况。

4. 投资估算和资金筹措设想

投资估算，根据掌握数据的情况，可进行详细估算，也可以按单位生产能力或类似企业情况进行估算。投资估算中应包括建设期利息，并考虑一定时期内的涨价因素的影响，流动资金可参照同类型企业的情况进行估算。

资金筹措计划中应说明资金来源，利用贷款需附贷款意向书，分析贷款条件及利率，说明偿还方式、测算偿还能力。

5. 项目的进度安排

（1）建设前期工作的安排包括涉外项目的询价、考察、谈判、设计等计划。

（2）项目建设需要的时间。

6. 经济效果和社会效益的初步估计，包括初步的财务评价和国民经济评价

（1）计算项目全部投资内部收益率、贷款偿还期等指标及其他必要指标，进行盈利能力、清偿能力的初步分析。

（2）项目的社会效益和社会影响的初步分析。

上述内容适用于不涉及利用外资的项目，特别是既不涉及利用外资，也不涉及技术引进和设备进口的一般项目。涉外项目的建议书主要内容按涉及利用外资与否分别列述。

（二）技术引进和设备进口项目建议书的内容

20世纪80年代初期，国务院曾在《技术引进和设备进口工作暂行条例》中专门对这类项目的项目建议书内容提出了要求。这类项目建议书的内容主要如下。

（1）项目名称、项目的主办单位及负责人。

（2）项目的内容与申请理由。说明拟引进的技术名称、内容及国内外的技术差距和投资概要情况；进口设备要说明拟进口的理由，概要的生产工艺流程和生产条件，主要设备名称，简要规格和数量，以及国内外技术差距和概要情况。

（3）进口国别与厂商。要说明拟探询的国别与厂商的全称，包括外文名称。

（4）承办企业的基本情况。说明工厂是新建、改建或扩建，工厂地点及其他基本情况。

（5）产品名称简要规格与生产能力及其销售方向（国内销售，出口外销）。

（6）主要原材料、电力、燃料、交通运输及协作配套等方面的近期和今后要求与已具备的条件。如果是矿山、油田等项目，还要说明资源的落实情况。

（7）项目资金的估计与来源：①项目的外汇总用汇额。其中包括设备工作阶段的用汇额及用途。②外汇资源的来源（申请国家拨付现汇或延期付款、利用外资贷款、补偿贸易、自筹外汇等）与偿还方式（国家统一偿还，企业自行偿还）。③国内费用的估计与来源。其中包括基本建设投资。

（8）项目的进度安排。

（9）初步的技术、经济分析。

（三）外商投资项目建议书的主要内容

外商投资项目，其项目建议书一般是由中方合营者向规定的审批机关上报的文件。它主要是从宏观上阐述项目设立的必要性和可能性。其内容主要是对建议项目的国内外市场、生产（营业）规模、建设条件、生产条件、技术水平、外方合营者、资金来源、经济效益和外汇平衡等情况做出初步的估计和建议。具体内容一般包括：

（1）中方合营单位，包括中方合营单位名称、生产经营概况、法定地址、法定代表姓名与职务、主管单位名称。

（2）关于合营的目的，要着重说明出口创汇、引进技术等的必要性和可能性。

（3）合营对象，说明包括外商名称、注册国家、法定地址、法定代表姓名与职务及国籍。

（4）合营范围和规模，要着重说明项目建设的必要性、产品的国内外需求和生产情况以及产品的销售地区。

（5）投资估算，是指合营项目估计需要投入的固定资金和流动资金的总和。

（6）投资方式和资金来源，包括合营各方投资的比例和资金构成的比例。

（7）生产技术和主要设备。主要说明技术和设备的先进性、适用性、可靠性以及重要的技术经济指标。

（8）主要原材料、水、电、汽运输等需要量和来源。

（8）人员数量、构成和来源。

（10）经济效益，并说明外汇收支的安排。

第三节　建设项目可行性研究报告的编制

一、可行性研究报告概述

可行性研究报告阶段，也叫评估阶段（对于小型建设项目，也叫立项阶段）。根据立项阶段选定（或国家确定）的投资方向，展开项目可行性研究。对于重大的投资项目，可行性研究还具体分为初步可行性研究和详细可行性研究，以使评估工作更为深入、细致、可信、有效。可行性研究通过对项目背景、市场需求预测、厂址选择、技术方案、环境保护、组织定员、投资估算和效益评价等方面进行深入的研究，回答"项目可行或不可行"这一问题。

可行性研究报告是建设项目前期工作的核心内容，是项目决策的基础，它为项目决策提供技术经济、社会和财务方面的评估依据。因此，这一阶段的任务是进行深入的技术经济分析论证。

该阶段的主要工作目标如下：

（1）深入研究市场需求、资源供应、工艺技术、投资筹措、组织管理结构和定员方面的各种可能选择的技术方案，进行深入的技术经济分析和比选，推荐一个以上的投资建设方案。

（2）通过对方案进行企业财务评价和国民经济评价，对投资方案进行多方案比选，找出一个最佳投资方案。

（3）对拟建投资项目提出"可行或不可行"的结论意见。可行性研究的结论，可以是推荐一个最佳并确定是可行的投资方案；也可提出若干可行的投资方案，并说明各方案的利弊和采取的措施；或提出方案不可行的结论。

二、可行性研究报告的主要内容

（一）基本内容

可行性研究报告基本内容可概括为3大部分。

第一部分是关于产品的市场需求预测说明。由于投资规模、工艺选择和经济效益都是根据市场需求预测来确定的，因此市场需求预测是项目可行的前提。这一部分内容解释该投资项目的必要性。

第二部分是关于投资项目的技术方案，具体说明项目的厂址、主要技术、设备、所需资源、对环境的影响、生产组织等。该部分内容解释了该项目在技术上的可行性。

第三部分是经济效益的分析和评价。该部分内容是可行性研究报告的核心部分，因为该部分阐述了项目在经济上的合理性，并由此得出项目可行或不可行的最终结论。根据国家的规定，可行性研究报告的编制必须由有相应资质的设计、咨询单位完成。结合林业建设项目，经营性项目和非经营性项目的可行性研究报告侧重点有所不同。

（二）经营性项目可行性研究报告的主要内容

第1章 总论

第 2 章　市场分析与拟建规模

第 3 章　厂址选择与建厂条件

第 4 章　总平面布置与交通运输

第 5 章　生产工艺与设备选型

第 6 章　辅助设施与公用工程

第 7 章　环境保护

第 8 章　劳动安全卫生

第 9 章　消防

第 10 章　资源综合利用与节能

第 11 章　企业组织与职工定员

第 12 章　实施方案与人员培训

第 13 章　投资估算与资金筹措

第 14 章　财务分析与经济评价

（三）非经营性项目可行性研究报告的主要内容

根据国家林业和草原局《关于印发〈林业建设项目可行性研究报告编制规定〉（试行）和〈林业建设项目初步设计编制规定〉（试行）的通知》(林计发〔2006〕156号) 精神，可行性研究报告一般由以下章节组成。

1　总论

1.1　项目提要

1.2　依据

1.3　重要参考文献（可选）

1.4　关键术语定义与说明（可选）

1.5　项目主要经济技术指标

1.6　可行性研究结论

2　项目建设的必要性

2.1　项目建设的背景与由来

2.2　应用（或市场）需求（营造林项目为项目区生态环境、自然灾害现状及生态需求）与项目建设的必要性分析

3　项目建设条件

4　项目建设目标

4.1　指导思想与原则

4.2　主要建设任务

5　项目建设方案

6　消防、安全、卫生、节能、节水措施

6.1　消防

6.2　劳动安全与职业卫生

6.3　节能

6.4　节水

7　环境影响评价

7.1　生态环境现状

7.2　项目对环境影响

7.3　环境保护措施

7.4　环境影响评价

8　招标方案

8.1　招标范围

8.2　招标组织形式

8.3　招标方式

9　项目组织管理

9.1　建设管理

9.2　经营（运营）管理

10　项目实施进度

11　投资估算与资金来源

11.1　投资估算编制说明

11.2　投资估算与项目运营（管理）年费用估算

11.3　项目资金来源

12　综合评价

12.1　项目风险分析

12.2　项目影响分析

12.3　项目财务分析（可选）与项目评价

13 结论与建议

可行性研究报告的附件主要有：建设单位法人证书；可行性研究报告编制依据及有关政策文件；可行性研究专题论证报告（包括方案比选论证）；有关协议；资金筹措证明。

（四）项目可行性研究报告的编制要求

1. 总论

（1）项目提要，应包括项目名称、项目建设地点（或项目建设范围）、项目法人（建设单位）名称、项目法定代表人、项目主管单位、项目建设技术依托单位（可选）、项目性质、项目建设目标、项目主要建设内容及规模、项目建设期及进度、项目投资规模与资金来源、项目效益、编制单位等。虽然内容很多，但既然叫"提要"，就是简要概括，不必展开叙述，否则容易与后边具体内容重复。

（2）依据，包括项目前期规划或项目建议书的审查、审批文件，引用的国家标准、行业标准、地方标准和国际标准等。

（3）重要参考文献，包括可行性研究报告编制引用的主要参考文献。这一部分可选内容对一般建设项目不做要求，但重点工程科技支撑建设项目、科技推广类建设项目应该具有本部分内容。

（4）关键术语定义与说明，汇集可行性研究报告中使用的专门术语的定义和外文首字母组词的原词组。可选内容对应用较新技术，引用外文词汇较多时选择。

（5）项目主要经济技术指标，主要包括项目建设用地规模、产品方案与规模、主要建（构）筑物数量、主要机械设备数量、人员编制、投资估算指标、总投资构成、投资来源。营造林项目还应包括营造林单位综合成本，人工造林、飞播造林、封山育林单位成本，人工造林用苗指标，飞播造林用种指标，造林用工量指标，种苗基地供苗（种）指标，造林成活率、保存率指标，林木生长量指标等。

（6）可行性研究结论，概要描述项目建设方案、投资规模及可行性研究结论与建议。

2. 项目建设的必要性

（1）项目建设背景与由来，项目建设的国家政策支持背景，项目建设对当地经济社会发展的支持能力，项目建设对建设单位自身建设的支持能力。

（2）应用（或市场）需求与项目建设必要条件分析，非营造林项目在充分调查分析需求的基础上，描述项目拟解决的主要问题；营造林项目在初步调查分析项目区生态环境、自然灾害现状及生态需求的基础上，描述项目拟解决的主要生态问题，进行项目必要性分析。

3. 项目建设条件

（1）项目建设区相关自然地理，包括行政区划、地理位置、地形地貌、河流水系、水文、气候、土壤、植被等。

（2）社会经济，包括面积、人口及其结构，工农业生产情况及人均产值、收入，生活水平及经济发展水平等。

（3）林业生产经营管理，包括林业生产经营管理机构、人员、技术力量，营林生产情况及森林资源管理水平，森林保护与管理设施条件，生态工艺林建设成就经验及问题等。

（4）土地资源，包括各类土地面积，营造生态公益林的土地资源分布状况，造林数量及立地条件分析。

（5）劳动力资源，包括项目区劳动力就业情况分析、可供营造林生产的劳动力数量及技术素质分析等。

（6）种苗供应，包括现有苗木供应能力及潜力，外调种苗的可能性及经济合理性分析等。

（7）基础设施，包括交通运输、通信、供电、灌溉、排水等。

（8）现有相关项目，包括社会及有关部门对项目的支持、配合的可能性及程度，续建项目的上一期竣工验收情况等。

（9）其他需要分析的项目建设条件。

4. 项目建设目标

（1）项目建设目标，根据项目建设规模及时间要求，可将建设目标分为总目标和分阶段目标。营造林项目可包括森林资源增长目标，改善生态环境与防灾减灾目标等。

（2）主要建设任务，描述项目建设的主要内容。

5.项目建设方案

(1)非营造林项目包括:项目功能或产品方案、建设规模;项目建设地点选址方案及相关条件分析(资源、原材料、燃料及公用设施等情况);项目技术方案,说明项目工艺流程或技术线路、物料平衡等;项目主要建设内容或主体工程建设方案;项目辅助设施及公用工程配套方案;功能区划分或总体布置,说明项目组成及总平面图布置分项工程组成及平面布置项目内外运输等;项目可行性分析,分别描述2个或2个以上比选方案,对方案进行投资估算。从方案技术特点、建设投资、效益等方面进行分析比较,论证推荐方案的可行性,比选方案的详细内容宜作为报告的附件;选择单一建设方案的,应说明选择单一方案的理由,从该方案的技术特点、建设投资效益等方面进行分析和论证该建设方案的可行性。

(2)营造林项目包括:项目建设总体布局,项目的布局依据、布局方案;项目区区划,重点(骨干)营造林工程布局,一般营造林工程布局,其他建设项目布局;项目建设内容,营造林工程包括林种划分造林方式及规模、重点(骨干)生态公益林建设工程等;种苗基地建设工程,包括项目区种苗生产现状、种苗需求量测算、种苗基地建设及供应量预测等;森林保护与管护工程,包括森林防火、林业有害生物防治及森林管护;项目基础设施及附属配套工程,包括信息管理、科技推广、森林生态环境监测、附属配套工程等;营造林技术措施,包括树种选择、种子、苗木、整地、树种配置、造林方式、初植密度、幼林抚育、幼中龄林抚育间伐等;项目可行性分析,包括分别描述2个或2个以上比选方案,对方案进行投资估算,从方案技术特点、建设投资、效益等方面进行分析比较,论证推荐方案的可行性,比选方案的详细内容宜作为报告附件,选择单一建设方案的,应说明选择单一方案的理由,从该方案的技术特点、建设投资、效益等方面进行分析和论证该方案的可行性。

6.消防、安全、卫生、节能、节水措施

按照国家有关要求和相关标准编制。具体内容包括消防劳动安全与职业卫生、节能、节水等。根据国家有关规定,此项内容是国家审批可行性研究报告的主要内容之一,也是贯彻"以人为本"科学发展观和建设节约型社会的重要体现。在报告编制过程中,要考虑到项目建设的方方面面。本章的消防,主要指固定建筑物、公共活动场所的消防设施配备、消防技术宣传及责任的落实措施等,不能等

同于森林防火；劳动安全与职业卫生，主要指项目建设和运营过程中，建设者、管理者、工作人员等的劳动安全隐患分析及规避方法措施，公共饮水安全分析及规避措施，有毒有害物质的保存使用及使用后的回收处理等；节能主要考虑节电措施、节能材料选用、节水措施等。该部分建设如果确需增加设备设施，可以在项目建设内容和投资估算中体现。

7. 环境影响评价

环境影响评价主要包括生态环境现状调查项目对环境影响分析、环境保护措施、环境影响评价等方面内容。具体说，就是在环境现状的基础上，分析项目建设对项目小环境和社会大环境的影响，采取何种措施，采取措施后对环境的影响能降低的程度等，最后对环境影响进行总结评价。营造林项目主要描述整地方式对水土流失的影响，施用化肥、农药对环境的影响，营造林方式及树种配置对环境的影响，栽植密度、株行距对森林功能的影响，项目建设对野生动植物栖息环境的影响等。

8. 招标方案

招标方案主要包括招标范围、招标组织形式、招标方式等。要针对项目建设的各项内容，分别提出是否招标，如何招标，不进行招标的建设内容如何进行资金控制等。可行性研究报告一旦批复，如果没有特殊说明，即可视为同意本招标方案。

9. 项目组织管理

（1）项目建设管理，按照国家有关建设管理要求，拟定项目建设管理的组织机构（项目法人），对项目的计划管理、工程管理、资金管理、信息（档案）管理等提出方案。

（2）经营（运营）管理，根据项目特点，拟定项目经营（运营）管理模式（机制）保障措施及人员编制（或劳动定员）。

（3）对实行代建制的项目应拟订项目的代建方案。

10. 项目实施进度

叙述项目按建设阶段的任务安排和建设内容分年度的任务安排。

11. 投资估算与资金来源

（1）投资估算编制说明，说明投资估算的原则、依据和区分标准等。

（2）投资估算。

政府投资或政府投资为主的林业建设项目投资估算包括建筑安装工程、设备投资、工程建设其他费用及基本预备费。

建筑安装工程投资是指项目建设内容发生的建（构）筑物工程和安装工程的费用；建筑安装工程投资宜按单位建筑工程投资估算法或单位实物工程量投资估算法进行估算。设备投资是指项目建设内容发生的各种设备的费用，包括需要安装设备，不需要安装设备和为生产（项目）准备的不够固定资产标准的工具、器具的费用；设备费用由设备原价和设备运杂费构成；国产标准设备原价宜按市场询价或有关部门提供的价格，国产非标准设备原价宜按全国统一非标准制作工程预算定额所在地区估价表或市场询价及有关部门提供的价格，进口设备原价宜按相关进出口公司的进口设备价格或国外承制（经销）商（厂）报价；设备运杂费包括设备采购、运输装卸、保管等费用，国产设备宜按不高于原价的5%计算，进口设备宜按不高于设备到岸价的2%计算（进口设备的进口税费按国家规定执行）。

工程建设其他费用是指项目建设内容从筹建到竣工验收交付使用所发生的，不形成工程实体的各种费用，主要包括建设单位管理费、土地征用及迁移补偿费、土地复垦及补偿费、可行性研究费、勘察设计费、工程质量监理费、招投标费、研究试验费、生产职工培训费、办公及生活家具购置费、临时设施费、设备检验费、联合试车费、项目评估费、社会中介机构审计（查）费、环境影响咨询服务费、工程保险费劳动安全与卫生评审费、城市基础设施配套费、人防地下室异地建设费、施工图审查费等。工程建设其他费用估算应按项目建设性质建设地点（地区）和建设内容等，选择、确定以上费用内容；各项费用计算方法与标准应符合国家有关规定。如果无国家规定属地方取费的，可按所在地区的有关规定计算，但需在投资估算编制说明中加以说明，并提供相应的证明材料。

工程建设其他费用的计算基数是"工程直接投资"，下面详细讲解一下计算方法：

①建设单位管理费采用分段计算法估算，具体标准为：工程直接费用概算1 000万元以下的，费率按1.5%计算；1 001万～5 000万元的，费率按1.2%计算；

5 001 万～10 000 万元的，费率按 1.0% 计算；10 001 万～50 000 万元的，费率按 0.8% 计算；50 001 万～100 000 万元的，费率按 0.5% 计算；100 001 万～200 000 万元的，费率按 0.2% 计算；200 001 万元以上的，费率按 0.1% 计算。

②有关土地费用按照《中华人民共和国耕地占用税法》《中华人民共和国城镇土地使用税暂行条例》《中华人民共和国城镇国有土地使用权出让和转让暂行条例》。

③可行性研究费计算按照国家《建设项目前期工作咨询收费暂行规定》执行。

④勘察设计费按原国家计委建设部的《工程勘察设计收费管理规定》（计价格〔2002〕10 号）执行。采用直线内插法估算，具体标准为：计费额（一般指工程直接费用）概算 200 万元以下的收费基价 9.0 万元；500 万元，收费基价 20.9 万元；1 000 万元，收费基价 38.8 万元；3 000 万元，收费基价 103.8 万元；5 000 万元，收费基价 163.9 万元；8 000 万元，收费基价 249.6 万元；10 000 万元，收费基价 304.8 万元（一般我们常用的，10 000 万元以上的，不再赘述）。

⑤工程质量监理费按国家《关于印发〈建设工程监理与相关服务收费管理规定〉的通知》（发改价格〔2007〕670 号）执行。

⑥招投标费计算按国家的《招标代理服务收费管理暂行办法》（计价格〔2002〕1980 号）执行。

⑦环境影响咨询服务费计算按国家《建设项目环境影响评价收费标准》（计价格〔2002〕125 号）执行。

⑧人防地下室异地建设费按国家的《人民防空工程建设管理规定》（国人防办字〔2003〕第 18 号）执行。

⑨研究试验费、生产职工培训费办公及生活家具购置费、临时设施费、设备检验费、联合试车费、项目评估费、社会中介机构审计（查）费、工程保险费、劳动安全与卫生评审费、城市基础设施配套费、施工图审查费等费用计算按国家或地方有关规定执行。

⑩基本预备费按不高于工程直接费用与工程建设其他费用之和的 5% 计算。根据工作经验，基本预备费最低不低于工程直接费用与工程建设其他费用之和的 3%。

（3）流动资金或项目运行（管理）经费估算，有收益（产品）项目进行流动资金估算，无收益（产品）项目进行年运行（管理）费用估算。

（4）项目资金来源属于中央预算内投资或补助的，需要说明中央投资与地方配套投资的数量和所占总投资的比例，各类建设项目均需说明项目流动资金或项目年运行（管理）经费的数量与来源。

12. 综合评价

综合评价包括项目风险评价、影响评价、财务分析（可选）与项目评价等内容。

风险评价，描述项目的主要风险因素、风险程度及规避和降低风险的对策与措施。

影响评价，描述项目建设过程中和项目投入运行后可能带来的影响因素、影响程度及负面影响的解决对策。

财务分析（可选）与项目评价，生态效益包括涵养水源与保持水土、庇护农田牧场效益、防风固沙效益、调节气候效益、改善生态环境、净化空气效益、保护生物多样性效益等；社会效益包括提高人类生存环境质量，保障国民经济和社会发展，项目建设带动社会增加就业人员、繁荣经济、提高社会福利精神文化生活等；经济效益包括直接经济效益和间接经济效益。有收益（产品）项目应进行项目财务分析。

13. 结论与建议

归纳可行性研究的结论。对项目可行性研究中主要争议的问题和未解决的主要问题提出解决方法或建议。

三、可行性研究报告的其他规定

（一）项目指标计量单位

营造林地：（小班面积）以 hm^2 计。

造林苗木数量：单位以万株计。

防火线、防火林带：长度以 km 为单位，宽度以 m 为单位。

围栏长度：以延米计，单位 m。

苗圃、母树林、种子园面积：以 hm^2 为单位。

林道：长度以 km 为单位，宽度以 m 为单位。

灌溉管线排水渠：按延米计，单位 m。

建筑物：以 m^2 计，多层建筑物按各层面积总和计算。

露天堆置场按堆置场面积：以 m^2 为单位。

电气动力设备：以 kW 为单位。

输电线路按线路长度：以 km 为单位。

肥料：以 kg 为单位。

（二）可行性研究报告编制单位资质要求

可行性研究报告编制单位和主持编制人员具有相应资质（资格）。一般来说，上报国家林业局的可行性研究报告，应由具有甲级资质的设计单位编制。编制单位和编制人员应严格遵守国家、行业有关法规、标准和《林业建设项目可行性研究报告编制规定（试行）》的要求，坚持独立、公正、科学、可靠的原则，对所编制可行性研究报告的真实性、有效性和合法性负责。

（三）可行性研究报告印刷要求

报告的章节的编号参照国家标准的有关规定，采用阿拉伯数字分级编号。节编号宜小于 4 级，章的标题用 2 号黑体，第一级节的标题用 3 号黑体，第二级节的标题用小 3 号黑体，第三级节的标题用 4 号黑体。

正文宜用 4 号仿宋字体，按每页排 24 行，每行排 30 字，两面印制；附表宜用 A4（210 mm ×297 mm）或 A3（297 mm ×420 mm）标准白纸、仿宋字体两面印制；附图宜用 A4（210 mm ×297 mm）或 A3（297 mm ×420 mm）标准白纸印制。可行性研究报告左侧装订。同时宜制作电子介质副本。

第四节　建设项目初步设计的编制

一、初步设计概述

初步设计是对建设项目做出基本技术决定和确定全部建设费用的设计。分阶段设计的第一阶段设计，根据审定可行性研究报告厂址选择报告等资料编制。其任务在于对设计对象做通盘研究和计算，以确定建设项目在规定的地点和期限内进行建设的可能性，投产后在技术上的可靠性和经济上的合理性，并通过编制总概算确定总的建设费用和主要技术经济指标。初步设计的内容，一般应包括：设计的依据，设计指导思想，建设规模，产品方案，原料、燃料、动力的用量和来源，工艺流程，主要设备选型及配置，设备安装总图，大型设备运输，主要建筑物、构筑物、公用和辅助设施，新技术采用情况，主要材料用量，外部协作条件，占地面积和场地利用情况，综合利用"三废"治理和环境保护，生活区建设，抗震和人防设施，生产组织和劳动定员，主要技术经济指标及分析，建设顺序和年限，总概算等方面的文字说明和图纸。初步设计的深度，应能满足设计方案的比选和确定、主要设备材料的订货及生产安排、土地征用、投资控制、施工图设计的进行、施工组织设计的编制、施工准备和生产准备等方面的要求。经审定的初步设计和总概算，是确定建设项目投资额、编制固定资产投资计划、控制施工图预算、考核设计经济合理性和建设成本的依据。

初步设计文件是国家安排建设项目投资和组织施工的主要依据。所批准的投资为概算深度。根据国家规定，初步设计不得随意改变被批准的可行性研究报告所确定的建设规模、产品方案、工程标准、建设地点和总投资等控制指标。如果初步设计总概算超出可行性研究报告投资估算的10%，或变更上述主要指标，必须报经可行性研究报告原批单位批准或重新编报可行性研究报告。

初步设计文件包括：

（1）初步设计说明书（设计依据，工程性质，设计范围，设计思想，设计规模或能力，建筑结构、设备、电气等说明，主要技术经济指标，工艺流程，产品方案，生产纲领，综合利用，环境保护，节水节能，建设工期，经济效益评价等）。

（2）图纸，包括工程位置图，总平面图，工艺流程的平、剖面图，主要设备清单等。

（3）工程概算文件。初步设计的总体要求：初步设计应根据批准的可行性研究报告进行编制，应明确工程规模建设目的、投资效益、设计原则和标准、深化设计方案，提出设计中存在的问题、注意事项及有关建议，其深度应能控制工程投资，满足土地征（占）用要求，满足编制施工图设计主要设备订货、招标及施工准备的要求，满足环保和资源综合利用的要求，营造林建设项目可以总体设计代替初步设计。

二、初步设计说明书的编制

（一）通用大纲

（1）总论。
（2）项目总平面设计（功能区划）。
（3）各专业（单项工程）生产（功能）工艺（或技术路线）设计及工程设计。
（4）设备选型。
（5）建筑设计。
（6）结构设计。
（7）供电与通信设计。
（8）给排水设计。
（9）采暖通风设计。

（二）初步设计说明书的主要内容

1. 总论

（1）项目提要。

项目提要应包括项目名称、项目建设地点（或项目区范围）、项目法人（建设单位）名称、项目法定代表人、项目主管单位、项目性质、项目建设目标、项目主要建设内容及规模、项目建设期及建设进度安排、项目投资总概算与资金来源等。

（2）设计依据。

设计依据包括项目前期规划、项目建议书可行性研究报告的审查、审批文件；设计的气象、水文、地质及主要原料来源和储量报告等设计基础资料；设计引用的国家标准，行业标准和国际标准等。

（3）项目基本情况概述。

根据不同项目的需要，简要描述以下基本情况。

第一，项目建设地区相关的自然地理和社会经济概况：行政区划、地理位置、地形地貌、河流水系、水文气象、土壤、植被及面积、人口及其结构，工农业生产情况及人均产值、收入，生活水平及经济发展水平等。

第二，项目建设单位生产经营管理概况：经营管理机构，人员，技术力量，设施设备，建设成就，经验及问题等。

第三，与项目建设相关的其他概况：如营林生产情况，土地资源与森林资源，劳力资源，种苗供应，生态保护，森林防火，林业有害生物防治等。

第四，项目建设规模与产品（功能）方案。简要描述项目产品（或功能）方案、建设规模、项目选址、项目主要建设内容（或主体工程建设方案）及主要辅助设施及公用配套工程。

第五，设计的指导思想。表述项目设计的指导思想、原则、目标。

第六，项目总工艺流程（或技术路线）。描述项目总的工艺流程或技术路线。

第七，环境保护。依照《建设项目环境保护管理条例》进行环境保护设计。

第八，职业安全卫生。针对不同项目需要，对用电设备安全、野外防火作业、仪器设备操作安全、职业疾病防护等提出安全防护措施。

第九，消防。根据建（构）筑物的消防保护等级，考虑必要的安全防火间距、消防道路、安全出口、消防给水和防烟排烟等措施。

第十，节约能源。根据项目实际情况，叙述能耗情况及主要节能措施，包括建设物隔热措施，节电、节水和节燃料等措施，说明节能效益。

第十一，抗震防灾与人防。提出项目建（构）筑物抗震防灾与人防措施等。

第十二，项目组织与经营管理。设计的管理机构项目定员（人员编制），提供项目年总运营费用（或经营成本）。

第十三，项目总指标。主要包括项目建设用地规模、产品规模、主要建（构）筑物数量、主要机械设备数量、人员编制、主要建（构）筑物数量、投资测算指标、总投资概算及构成、投资来源等。

第十四，提请初步设计审批时注意（或需解决）的问题及对下阶段设计的要求（建议）。根据项目实际情况提出。

第十五，初步设计文件组成。表述初步设计文件的组成。

第十六，重要参考文献，包括初步设计说明书文件引用的主要参考文献（可选）。

第十七，关键术语定义与说明。汇集初步设计说明书中使用的专门术语的定义和外文首字母组词的原词组（可选）。

2. 项目总平面设计（功能区划）

针对不同建设项目，描述总平面（或功能区划）设计的主要内容。

（1）营造林建设项目。描述土地落实及其他土地资源变动材料情况；小班核实与补充调查、营造林用地数据精度与可靠性分析、土地资源分布特点与利用现状；可用于营造林的土地资源数量、分布及其特点等营造林用地和森林资源调查情况；应用的经营区划系统并说明经营区划结果；说明项目建设的总体布局情况。

（2）自然保护区建设项目。说明自然保护区边界的确定、自然保护区内部功能区区划、与外部的衔接条件、区内原有的工程设施居民点、资源利用项目的标注等；对自然保护区管理局、管理站、管理点、苗圃、码头、瞭望塔（台）、动物救护站、检查站哨卡等工程项目建设地点的确定（含比较方案）；描述交通运输路网、防火路网、防火隔离带网等布局（含比较方案）。

（3）林木种苗建设项目。说明基地（场址）及周边环境状况、基地地形地貌、气象及水文地质条件；说明基地（场址）供水、供电、给水、排水、消防，环境以及交通等外部条件情况；说明基地（场址）分区布置情况、周边布置及扩建方案、仓库设施、消防安全保卫设施、土石方量计算及填挖方量平衡等；设计基地（场址）内外部运输、灌溉、排水、防洪及竖向布置等。

（4）林业有害生物防治建设项目。分别说明营林基础设施的示范林地道路的规模、等级和布置；设计简易观测记录站、监测预警的预测预报中心、区域预警中心、中心测报点、测报点、林业有害生物风险评估中心、检疫检验中心实验室、检疫检验站检疫除害设施、森林病虫害防治培训中心、森防物资储备中心、防治设施及主要附属设施的组成、级别确定、规模、选址布局和总体布置。

（5）森林防火建设项目。分别说明森林火险预测预报系统的林火气象站；火险眺望监测系统的地面巡护站、巡护道路瞭望塔（台）；林火阻隔系统的防火隔离带、防火林带、防火道路；林火信息及指挥系统，航空护林的停机坪油库、道路；防火专业队伍营房等及其主要附属设施的组成、级别确定、规模、选址布局和总体布置。

3. 各专业（单项工程）生产（功能）工艺（或技术路线）设计及工程设计

针对不同建设项目（或专业、单项工程），说明其生产（功能）工艺（或技术路线）设计及工程设计。

（1）营造林建设项目（工程）。

①建设任务量与建设期：根据项目布局，以小班统计表的方式确定建设任务量、项目的建设期。前3年的建设任务落实到具体建设地点。

②营造林设计，应包括立地类型划分及质量评价，划分林种并确定各林种面积、比重等内容的林种设计，选择树种的原则、造林树种和树种面积及比重等内容的树种设计，造林技术、造林模型等内容的造林设计，中幼龄林培育（确定森林经营模型）、经营周期内产量预测等内容的森林经营设计，新造林前3年的抚育设计，造林施肥设计，抚育追肥，种苗需求量测算、种苗供应方案等内容的种苗供应方案设计，营造林用工量测算及构成、机械台班数量测算、劳力与机械台班分配和年度安排等内容的劳力与机械台班需求量设计。

③森林保护设计，包括防火线和防火林带，防火林带的造林树种、配置方式造林方式及防火线维护、防火林带抚育管理措施等设计；森林防火和森林有害生物防治包括瞭望台位置个数、瞭望台的建筑结构与高度、通信设备、交通工具、人员组织等；森林病虫兽害防治设计包括确定病虫鸟兽害发生面积、地点种类，设计检疫、预测预报、防治措施仪器设备、组织形式等；护林点设计，确定护林点位置、个数，护林员的数量、通信方式与设备等；在围栏设计中确定围栏的位置、样式、材料、长度等。

（2）生态保护项目（工程）。

第一，说明自然保护区（生态保护项目）的边界确定、自然保护区（生态保护项目）内部功能区区划、与外部的衔接条件、区内原有的工程设施、居民点、资源利用项目等；对自然保护区（生态保护项目）管理局管理站、管理点、苗圃、码头、瞭望塔（台）、动物救护站、检查站、哨卡等工程项目的建设地点确定（含比较方案）；说明交通运输路网、防火路网、防火隔离带网等布局（含比较方案）。

第二，保护与恢复工程设计。确界立标的界碑、界桩、标牌的数量和规格，碑、桩、牌的刻写内容等；保护管理站（点）的布局、建设规模和结构等。检查站（哨卡）的布局、建设规模和结构等。摩托车道和巡护步道设计的路的规模、路面宽度、等级及最大纵坡、平曲线半径和纵坡坡度等；林（草原）防火工程设计的林火微波监控台、瞭望塔和防火隔离带的建设地点、数量、结构等设计；围栏建设地点、规模、种类和规格等设计；野生动物及栖息地保护工程的野生动物救护站

（点）的位置、结构、规模和具体建设内容等设计；动物笼（棚）舍的布置、规格、材料和规模等设计；食物、饮水补充点的布置；生态廊道的布置、类型和规模；动物通道的布置、规模；鹰墩的布置、材料和规模等；隐蔽地/生物墙的位置、规格和规模；留放枯倒木的布置；人工洞穴的布置分布密度和结构等。

第三，野生植物及生境保护工程设计，包括天然林资源保护工程的建设地点、规模、保护措施和方法等；植物病虫害防治检疫站的结构、规模和组成等；珍稀植物苗圃的设计（参照相关设计规范）；树木园的设计（参照相关设计规范）。

第四，植被恢复工程设计，包括封山（沙、滩、湖）育林（草）的建设地点、封育方式和封育设施的设计等；人工辅助自然恢复区域和恢复措施等；防沙治沙的范围和具体措施。

第五，栖息地与生境改善设计，包括外来有害生物种类、发生情况和具体的控制措施；生境改善的区域、具体措施和方法等。

第六，湿地保护与恢复设计，包括湿地水源保护工程设计，其蓄水、引水和提水工程设计按照国标《灌溉与排水工程设计规范》执行；蓄水堰、缓坡水塘的建设地点、规模和结构形式；主退水汛道疏浚建设地点、流向、截面等；管护码头选点及斜坡码头坡道的坡度、宽度等；防护林带的种类、植物配植方式、具体建设地点和规模。

第七，科研与监测工程设计。科学研究中心包括科研中心（站）的选址、结构、组成、设施设备配置等；生态、资源与环境监测设计包括各种监测站（点）的选址、结构、规模和监测对象；固定样地的位置、数量、形状、规格设计；固定样线的位置数量、规格设计；鸟类环志站的设计依照《鸟类环志技术规程（试行）》进行。

第八，宣传与教育工程设计，包括宣教中心和陈列馆的选址、结构和规模等。

第九，局、站址工程设计，包括管理局、分局和管理站选址、结构、规模、内容等。

第十，环境绿化工程设计，环境绿化的布置、植物配置方式和树种选择等。

第十一，生态旅游工程设计，包括容量设计；布局设计主要包括功能区划分、出入口设计、游览道路系统设计、游览河湖水系设计和建筑布局设计等；游览线路设计主要有道路的路面宽、平曲线、竖曲线的线形及路面结构等；生态旅游建筑工程及其他设施设计有设施的位置、朝向、高度、体量、空间组合、造型、材料色彩及其使用功能等。

（3）林木种苗建设项目（工程）。

①苗木培育方式与生产规模设计。确定产品方案，各类苗木的产量、苗龄、苗木种类、育苗方式和育苗地点等。

②种子处理与储藏设计。说明设计原则、设计规模、工艺流程特点、处理方法、车间组成及主要工艺设备的选择和布置。

③工厂化苗木培育设计。说明设计原则、设计规模、工艺流程特点、生产方式方法、车间组成及工艺设备布置；原料、燃料和辅助材料、成品和废弃物的数量、规格及去向，其中包括苗木生产所需原料的来源、供应方式，拟订原料准备（如基质等）方案；主要操作指标和能源消耗指标；主要设备的选择和配置。

④大田苗木培育设计。说明设计原则、设计规模、工艺流程特点和生产方法；培育前准备，包括整地、土壤改良、消毒和作垄；苗木培育，包括苗木来源，移植、嫁接、经营管理、出圃和再移植等设计，主要机械设备选型。

⑤温室工程设计。说明温室建设用地的位置和现状、设计依据、设计原则；温室功能设计，包括覆盖材料选择、温度调节系统设计、湿度调节系统设计、灌溉及施肥系统设计和自动控制系统设计；温室主体结构及配套设备，温室外接参数（包括供电、总热负荷、供水等）、基础及地面工程、主体结构（包括形式、性能指标、结构及覆盖材料、顶部排水等）、内遮阳幕的技术参数和性能、灌溉系统的配置形式和设计要求，施肥、苗床、湿帘/风扇、喷灌机、计算机控制、供热和配电等的设计。

⑥灌溉、排水工程设计。说明基地用地现状、用地结构、土壤性质和水源状况；灌溉、排水系统的设计原则和依据；井位和灌溉范围确定、灌溉方式选择、灌溉面积划分、灌溉系统管线平面布置、田间排水工程和灌溉自动控制系统设计；主要设备的选择和配置。

⑦种质资源保存与良种示范设计。资源保存：种质资源的来源、种类、数量及保存位置确定，整地方式、土壤改良、苗木种类确定，栽植时间和密度确定，抚育方式，试验示范测定；优良品系展示。

⑧环境绿化工程设计，包括环境绿化的布置、植物配置方式和树种选择等。

（4）林业有害生物防治建设项目（工程）。

对监测预警项目、预测预报中心、区域预警中心、测报站、中心测报点、测报点、检疫御灾、林业有害生物风险评估中心、检疫检验中心实验室、检疫除害设施、隔离处治、森防物资储备中心及防治设施等进行设计。

（5）森林防火建设项目（工程）。

对森林火险预测预报系统、火险瞭望监测系统、瞭望监测系统、林火阻隔系统、林火信息及指挥系统扑火机具、航空护林工程、防火专业队伍营房等进行设计。

4. 设备选型

《林业建设项目可行性研究报告编制规定》指出要"说明主要仪器设备的选型、规格和技术参数"。

5. 建筑设计

按《建筑工程设计文件编制深度规定》的有关规定。

6. 结构设计

按《建筑工程设计文件编制深度规定》的有关规定。

7. 供电与通信设计

按《建筑工程设计文件编制深度规定》的有关规定：说明设计依据、设计范围、外部电源情况及各工程对电源的要求、负荷等级、备用电源的运行方式，供电负荷计算电源电压、供电电压、供配电系统的确定及变电室设置情况；室外供配电线路布置，敷设方式选择，主要电气设备、线材的选择；防爆等级、防雷、防静电要求及设施；继电保护和功率因数补偿；电力拖动、控制和信号；照明电源、电压、容量，照明标准及配电系统形式；通信系统形式。

8. 给排水设计

按《建筑工程设计文件编制深度规定》的有关规定：说明各工程生产、生活、消防用水部位和水量明细表及水量平衡方案；水源取水方案的选择和确定，由城市供水时说明接管点的位置、水压、水量；对生活用水、生产用水、消防用水、循环水、直流水和制冷水系统分别进行介绍。

根据消防用水量计算原则，消防水池及消防泵选择应予以说明：室外给水管道材质、水工计算管网压力、管网平面布置的确定；室外排水（包括雨水）系统划分及管道平面布置；各工程污水量及其成分、性质；污水处理方案及流程、处理深度和达到的标准及污水处理的主要设备与构筑物的选择。

9. 采暖通风设计

按《建筑工程设计文件编制深度规定》的有关规定：说明锅炉、制冷、空调以及水处理等附属设备的能力、选型，说明选定设备的规格、技术参数、台数；室外管道平面布置、敷设方式确定、水工计算、管道材质及保温防腐措施等。

三、初步设计图纸绘制

（一）一般要求

（1）初步设计图纸应按有关要求全部签署。

（2）主要包括区域位置图，总平面（或区划）布置图（包括方案比较图），建（构）筑物的平、立、剖面图，工艺流程图，设备平面布置图、给排水管道、热力管道、供电等各专业系统图和总平面图等。

（3）初步设计中的建筑、结构、电气、给排水、采暖通风设计图纸应符合《建筑工程设计文件编制深度规定》的有关规定。

（二）专业（单项工程）设计图纸

1. 营造林建设项目（工程）

（1）位置示意图。主要图素应包括地形、地貌（水系、山脊线、山峰等）、行政区划界、经、营区划界、道路和居民点等。

（2）现状图。以小班调绘图为蓝本，主要图素有地形、地貌（水系、山脊、山峰及计曲线等）、行政区划界、经营区划界（最小区划单元为小班）居民点、道路、桥梁、瞭望台、苗圃、种子园、母树林和建筑物的位置以及小班编号、小班面积地类，以不同填充色、图案区分地类；现状图以建设区域为单位分幅。当图幅过大时也可以区划系统的次级单元为单位分幅；打印输出比例尺宜为 1 : 25 000 或 1 : 5 000。当项目区总面积小于 6 万公顷时，比例尺可为 1 : 10 000。当项目区总面积超过 40 万公顷，且地类简单、图幅较大时，比例尺可为 1 : 100 000。

（3）立地类型图。主要图素、分幅、比例尺与现状图相同，地类代码改为立地类型代码，以不同填充色、图案区分立地类型。

（4）总体设计图。除主要地形、地物、原有道路与居民点外，应标示新增设的道路、桥涵瞭望台、苗圃、种子园、母树林以及建筑物。以不同填充色图案标出各小班的造林模型，森林经营模型，并标注其代码、分幅、比例尺与现状图相同。

（5）造林模型设计图。按设计绘制。

（6）防火工程设计图。生物防火隔离带断面图、生物防火带植物配置图、瞭望塔基础部分平面图和剖面图、塔身剖面图。

（7）病虫害防治设计图。病虫害防治基础设施建筑工程平面图和剖面图。

（8）护林工程设计图。护林点建筑工程平面图和剖面图，围栏模型示意图。

（9）主要道路设计图。主要道路的纵断面图、典型横断面设计图、桥涵及附属构筑物图。

（10）灌溉工程设计图。灌溉工程系统管路平面布置图、井泵房平立剖面图、排水系统沟梁平面布置图。

（11）其他设计图，包括与苗圃、种子园、母树林等有关的设计图。

2. 生态保护项目（工程）

（1）地理位置图。表示出保护区在省、区或县的概略位置。

（2）总平面图。管理局、管理站、科学研究中心（站）、宣教中心、陈列馆等应绘制总平面图。比例一般采用 1：200~1：500，图上表示出坐标轴线、标高、风玫瑰（指北针）、平面尺寸，绘出现有和设计的建筑物、构筑物、主要管渠、围墙、道路及相关位置，标注与外部配套设施的关系；绿化景观布置示意图；竖向布置；列出建筑物、构筑物一览表，主要技术指标和工程量表。

（3）主要建筑物、构筑物建筑图，应包括平面图、立面图和剖面图。采用比例一般为 1：100~1：200。图上表示出主要结构和建筑配件、基础做法、建筑材料、室内外主要装修、建筑构造、门窗以及主要构件截面尺寸等；除满足上述要求外，尚需符合《建筑工程设计文件编制深度规定》的有关规定。

（4）道路工程设计图，包括线路平面设计图，纵断面图，典型横断面设计图，挡土墙、桥涵及附属构筑物图。

（5）给排水工程设计图，包括给排水总平面图、给排水局部总平面图、建筑给排水平面图。

（6）供电工程设计图，包括变、配电系统高低压供电系统图，变、配电系统平面布置图，照明系统平面图。

（7）通信工程设计图，包括通信系统图、站房设备布置图、有线广播电视系统图。

（8）采暖工程设计图，包括采暖系统流程图、采暖平面图、设备布置平面图。

（9）环境绿化工程设计图，包括平面布置图、植物配置图等。

（10）其他工程设计图，包括防火微波监控台、瞭望塔、蓄水堰、缓坡水塘、管护码头、生态旅游等专业工程的设计图。

3. 林木种苗建设项目（工程）

（1）地理位置图。表示出基地在省、区或县的地理位置。

（2）基地现状图。

（3）功能分区图。

（4）总平面设计图。比例一般采用1∶500~1∶2 000，图上表示出坐标轴线、标高、风玫瑰（指北针）、平面尺寸，绘出现有和设计的建筑物、构筑物、主要管渠、围墙、道路及相关位置，标注与外部配套设施的关系；绿化景观布置示意图；竖向布置；列出建筑物、构筑物一览表，主要技术指标和工程量表。

（5）主要建筑物、构筑物建筑图，包括平面图、立面图和剖面图。采用比例一般为1∶100~1∶200。图上表示出主要结构和建筑配件、基础做法、建筑材料、室内外主要装修、建筑构造、门窗以及主要构件截面尺寸等；除满足上述要求外，尚需符合《建筑工程设计文件编制深度规定》的有关规定。

（6）道路工程设计图，包括线路平面设计图、纵断面图，典型横断面设计图，挡土墙、桥涵及附属构筑物图。

（7）给排水工程设计图，包括给排水总平面图、给排水局部总平面图、建筑给排水平面图。

（8）供电工程设计图，包括变、配电系统高低压供电系统图，变、配电系统平面布置图，照明系统平面图。

（9）采暖工程设计图，包括采暖系统流程图、采暖平面图、设备布置平面图。

（10）温室工程设计图，包括温室平、立剖面图，温室平面布置图，温室基础平面布置图，温室基础剖面图，灌溉平面布置图，电气平面布置图，供暖平面布置图，水、电、暖进出口位置图，灌排工程设计图，灌溉系统管路平面布置图，井泵房平、立剖面图，排水系统沟渠平面布置图，主要排水沟剖面图。

4. 林业有害生物防治建设项目（工程）

（1）总体布置图。比例尺应根据项目区域面积确定，以包括所有建设项目为宜。图上标示地形、地貌、地物、河流、森林资源分布、风玫瑰，现有和设计的森林病虫害防治工程等。

（2）总平面图。预测预报中心、区域预警中心、林业有害生物风险评估中心、检疫检验中心实验室和森林病虫害防治培训中心等建筑规模较大或建筑物相对集中的地方应绘制总平面图。比例一般采用1∶200~1∶500，图上表示出坐标轴线、标高、指北针、平面尺寸，绘出现有和设计的建筑物、构筑物、主要管渠、围墙、道路及相关位置，标注与外部配套设施的关系；绿化景观布置示意图；竖向布置；列出建筑物，构筑物一览表，主要技术指标和工程量表。

（3）主要建（构）筑物建筑图，应包括平面图、立面图和剖面图。采用比例一般为1∶100~1∶200。图上表示出主要结构和建筑配件、基础做法、建筑材料、室内外主要装修、建筑构造、门窗以及主要构件截面尺寸等；除满足上述要求外，尚需符合《建筑工程设计文件编制深度规定》的有关规定。

（4）给排水工程设计图，包括给排水总平面图、给排水局部总平面图、建筑给排水平面图。

（5）供电工程设计图，包括变配电系统高低压供电系统图、变配电系统平面布置图、照明系统平面图、各工程供电系统图。

（6）采暖工程设计图，包括采暖系统流程图、采暖平面图、设备布置平面图。

5. 森林防火建设项目（工程）

（1）地理位置图。表示出重点火险区综合治理工程的概略位置。

（2）总体布置图。比例尺应大于或等于1∶50 000（根据工程区域面积确定）。总体布置图主要包括重点火险区综合治理工程边界、与外部的衔接条件，区域内原有的工程设施、居民点的标注等，并标出林火气象站、地面巡护站、巡护道路、瞭望塔（台）、防火隔离带、防火公路、防火林带、停机坪、油库、营房、防火指挥中心、物资储备库、检查站和防火训练基地的位置。

（3）总平面图。防火指挥中心等应绘制总平面图。比例一般采用1∶200~1∶500，图上表示出坐标轴线、标高、风玫瑰（指北针）、平面尺寸，绘出现有和设计的建筑物、构筑物、主要管渠、围墙、道路及相关位置，标注与外部配套设施的关系；绿化景观布置示意图；竖向布置；列出建筑物、构筑物一览表、主要技术指标和工程量表。

（4）主要建筑物、构筑物建筑图，包括平面图、立面图和剖面图。采用比例一般为1：100~1：200。图上表示出主要结构和建筑配件、基础做法、建筑材料、室内外主要装修、建筑构造、门窗以及主要构件截面尺寸等；除满足上述要求外，尚需符合《建筑工程设计文件编制深度规定》的有关规定。

（5）道路工程设计图，包括平面总体设计图、纵断面图、典型横断面设计图、挡土墙、桥涵及附属构筑物图。

（6）给排水工程设计图，包括给排水总平面图、给排水局部总平面图、建筑给排水平面图。

（7）供电工程设计图，包括变、配电系统高低压供电系统图、变配电系统平面布置图、照明系统平面图。

（8）采暖工程设计图，包括采暖系统流程图、采暖平面图、设备布置平面图。

（9）其他工程设计图，包括林火气象站、地面巡护站、巡护道路、瞭望塔(台)、防火隔离带、防火公路、防火林带、停机坪、油库、营房、物资储备库、检查站和防火训练基地等专业工程设计图。

第五节　项目竣工验收

一、竣工验收的权限及组织

（一）权限

总投资规模3 000万元以上（含3 000万元）的林业建设项目，由国务院投资主管部门或其委托的部门组织竣工验收。总投资规模3 000万元以下2 000万元以上（含2 000万元）的项目由国家林业和草原局或委托相关单位组织竣工验收。总投资规模在2 000万元以下的项目，由省级林业行政主管部门或林业（森工）集团总公司组织竣工验收。验收结果报国家林业和草原局备案。

（二）验收组织

（1）验收（初步验收和最后验收，下同）组织单位在受理项目竣工验收申请报告后，对具备竣工验收条件的项目，按照项目隶属关系和权限划分范围，应在90日内组织竣工验收。

（2）竣工验收工作应根据工程规模大小、复杂程度组成验收委员会或验收组（以下简称验收组）进行。验收组由验收组织单位、规划、环保、劳动安全、消防等有关部门及工程技术经济等方面的专家组成。验收组可根据项目规模和复杂程度分成工程、技术、档案、财会等验收小组，分别对相关内容进行专业验收并形成专业验收意见。

建设、使用施工、勘察设计、工程监理等有关单位应当配合验收工作。

（3）验收组负责审查工程建设的各个环节，应听取各有关单位的项目建设工作汇报，查阅工程档案、财务账目及其他相关资料，实地在验建设情况，充分研究讨论，对工程设计、施工、工程质量和资金使用等方面做出全面评价。

二、竣工财务决算编制和审批

（1）在编制基本建设项目竣工财务决算前，建设单位应对财产物资进行盘点核实，清偿债权债务，做到账账、账证、账实、账表相符。

（2）竣工财务决算由竣工财务决算报表和竣工财务决算说明书两部分组成。具体竣工财务决算的编制，应根据国家有关规定进行。

竣工财务决算编制完成后，应根据国家有关规定进行审定。

三、固定资产移交和产权登记

（1）项目竣工验收批复后，建设单位应按程序报批竣工财务决算，竣工财务决算审核、审批后及时办理固定资产移交手续，加强固定资产的管理。

（2）建设单位必须按照国家有关规定办理产权登记。建设项目应当在竣工财务决算审核、审批完毕和竣工验收批复后30日内办理产权登记手续。未经产权登记的项目，不得交付使用。

四、竣工验收材料的收集与整理

　　竣工验收材料包括项目可行性研究报告批复文件、初步（总体）设计批复文件、设计变更批复文件、资金计划下达文件、竣工财务决算、竣工验收总结报告、审计报告、初步验收报告、项目建设布局图等。以上部分要装订成册，作为各级林业主管部的重要档案存档。土建工程包括招标公告、中标通知书、建设合同、监理合同、决算书。中介机构的决算审核、维修合同、消防和质检等部门的验收或备案文件等。仪器设备购置包括招标公告、中标通知书、供货合同、价格清单、设备型号性能说明等。专项业务建设资料，根据各自业务特点，按照有关要求收集施工过程中的有关材料。例如：种苗工程中的采穗圃等的苗木采购合同、良种证明等；自然保护区检测样地设置依据，观测记录等。所有施工档案材料尽可能详细。专项建设资料要整理分卷，作为重要档案保存在建设单位。

第四章 森林公园建设管理

第一节 森林公园概述

20世纪50年代以后，伴随着工业化城市化进程的不断加快和人们物质生活的迅速改善，人们越来越渴望走进森林，回归自然。世界范围内，森林旅游（游憩）、户外游憩成为一种新兴的旅游方式和时尚，呈现了蓬勃发展之势，以国家公园为代表的各类保护地成为旅游的主要目的地。随着我国经济社会的高速发展，从20世纪80年代初起步的森林公园，作为森林旅游的载体，以其多样性的景观资源和丰富的价值，逐步赢得了社会各界和广大群众的关注与向往，具有良好的发展前景。

一、森林公园的定义

（一）我国森林公园的定义

我国森林公园发展历史相对较短，在建设管理和学术研究上，对森林公园有多种定义，各种定义在概念、内涵界定上存在着较大的差异。1993年林业部颁布的《森林公园管理办法》规定："本办法所称森林公园，是指森林景观优美，自然景观和人文景物集中，具有一定规模，可供人们游览、休息或进行科学、文化、教育活动的场所。"《中国森林公园风景资源质量等级评定》（GB/T 18005—1999）对森林公园的定义为"具有一定规模和质量的森林风景资源与环境条件，可以开展森林旅游，并按法定程序申报批准的森林地域"。前者为现行的法律定义，后者得到了学术界和管理界的广泛认可，二者共同构成了目前我国森林公园的规范性、权威性定义。

对森林公园定义可从四个方面理解：第一，具有一定面积和界线的区域范围；第二，有相对稳定的森林生态系统，有良好的森林环境是这一区域的特点；第三，该区域必须具有旅游开发价值，要有一定数量和质量的自然景观或人文景观，区域内可为人们提供游憩、健身、科学研究和文化教育等活动场所；第四，必须经由法定程序申报和批准，凡不符合上述要求的，都不能称为森林公园。

（二）森林公园分类及标准

1. 按管理级别划分

《森林公园管理办法》规定，我国森林公园从管理级别上分为三级。

（1）国家级森林公园。森林景观特别优美，人文景物比较集中，观赏、科学、文化价值高，地理位置特殊，具有一定的区域代表性，旅游服务设施齐全，有较高的知名度。

（2）省级森林公园。森林景观优美，人文景物相对集中，观赏、科学、文化价值较高，在本行政区域内具有代表性，具备必要的旅游服务设施，有一定的知名度。

（3）市、县级森林公园。森林景观有特色，景点景物有一定的观赏、科学、文化价值，在当地知名度较高。

2. 按森林公园风景资源质量等级划分

《中国森林公园风景资源质量等级评定》（GB/T 18005—1999）按风景资源质量等级评定分值（满分为50分），将森林公园划分为四级，并明确了各级森林公园的保护、利用方式。

（1）一级森林公园。风景资源质量等级评定分值为40~50分，多为资源价值和旅游价值高的森林公园，难以人工再造，应加强保护，制定保全、保存和发展的具体措施。

（2）二级森林公园。风景资源质量等级评定分值为30~39分，其资源价值和旅游价值较高，应当在保证其可持续发展的前提下，进行科学、合理的开发利用。

（3）三级森林公园。风景资源质量等级评定分值为20~29分，在开展风景旅游活动的同时，进行风景资源质量和生态环境质量的改造、改善与提高。

（4）三级以下森林公园。风景资源质量等级评定分值 19 分以下，应首先进行资源的质量和环境的改善。

二、森林公园发展状况

党的十一届三中全会后，随着我国旅游业的恢复与兴起，我国林区丰富的森林景观的旅游价值逐渐为社会所认识和关注。1980 年 8 月，原林业部发出《关于风景名胜地区国有林场保护山林和开展旅游事业的通知》，拉开了森林公园建设、森林旅游发展的序幕。1982 年我国第一个森林公园——张家界国家森林公园正式建立。到 1990 年，林业部以批复计划任务书部省联建的方式，共建立了 16 处国家森林公园。这一阶段森林公园建设主要作为国有林场的多种经营项目发展，行业管理较为薄弱。

1992 年原林业部在大连召开了全国森林公园及森林旅游工作会议，要求凡森林环境优美、生物资源丰富、自然景观和人文景观比较集中的国有林场都应当建立森林公园，掀起了森林公园建设高潮，森林公园数量快速增长，国家、省两级管理机构逐步健全，相关法律规章、规程规范、技术标准先后出台，行业管理不断加强，森林公园建设管理步入法治化、规范化、标准化轨道。

2001 年 11 月在四川瓦屋山召开的全国森林公园工作会议，明确了森林公园的性质与定位，提出了"建绿色生态、办绿色产业、创绿色文明"的新目标、新任务，由此，我国森林公园开始进入新的发展阶段、森林公园建设管理水平稳步提高，接待游客数量与经济效益快速增长，经营管理机制不断创新，宣传与市场营销力度不断加大。

到 2008 年底，全国各级森林公园总数达到 2 277 处，总规划面积 1 630 万 hm^2。其中国家森林公园 709 处。国家级森林旅游区 1 处，规划面积 1 143 万 hm^2。全国森林公园全年接待旅游人数 2.77 亿人次，占国内旅游总人数的 16%，旅游直接收入 183 亿元，带动社会综合产值达 1 400 亿元。

第二节 森林公园风景资源调查与评价

森林风景资源是在特定条件下形成的以森林景观为主体，能吸引旅游者，具有多种功能的自然与社会、有形与无形诸多因素有机组成的统一体，是森林公园建设、森林旅游赖以发展的最重要的物质基础。森林风景资源调查与评价是编制《国家重要森林风景资源保护目录》、设立森林公园、制定森林公园建设与森林旅游规划的基础性工作。

一、风景资源的有关概念与定义

关于风景资源，目前我国主要存在着三种规范性、技术性概念定义体系，分别适用于不同的行业、系统。三者之间在定义上有所不同、各有侧重，但在内涵和概念上无大区别，实际工作中，存在着相互借用、混合使用的现象。

（一）森林风景资源体系

1. 适用范围

森林风景资源体系主要适用于林业行业，森林公园、自然保护区建设管理系统。

2. 主要依据

《中国森林公园风景资源质量等级评定》（GB/T 18005—1999）、《国家森林公园总体设计规范》（GB/T 51046—2014）。

3. 有关概念、定义

（1）景物：景物是指具有观赏、科学文化价值的客观存在的物体。

（2）景素：景素是指具有观赏、科学文化价值并能吸引游人的景物、自然与社会现象或意境，是构成景观的基本要素。

（3）景观：景观是指将景素按美学观点完美结合而构成的画面，通过人的感官给予美的享受。

（4）风景资源：风景资源是以景物环境为载体的，自然形成或人类创造的，有普遍社会价值的财富。

（5）森林风景资源：森林风景资源是指森林资源及其环境要素中凡能对旅游者产生吸引力，可以为旅游业所开发利用并可产生相应的社会效益、经济效益和环境效益的各种物质及因素。

（6）风景资源质量：风景资源质量是指风景资源所具有的科学、文化、生态和旅游等方面的价值。

（二）风景名胜体系

1. 适用范围

风景名胜体系主要适用于建设行业，风景名胜区建设管理系统。

2. 主要依据

《风景名胜区规划规范》（GB/T 50298—1999）。

3. 有关概念、定义

（1）风景资源：风景资源也称景源、景观资源、风景名胜资源、风景旅游资源，是指能引起审美与欣赏活动，可以作为风景游览对象和风景开发利用的事物与因素的总称，是构成风景环境的基本要素，是风景区产生环境效益、社会效益、经济效益的物质基础。

（2）景物：景物指具有独立欣赏价值的某种景象，或一定区域具有特征的景象。

（3）景点：由若干相互关联的景物构成、具有相对独立性和完整性，并具有审美特征的基本境域单位。

（4）景群：由若干相关景点所构成的景点群落或群体。

（5）景点：在风景区规划中，根据景观类型、景观特征或游赏需求而划分的一定用地范围，包含有较多的景物和景点或若干景群，形成相对独立的风景分区特征。

（三）旅游资源体系

1. 适用范围

旅游资源体系主要适用于旅游行业。

2. 主要依据

《旅游资源分类、调查与评价》（GB/T 18972—2017）。

3. 有关概念、定义

（1）旅游资源：自然界和人类社会凡能对旅游者产生吸引力，可以为旅游业开发利用，并可产生经济效益、社会效益和环境效益的各种事物与因素。

（2）旅游资源基本类型：按照旅游资源分类标准所划分出的基本单位。

（3）旅游资源单体：可作为独立观赏或利用的旅游资源基本类型的单独个体，包括"独立型旅游资源单体"和由同一类型的独立单体结合在一起的"集合型旅游资源单体"。

（4）旅游资源调查：按照旅游资源分类标准，对旅游资源单体进行的研究和记录。

二、森林公园风景资源分类

《中国森林公园风景资源质量等级评定》（GB/T 18005—1999）对森林公园风景资源实行二级分类。

1. 地文资源

地文资源包括典型地质构造、标准地层剖面、生物化石点、自然灾变遗迹、名山、火山熔岩景观、蚀余景观、奇特与象形山石、沙（砾石）地、沙（砾石）滩、岛屿、洞穴及其他地文景观。

2. 水文资源

水文资源包括风景河段、漂流河段、湖泊、瀑布、泉、冰川及其他水文景观。

3. 生物资源

生物资源包括各种自然或人工栽植的森林、草原、草甸、古树名木、奇花异草等植物景观；野生或人工培育的动物及其他生物资源和景观。

4. 人文资源

人文资源包括历史古迹、古今建筑、社会风情、地方产品及其他人文景观。

5. 天象资源

天象资源包括雪景、雨景、云海、朝晖、夕阳、佛光、蜃景、极光、雾凇及其他天象景观。

三、森林公园风景资源调查

（一）风景资源调查内容

1. 自然地理

（1）地理位置及规划范围：森林公园所处地理位置，四界范围，规划面积、各类土地面积、各林种面积，所属山系、水系及大地貌区、中地貌范围等。

（2）地文：地质构造与地质年代，地形地貌特征，土壤及母岩状况等。

（3）气候：气候类型、温度、光照、降水、湿度、风，特殊天气、气候现象等。

（4）水文：森林公园及周边水资源状况，河流湖泊、水库分布等。

（5）森林资源：所属自然区系、特点，植被类型与植物种类分布特征，野生动物种类与分布等。

（6）区域环境质量：大气质量、地面水质量、土壤质量、负离子含量、空气细菌含量等，由相关部门提供监测报告。

2. 社会经济

（1）森林公园社会经济状况：森林公园历史沿革，人口、民族数量及分布，宗教状况；近几年来森林公园生产、建设和经营管理现状，涉及的其他类型保护地规划管理情况。

（2）所在市、县社会经济概况和林业发展情况。

（3）所在市、县社会经济发展规划，旅游业发展规划。

（4）周边各类景区建设情况：景区分布、规模及经营管理情况，近几年接待游客规模结构，客源市场情况。

3. 基础设施建设

（1）森林公园内部交通及与大的交通网络（铁路、公路干线、机场、港口）连接情况。

（2）森林公园内部通信条件。

（3）森林公园内部水电条件。

（4）森林公园及周边食宿条件。

（5）森林公园及周边医疗条件。

（6）森林公园及周边商业条件。

4. 森林风景资源

（1）地文景观资源：具有保护、观赏、游憩价值的山峰、峡谷、奇石、溶洞、雪山、冰川遗迹、古生物遗存等地貌景观的地质类型、名称、位置、特征规模形成原因等。可远眺海、潮、河流、原野、林海、沙漠、日出、日落、云海、雾海等的位置及时段。

（2）水文景观资源：具有保护、观赏、游憩价值的湖泊、水库、瀑布、滩涂、河溪、泉水等景观的位置、特征、规模、流量、落差形成原因，水源地、季节变化情况等。

（3）生物景观资源。

①森林景观：具有较高保护、审美、科研、保健疗养等价值的植被林分的类型、特征（品种、色彩、姿态、年龄层次、花期、果期）、分布及面积、利用价值等。

②植物景观：具有较高保护、审美、科研价值的植物种类、数量、年龄、分布区域、面积及生长状况。

③古树名木：古树名木或重要景观树的位置年龄、高度、胸径、冠幅、生长状况及历史传说等。

④野生动物：国家、省重点保护野生动物或具有一定种群数量的其他野生动物的种类、数量、栖息环境、活动规律、经常出没区域等。

（4）天象景观资源：可供观赏的云海、雾海、日出、日落等的出现地点、时间分布、规模、观赏地点等。

（5）人文景观资源。

①历史遗迹：具有保护、观赏价值的建筑、遗迹、遗址等的年代、规模、保护级别传说等。

②现代工程：具有观赏价值的现代工程设施、构筑物等规模、地点等。

③民俗风情、历史传说、宗教文化等。

④旅游商品：地方特产、工艺品。

5. 可借景观资源

森林公园范围以外，可借以烘托、利用的各类景观的类型、位置、特征、与森林公园的距离等。

6. 不利因素

对森林公园建设、旅游活动产生不利影响的各种障碍性因素。如多发性气候灾害，暴雨、冰雹、强风暴、沙尘暴等出现的季节、月份、频率、强度等；地质灾害，山崩、洪水、泥石流、地震、火山等出现的频率、强度；大气、水体、工矿等各类污染情况；常见地方病等情况。

（二）风景资源调查方法与步骤

1. 收集资料与统计分析

（1）全面收集自然地理、社会经济、人文景观资源、不利因素等基础资料，进行整理与科学性、时效性、逻辑性审查。尽可能使用最新数据、成果。

（2）广泛收集林业、土地、地质、矿产、文物、旅游、风景等各类资源调查、规划成果资料。

（3）对现有资料进行统计分析，综合考虑典型性、代表性、独特性、规模等因素，确定风景资源的初步分类、主要景观及外业调查内容。

2. 外业调查

（1）线路调查。全面了解森林公园风景资源类型、特征、分布情况，确定具有典型性、独特性、代表性的重点风景资源。对初查或现有资料不完整的森林公园，均匀加密布设调查线路；对现有资料较为完整或前期已开展相关调查的森林公园，可有针对性地布设调查线路，发现挖掘新的景观。

（2）类型调查。对主要景观的外观、形态、规模、体量结构、内在性质、成因机制与演化过程、保护情况等进行实地调查，感受体验其美学、观赏价值，拍摄影像资料。对具有季节变化、时段变化特点的景观，分不同季节、时段进行调查。

（3）座谈访问。邀请专家和当地群众对民俗风情、历史传说、宗教文化等进行座谈访问。

3. 整理归纳

对调查资料进行归纳整理，编写景观介绍材料。发现有缺项、漏项的，及时进行补充调查。

4. 分析评价

依据有关技术标准，对森林公园风景资源进行定性、定量、综合分析评价。

5.编制成果材料

（1）森林公园风景资源调查报告。

①前言(包括调查工作原因、目的,调查方法,调查队伍组成与调查工作情况)。

②自然地理与社会经济情况。

③森林公园风景资源类型。

④森林公园风景资源分析与评价。

⑤森林公园风景资源保护与开发利用建议。

（2）森林风景资源分布图。

以1∶10 000~1∶25 000地形图为底图,按照有关技术规范编制。

四、森林公园风景资源分析与评价方法

（一）定性评价

目前森林公园规划设计中普遍采用综合性定性评价方法。评价内容主要包括以下几个方面。

（1）科学、美学、保护价值评价。对自然风景资源的典型度、独特性、代表性、自然性等进行分析评价。

（2）历史文化价值评价。对人文景观的历史文化价值进行分析评价。

（3）多样度和组合度评价。对风景资源类型、形态、特征等方面的多样化程度,各资源类型之间的联系、补充、烘托等相关程度进行分析评价。

（4）旅游功能评价。对适宜开发的旅游产品、市场吸引力进行分析评价。

（5）开发建设条件评价。对区位条件、可进入性、市场辐射范围等的分析评价。

（二）定量评价

目前在规划设计、学术研究中存在着多种定量评价方法,大致分为数量化模型评价、按评价因子打分分层计算两种类型,对风景资源进行综合定量评价。《旅游资源分类、调查与评价》（GB/T 18972—2017）规定了旅游资源单体评价体系。因变量、评价因子的设定项目、打分标准不同,各种方法的评价结果之间无从比较。在森林公园风景资源分析评价中可参考应用。

（三）定性定量综合评价

我国森林公园、自然保护区生态旅游规划均执行《中国森林公园风景资源质量等级评定》（GB/T 18005—1999）。其评价方法为：在对森林公园风景资源质量进行详细调查的基础上，按风景资源的特性和相关程序进行分类、分级，通过对风景资源的评价因子评分值加权计算获得风景资源基本质量分值，结合风景资源组合状况评分值和特色附加值获得森林风景资源质量评价分值。综合计算风景资源质量、区域环境质量、开发利用条件评价分值，综合评定森林公园风景资源质量等级。风景资源评价因子包括典型度、自然度、多样度、科学度、利用度、吸引度、地带度、珍稀度、组合度。

第三节 森林公园建设可行性研究

森林公园建设可行性研究是森林公园设立、总体规划、建设项目立项的主要依据，其主要任务是：对拟建森林公园的森林风景资源质量、开发建设条件进行分析论证，评价其建设的可行性，提出森林公园规划范围、建设目标与期限、景区划分、景区景点建设项目、组织管理等方面的建议，估算投资与资金来源，进行效益评价。

森林公园可行性研究报告的具体内容、成果格式、编制单位要求，按照设立许可（审批）部门的规定执行。

一、可行性研究的基本内容

（一）规划建设背景

（1）项目由来和立项依据。
（2）建设森林公园的必要性。

（二）建设条件论证

（1）地理位置。
（2）自然地理条件（地文、森林资源、气候、水文）。

（3）社会经济条件。

（4）基础设施条件。

（三）森林公园风景资源条件与质量评价

1. 森林公园风景资源条件

（1）森林风景资源概况。森林公园范围内风景资源的类型、数量、特征、规模。

（2）重点森林风景资源情况。重点森林风景资源类型、特征、规模，在全国、本省或本地区的价值与地位。

2. 森林风景资源质量评价

（1）依照《中国森林公园风景资源质量等级评定》（GB/T 18005—1999）对森林风景资源逐项评价打分，综合评定该公园的质量等级。

（2）其他定性、定量评价。

二、设立国家级森林公园可行性研究报告编制提纲

2006年，国家林业局森林公园管理办公室规定了设立国家级森林公园可行性研究报告的编制内容与格式，其编制提纲如下。

1　基本情况

森林公园名称，申请人名称，申请人通信地址、邮编，负责人（法定代表人）姓名、联系电话，森林公园所属行政区域（县一级行政区域）。

森林公园的地理坐标、四界范围和规划面积。

森林公园内森林覆盖率、原始林面积、次生林面积、人工林面积；森林公园内林地面积、国有林面积、

集体林面积、其他林面积。

2　重点森林风景资源

2.1　重点森林风景资源基本情况

2.2　重点森林风景资源评价

3　资源基本条件

3.1　地文条件

3.1.1　森林公园所属山系

3.1.2　地质构造和地质年代

3.1.3　地形地貌特征

3.1.4　土壤及母岩状况

3.1.5　地文条件对开展旅游的价值或不利影响

3.2　气候条件

3.2.1　森林公园所在区域气候类型

3.2.2　年气温变化和无霜期
3.2.3　光照条件
3.2.4　湿度状况
3.2.5　降水状况
3.3　水文条件
3.4　森林资源条件
3.4.1　森林公园所属自然区系
3.4.2　森林植被特征
3.4.3　公园内主要植物种类和植被类型
3.4.4　公园内野生动物资源
3.5　区域环境质量
3.5.1　大气质量
3.5.2　地面水质量
3.5.3　土壤质量
3.5.4　负离子含量
3.5.5　空气细菌含量
3.6　社会经济条件
3.6.1　森林公园社会经济条件
3.6.2　所在市、县社会经济情况
3.6.3　所在市、县社会经济发展规划和旅游规划
3.7　基础设施条件
3.7.1　森林公园内部交通
3.7.2　森林公园内通信情况
3.7.3　森林公园内水电条件
3.7.4　森林公园及周边食宿条件
3.7.5　森林公园及周边医疗条件
3.7.6　森林公园及周边商业条件
4　森林风景资源调查
4.1　自然景观资源调查
4.1.1　生物景观资源调查
4.1.1.1　森林植被景观
4.1.1.2　森林植物景观
4.1.1.3　古树名木景观
4.1.1.4　野生动物景观
4.1.2　地文景观资源调查
4.1.3　天象景观资源调查
4.1.4　水文景观资源调查
4.2　人文景观资源调查
4.2.1　历史遗迹
4.2.2　现代工程
4.2.3　民俗风情
4.2.4　史事传说
4.2.5　旅游商品
4.3　可借景观资源调查
4.4　旅游开发条件调查

4.4.1 开发条件调查
4.4.1.1 森林公园外部交通
4.4.1.2 旅游适游期
4.4.1.3 公园所处的旅游区位条件
4.4.1.4 公园进入大区旅游网络的条件及可能性
4.4.1.5 地方政府和林业部门支持森林公园所做的工作
4.4.2 不利因素分析
5 森林风景资源质量评价

第四节 国家级森林公园行政许可项目

按照国务院令第 412 号规定，国家级森林公园设立、撤销、合并、改变经营范围或者变更隶属关系审批作为确需保留的行政审批项目，由国家林业局实施行政许可事项的办理。2005 年国家林业局制定了《国家级森林公园设立、撤销、合并、改变经营范围或者变更隶属关系审批管理办法》（国家林业局第 16 号令）。

一、设立国家级森林公园申报、审批程序及有关规定

（一）申请人资格与国家级森林公园设立条件

1. 申请人资格

森林、林木、林地的所有者和使用者，可以申请设立国家级森林公园。

2. 准予许可的条件

设立国家级森林公园，应当具备以下条件：

（1）森林公园风景资源质量等级达到《中国森林公园风景资源质量等级评定》（GB/T 18005—1999）一级标准。

（2）拟建的森林公园质量等级评定分值 40 分以上者。

（3）符合国家森林公园建设发展规划。

（4）森林公园风景资源权属清楚，无权属争议。

（5）经营管理机构健全，职责和制度明确，具备相应的技术和管理人员。

(二)申报材料及要求

1. 申请文件

文件内容包括：拟设立国家级森林公园的区域位置、地理坐标、四界范围和经营面积、主要景观特色及保护建设情况，近几年旅游经营情况。

2. 森林、林木和林地的权属证明材料

（1）申请人持有的林权证或土地权证，尚未颁发林权证的，由县级人民政府或上级林业主管部门出具证明。

（2）涉及他人所有或使用的林地或土地的，出具相关权利人同意申请人上述林地和土地进行经营管理的书面协议，并注明经营管理期限。

（3）涉及他人所有或使用的各类景观景物、设施和构筑物的，出具相关权利人同意纳入森林公园范围，并服从申请人统一规划和管理的书面协议。

（4）林地（土地）、景观景物、设施和构筑物属集体所有或使用的，要按照《中华人民共和国村民委员会组织法》有关规定，有关协议应经村民大会或村民代表会议通过。

3. 可行性研究报告

应提供设立国家级森林公园的可行性研究报告。

4. 森林风景资源景观照片

主要森林风景资源照片，不少于30张，光面相纸冲印，标注景观名称或简要文字说明；编辑为25 cm×29 cm相册，封面、册脊标注森林公园名称，首页附森林公园简介。

5. 森林风景资源影像光盘

光盘内容以展示森林公园内的重要森林风景资源特征、规模及四季变化为主，并反映地理位置、规划面积、植被类型、野生动植物资源分布等基本信息，重要景观做文字标注。

其他文件包括经营管理机构职责、制度和技术管理人员配置等情况的说明材料，所在地省级林业主管部门的书面意见。

(三)审批程序

1. 申请及受理

申请人向国家林业和草原局提出申请,并提交申报材料。国家林业和草原局收到申请后,对申请材料齐全、符合法定形式的,出具行政许可受理通知书;对不予受理的,及时告知申请人并说明理由,出具行政许可不予受理通知书;对申请材料不齐或者不符合法定形式的,出具许可补正材料通知书,并一次性告知申请人需要补正的全部内容。

2. 实地考察与专家评审

申报材料符合要求的,国家林业和草原局在10日内出具《行政许可需要听证、招标、拍卖、检测、鉴定和专家评审通知书》,在规定时间内组织实地考察和专家评审。

3. 审查决定

实地考察和专家评审通过后,经国家林业和草原局审查符合条件的,由国家和草原林业局在20日内做出准予行政许可决定;经审查不符合条件的,由国家林业和草原局做出不予行政许可决定,说明理由并告知复议或诉讼的权利。

二、国家级森林公园撤销、合并、改变经营范围或者变更隶属关系审批的有关规定

申请国家级森林公园撤销、合并、改变经营范围或者变更隶属关系等的,由经正式批准设立的国家级森林公园的单位、组织或个人向国家林业和草原局提交申请;属国家级森林公园行政许可实施前批准的,由批复文件所列明的建设单位提交申请。

(一)国家级森林公园撤销

1. 主要条件

(1) 主要景区的林地依法变更为非林地。

(2) 经营管理者发生变更或改变经营方向。

(3) 因不可抗力等无法继续履行保护利用森林风景资源义务或提供森林旅

游服务。

2. 需提交的材料

（1）申请文件。

（2）说明理由的书面材料。

①主要景区变更为非林地的法律性文件。

②经营管理者发生变更或者改变经营方向的证明，申请人或相关主管部门出具。

③因不可抗力无法继续履行保护利用森林风景资源义务或提供森林旅游服务的证明，由申请人或相关主管部门出具。

（3）所在地省级林业主管部门的书面意见。

（二）国家级森林公园合并

1. 主要条件

（1）符合国家级森林公园建设发展规划。

（2）符合国家级森林公园的森林风景资源质量等级标准。

2. 需提交的材料

（1）申请文件。由合并国家级森林公园所涉及的申请人共同提交。文件内容包括：合并理由，合并后森林公园统一使用的名称，合并后的管理体制和职责分工，合并后的四界范围。

（2）合并后经营管理机构职责、制度和技术、管理人员配置等情况的说明材料。

（3）所在地省级林业主管部门的书面意见。

（三）国家级森林公园改变经营范围

1. 主要条件

（1）符合国家级森林公园建设发展规划。

（2）符合国家级森林公园的森林风景资源质量等级标准。

2. 需提交的材料

（1）申请文件。

（2）扩大经营范围的，应提供：

①森林、林木和林地的权属证明材料（同国家森林公园设立要求）。

②新增范围内的森林风景资源调查报告（参照国家级森林公园设立可行性研究报告相关要求）。

③森林风景资源景观照片。

④森林风景资源影像光盘。

⑤经营管理机构职责、制度和技术管理人员配置等情况的说明材料。

（3）缩小经营范围的，应提供：

①拟减少范围在森林公园中的位置示意图。

②拟减少范围的景区景点现状图。

③该森林公园缩小经营范围后对森林风景资源质量影响的情况说明。

（4）所在地省级林业主管部门的书面意见（一式两份，原件）。

（四）国家级森林公园变更隶属关系

1. 主要条件

（1）符合全国林业发展总体规划。

（2）不影响森林风景资源的保护。

2. 需提交的材料

（1）申请文件。

（2）说明理由的书面材料。

（3）森林公园原隶属的上级林业主管部门同意的意见。

（4）所在地省级林业主管部门的书面意见。

第五节　森林公园森林旅游产品

一、森林旅游产品的概念

森林旅游产品规划、开发贯穿于森林公园总体规划，景区、景点基础、服务设施建设，市场营销的全过程，是森林公园建设经营的一项核心内容。

（一）旅游产品

旅游产品是随着旅游的商业化而出现的一个概念，是指旅游企业向市场出售的商品。

旅游产品作为一种无形产品是一个复合概念，在理论上是指旅游者出游一次获得的整个经历。国内外旅游学者从不同角度对旅游产品进行了定义。吴必虎在对各种定义进行研后，提出在旅游规划范围内，旅游产品可区分为广义、中义、狭义三种。

1. 广义的旅游产品

广义的旅游产品是由景观（吸引物）、设施和服务三类要素所构成的。其中景观（吸引物）是指自然实体和历史文化实体（包括文化氛围和传统习俗）所组成的中心吸引物，正是由于景观的吸引作用才使潜在旅游者产生出游动机；设施是指旅游者得以进入和满足基本生理需求、高层生理需求的交通等基础设施及食宿等旅游设施，它们通常是一些现代建筑物；服务是旅游者在体验景观和身处设施场所中所获得的物质或精神上的享受，它们通常是非物质形态的，人为创造出来的。通常情况下，只有景观才能构成吸引物，是旅游产品的核心部分，但在特定条件下，设施和服务本身也能形成主要的旅游吸引物。

2. 中义的旅游产品

中义的旅游产品是指景观（吸引物）和设施构成的集合体。它带有较强烈的物质产品特点，涉及旅游景区（点）、交通通信、给排水、能源、旅游住宿餐饮购物设施等内容。

3. 狭义的旅游产品

狭义的旅游产品往往仅指旅游景观（吸引物），有时可以粗略地等同于通俗意义上的旅游景区（点），以及一部分非具象的人文景观。

（二）旅游产品的一般特征

与市场上一般产品相比，旅游产品具有无形性、生产与消费的不可分割性、不可储藏性、所有权的不可转移性、易波动性生命周期、综合性等显著特征。

旅游产品特征与旅游产品开发存在着重要关系。旅游产品的无形性说明游客购买旅游产品不是为了物质享受，而是为了精神享受。因此旅游产品的主题创意，设计的独特性和创新性对旅游产品开发的成功较一般的工业产品更为重要。生产与消费的同时性和不可贮藏性反映了旅游产品的生产与消费必须同时进行，旅游产品不可能在消费者购买之前提前生产并贮存起来，消费者也不可能一次购买多个产品慢慢消费。因此，旅游产品具有较强的时间性，在进行产品开发时，必须考虑旅游产品的可生产时间与游客的闲暇时间相一致。所有权的不可转移性说明，游客对旅游产品的消费必须在生产所在地进行，这不仅使可进入性成为影响产品消费的一个重要因素，而且游客对游憩地生态环境的冲击大小以及游憩地的承载力也是进行产品开发时必须考虑的另一个重要因素。旅游产品的易波动性说明市场需求的变动趋势对旅游产品开发的影响大于一般产品。旅游产品的综合性说明，单项旅游产品开发的成功与否与其他产品及外部环境具有较大的关联性。

（三）旅游产品生命周期

由于供给与需求关系的变化，绝大部分旅游产品、旅游目的地都存在着涨落兴衰的现象，被称为旅游产品的生命周期现象。这是旅游产品的一个重要特征。生命周期一般可以通过销售和市场占有率的变化进行识别判断。1980年加拿大地理学家巴特勒系统阐述了旅游地生命周期理论，以旅游者人数、时间作为变量，用一条近S曲线的变化，把旅游地的发展阶段分为介入期、探索期、发展期、稳定期、滞长期和衰弱期六个不同时期，并指出："旅游吸引物并不是无限和永久的。而应将其视为一类有限的并可能是不可更新的资源，旅游区的开发应保持在某个预先决定的容量的限制范围内，使其潜在的竞争力能得以保持较长的时间。"目前我国旅游业处于快速发展时期，旅游市场瞬息万变，在旅游目的地规划建设中，必须高度重视旅游产品的生命周期，努力延长其发展期，通过更新产品、开发旅游新产品，延缓衰落期的到来，步入复兴期的良性循环，保持旅游目的地的吸引力和竞争力。

（四）森林旅游产品及其分类

2004年，兰思仁从森林旅游的一般特征出发，对森林旅游产品进行了定义：以森林景观资源或以森林为依托而存在的自然资源经过开发而形成的旅游产品。

同时，提出了森林旅游产品分类系统（见表4-1）。

表4-1　森林旅游产品分类系统

森林旅游产品类别		举例	物质载体
观赏型旅游产品	自然观光型旅游产品	原始森林景观、气象景观、地质景观、山岳景观、河段景观、喷泉、稀有动植物等	自然景观资源
	提升观光型旅游产品	植物专类园、大型野生动物园、小型动物专类园（鸟类观赏园、蝶类观赏园等）、缆车观光	动植物资源
参与型旅游产品	滞留服务型旅游产品	居住小木屋、帐篷、竹楼	帐篷旅馆、木屋旅馆、竹楼旅馆
	郊野游乐型旅游产品	露营、野炊、烧烤、特色餐饮品尝、扑蝶	野炊区、烧烤区、露营区
	运动健身型旅游产品	水上运动项目（划船、舰艇漂流、垂钓、游泳等）	水体（湖泊、水库、河段等）
		山体运动项目（登山、攀岩等）	山体
		陆上运动项目（滑雪、滑草、骑马、骑车、狩猎、高尔夫球等）	滑雪场、滑草场、狩猎场、原始森林
	保健疗养型旅游产品	森林浴、温泉浴等	森林温泉、高山
	返璞归真型旅游产品	远足、林副产品采摘、野果野菜采摘品尝	森林、荒野地
	探险刺激型旅游产品	山洞探险、高山探险、原始森林探险、快艇高空降落、蹦极	险洞、高山、原始森林、水体
	科普教育型旅游产品	制作标本、动植物认知、动植物科普讲座、生态研习	植物标本园、植物专类园、自然博物馆等
	纪念型旅游产品	纪念林、节事纪念活动、旅游商品	

森林旅游产品除具有一般旅游产品的特征外，还具有自身的个别特征，主要包括周期性、季节性、有限承载性、垄断性、资源质量依赖性、消费对资源的冲击性等。这些特征对森林旅游产品开发具有较大的影响，必须综合考虑。

二、森林旅游产品概述

（一）观赏型旅游产品

观赏型旅游产品是指以满足游客对旅游景观的美学欣赏为目的而开发设计的旅游产品。游客对该类旅游产品的需求目的主要是通过视觉上的欣赏获得美感与享受。观赏型旅游产品质量受游客密度的影响较小，具有较大的承载量。

1. 传统自然观光型旅游产品

传统自然观光型旅游产品指利用自然景观资源开发的、以满足游客对自然景观资源的美学欣赏以及好奇心为主要特征的旅游产品。旅游吸引物包括名山大川、峡谷湖泊、喷泉瀑布、森林、草原、海滨海岛、河流河段等，属于较强的资源型旅游产品。自然观光型旅游产品具有良好的教育功能，能够使旅游者在欣赏大自然之美的同时，获得陶冶个人情操、锻炼人生意志的机会。其主要特点是：由于资源的自然性，该类产品具有很强的垄断性和不可模仿性，能获得较大的垄断利润；一般不需要大量投资，风险较小，盈利能力强；由于环境密度对产品的质量影响较小，故旅客容量较大；自然观光产品与多种旅游产品具有良好的兼容性。森林公园拥有丰富的自然景观，是开展观光旅游的最佳场所。自然观光旅游产品也是我国森林公园开发最早、最初级和最普遍的产品形式，目前在旅游市场上处于统治地位。

2. 升级的观光旅游产品

升级的观光旅游产品指利用人造景观开发的观光型旅游产品。为了适应旅游市场的需求，弥补资源供给与市场需求的不一致，20世纪中叶以来，世界各国开发商或政府投资创建了多种新型的旅游吸引物，被称为"人工景观""人造景观""模拟景观""人为景致"，形成了一代升级型观光旅游产品。该类旅游产品项目的出现是商业投资的结果。升级的观光旅游产品与自然观光旅游产品的一个重要区别，是在长时期内不具有垄断性，不能获得长期的利润。

就森林公园而言，属于这种升级的观光旅游产品主要有以下几种类型：

（1）人工景观林观赏园。人工景观林是通过人工模拟植物生长环境、培育营造而成的具有某种观赏价值的景观林。人工景观林观光旅游产品是以人造森林景观为观赏主体形成的观光旅游产品，一般可分为叶类观赏景观林、花类观赏景观林、果类观赏景观林。其主要特点是：由于景观林的生长周期较长，人工景观林的投资成本较大，故资金的回收时间长；由于形成森林景观的森林的生物特性，故人工景观林具有明显的季节性，故一般年适游期较短，如南京中山陵梅园，年适游期不超过40天；由于人工景观林是人工模拟植物的自然生长环境，故人工景观林的生长必须具有适宜的气候和环境，只有具备较好的区位条件，人工景观林产品项目的投资建设才具有经济效益。

（2）花卉观赏园。花卉观赏园指以花卉为观赏主体形成的观光旅游产品，如河南洛阳国家牡丹园、福州国家森林公园开发的兰花苑等。由于花卉的生长周期较短，故该类产品的投资回收期一般较短，资金回收较快，由市场需求的不确定性而导致的投资风险较小。但由于花卉的花期较短，因而该产品的适游期较短，需要较大的市场支持。另外，对于人工较为容易培育的花卉品种，产品的竞争力不强。

（3）小型野生动物专类园。小型野生动物专类园指以某一种或几种野生动物为观赏主体形成的观光旅游产品，如较为普遍存在并受游客欢迎的哺乳类动物专类园、鸟类观赏园及蝶类观赏园等。这类动物园规模整体较小，动物的生存环境不同于自然野生状态，其行为活动受到一定程度的限制。珍稀性和可观赏性是小型野生动物专类园产生竞争力的重要因素。

（4）大型野生动物园。大型野生动物园是随着野生动物物种和其生境的逐渐丧失而出现的一种新型观光旅游产品，一般是由人工模拟野生动物的原生环境，集中放养珍稀濒危野生动物，动物处于近自然状态生活，行为不受限制。该类产品的主要目的是为旅游者提供接触野生动物的机会，以满足其观赏动物、认知动物、了解动物及研习动物的需求动机，同时，也成为野生动物驯养繁殖的重要基地。

（5）其他类型的升级型观光旅游产品。除了以动植物生物景观为主体形成的人工仿生景观旅游产品外，随着社会的发展，由人工模仿自然景观创造的升级型旅游产品类型越来越多。目前已经出现的有：由人工模仿自然山水景观形成的观光旅游产品（如人造瀑布、人造喷泉）、由人工模拟自然景观（如山脉、河流）并按照一定比例缩小形成的编微景观、通过乘坐缆车观赏景观形成的观光旅游产品（缆车观光）。这类旅游半成品完全是人为创造的结果，与以自然景观构成的产品相比，投资巨大，一般只有在具有非常好的区位条件和非常差的资源条件下才具有开发的可行性。

（二）参与型旅游产品

参与型旅游产品指以满足游客参与某一活动，获得某一体验为目的而开发设计的旅游产品。游客对该类产品的需求目的是通过参与到某一项活动之中而获得某种体验。与观光类产品相比，参与体验型旅游产品的吸引区域半径较小，对区域的依赖性较强。另外，参与型旅游产品质量受游客密度的影响较大。游客密度的增加会极大地降低游客体验参与型产品的质量，承载量相对较小。

1. 滞留服务型旅游产品

滞留服务型旅游产品指兼具休息与娱乐双重功能、以使游客长时间地滞留于目的地为特征的旅游产品。目前森林公园开发的主要产品项目有小木屋旅馆、帐篷旅馆、林间别墅等。虽然此类产品的主要功能是为旅客提供住宿，但游客购买此产品考虑的主要因素是产品的娱乐性，并以获得娱乐作为购买此类产品的主要目的。随着我国度假旅游的兴起，这些产品将会得到越来越多人的青睐。这类产品不仅从供给上费用低、与森林环境有较好的协调性，对森林生态环境和景观环境的冲击小，而且从需求者来说，它使人们的纯粹生理休息与娱乐结合起来，既克服了黑夜带给游客的枯燥感，又大大增加了游客体验自然、了解自然与享受自然的机会和时间。

林中居住是游客森林休闲度假的一种重要形式，滞留服务型产品项目的森林条件：具有较大面积的森林以及形成了明显的森林小气候；林相整齐，景观外表优美；林内无野生猛兽、毒蛇较少；具有较多产生负氧离子的林分和树木。

2. 郊野游乐型旅游产品

郊野游乐型旅游产品指集游乐与野趣为一体的旅游产品。其最大特点是，产品具有娱乐性的源泉不是来自人类社会的现代文明，而是来自产品本身所具有的原始性、荒野性和自然性，人们通过旅游产品的消费，亲身体验与大自然相协调的经历，不仅从中获得了娱乐，而且增加了对自然界的认识，亲身感受到自然界万物和谐相处的美妙，增强游客对生态环境的保护意识。传统的、旅游模式相对稳定的郊野游乐型旅游产品主要包括以下几类。

（1）露营。

露营指满足游客在野外住宿过夜，以获得接近大自然欲望的一种产品形式。与帐篷旅馆不同的是，露营提供者一般只划出一定的露营地，游客自主性比较大，可以自带帐篷，也可以租用公园的帐篷，还可以使用其他方式露营，游客还可以在露营地自由选择露营地点。根据露营使用工具的不同，国外将露营方式分为帐篷式露营、汽车露营等。露营是一种消费相对较低的度假方式，在国外很受欢迎。随着经济的发展和群众生活质量的提升，露营产品在我国将具有较大的需求弹性。

（2）野炊、烧烤。

野炊、烧烤是在野外的一定区域，由森林公园提供原料或游客自备原料，游客自己动手完成的一种餐饮方式。它是一种集休闲娱乐和餐饮于一体，心理需求和生理需求于一身，具有双重功能的传统型旅游产品，娱乐性、趣味性、参与性较强。游客购买此类产品的主要动机与目的正是产品所具有的娱乐性和趣味性。该类产品比较适合于集体参与，是亲朋好友、家庭休闲娱乐的理想旅游产品。

野炊、烧烤旅游项目对旅游资源的依赖性不强。野炊、烧烤场地，一般应选择在溪旁林下，开阔平坦、干燥通风、杂灌较少的地方。建设规模根据市场需求可大可小，灵活性较大，产品项目投资较小。投资风险较小，但一般存在着竞争力不强盈利能力不强问题。

（3）特色餐饮品尝。

特色餐饮品尝指森林公园利用所拥有的较具特色的餐饮原料（如野菜、野山菌等）为游客提供的一种娱乐性餐饮服务。游客通过对此类产品的消费不仅满足了生理上的饮食需求，而且体验到与日常饮食不一样的感觉，同时还能增加对自然与生态的认识和了解。从产品供给者角度来看，特色餐饮产品利用公园自身拥有的独特资源，不仅能够增长游客的消费量，还能节约产品成本，是森林公园应该开发的一种重要的旅游产品类型。特色餐饮产品的价值不在于餐饮原料的价值，而在于游客从中获得的服务以及关于自然界生态演替的规律和知识。特色餐饮旅游产品开发的关键在于所用资源原料的特色导游人员的服务水平。

3. 运动健身型旅游产品

运动健身型旅游产品指通过游客的参与运动，能够使游客达到健身效能的旅游产品。

（1）水上运动项目。

水上运动项目指利用水体（湖泊、水库、河段等）开发的运动健身型旅游产品项目。产品项目又可细分为：

①划船。划船一般指利用由游客自己操作运作的机械式小型木筏船开发的划船产品项目，主要满足游客休闲与娱乐的旅游动机。该类产品项目对水体的冲击破坏较小，产品开发的投资成本较小，风险较小。

②漂流。漂流产品项目是利用河段资源，以满足游客的新奇、刺激的需求动机为目的而开发的一种水上旅游项目，具有较高的惊险性、刺激性与体验性，是一种高度资源依赖型旅游产品项目，具有很强的季节性、区域性和高营利性。一般来说，漂流项目是一种资源非遍在性旅游项目，漂流之地往往位于交通欠佳经济不发达地区，需要依托一个经济发达的腹地，保证一定的客源市场。开发该项目要求漂流河段有一定数量的深水域，保证产品项目的刺激性；又要有平缓之流，让游客有欣赏两岸风光的机会。河段两岸应有具一定质量的观赏景观；气候舒适，保证有较长的适游期。

③垂钓。垂钓是一项利用各种水体资源开发的，以满足游客休闲娱乐为目的的一种传统型水上娱乐项目。其投资成本很低，是一种典型的遍在性旅游项目，不具有垄断性。

（2）山体运动项目。

山体运动项目指利用山体开发的，以满足游客健身为目的的产品项目。

①登山。登山是指由人工特地在山体上铺设道路，使游客能够沿着山体移动，从而在获得休闲、娱乐的同时，使身体得到锻炼，达到健身、休闲、娱乐的目的。从满足游客需求的功能上，登山项目又可分为娱乐性登山、健身性登山和探险性登山，三者在道路的建设设计上有很大的区别。娱乐性登山强调登山给游客带来的娱乐效果，道路设计上强调新奇性，同时保证服务上的周全性。健身性登山强调给游客带来健身效果，在道路设计上可增加一定的难度，以增强健身效果。探险性登山强调惊险性，在道路设计上一般在不危及安全的情况下，越险要，越能满足旅游需求，旅游效果越好。

②攀岩。攀岩是一种较为专业的利用山体进行健身的旅游项目。该项目不需要大量固定的基础设施建设，投资成本较低，但属于高风险性产品项目，要求具有较完善的安全防范设施。攀岩旅游项目较为专业，在旅游市场上需求不大。

（3）陆上运动项目。

陆上运动项目指在陆地（平地或坡地）上开发的以满足游客健身、娱乐为目的的产品。

①滑雪。滑雪指在具有一定坡度的陆地上，利用一定的自然积雪或人工造雪开发建设的一种运动健身项目。它具有较强的趣味性，市场需求量大，普及性强。由于滑雪项目系统性较强，投资成本较大，有关专家研究认为，地形和积雪厚度是决定滑雪产品质量的重要因素，而气候条件决定着每年的适游期长短。因而地形、积雪厚度、气候条件是决定旅游资源质量的重要考虑因素。滑雪旅游项目对自然资源的要求比较严格，属于资源非遍在性旅游项目，产品的盈利能力较强，投资较大，要求有一定的市场群体支撑，对区位条件有较高的要求。

②狩猎。狩猎指通过向游客提供捕猎野生动物的机会，使游客得到健身与娱乐的产品项目，属于对自然环境冲击最大的产品项目之一。随着全社会生态保护意识的不断强化，越来越多的人不赞成开发狩猎旅游产品，也有一些人认为，在一定的管理条件下，游客对资源环境的冲击可以控制在环境可以承载的限度。由于狩猎对生态环境的强度冲击性质，故应做认真选择。根据狩猎产品的特点，狩猎旅游地应具备的基本条件是：野生动物种类多，但基本没有国家重点保护野生动物；山势起伏不大，坡度较缓；区内无常住居民，人为活动少；可以开展人工饲养繁育野生动物，以补充动物资源数量。

4. 保健疗养型旅游产品

保健疗养型旅游产品指具有能够满足游客身心保健、疗养需求动机功能特征的旅游产品，常见的产品类型有：

（1）森林浴。森林浴是目前森林公园开发的最普遍的保健疗养型旅游产品。它是指通过使游客沐浴在森林中，或漫步或娱乐或小憩，利用森林的杀菌等功能，使游客达到养生保健的目的和效果的产品项目。对于森林公园而言，森林是一种遍在性资源，并且可以根据需要人工培育树种，因此森林浴属于一种遍在性的旅游产品。由于各种树种在杀菌、消毒功能上的效能不同，在进行森林浴场的选择时应具备如下条件：空气清新，不含有毒气体，无菌、无尘；绿树成荫、疏密适中，凉爽宜人；林中枝叶能挥发出多种杀菌物质，树种组成以松柏、杉桧、桦栎、杨槐等为主；地势平缓，交通方便，光照充足；达到一定面积，满足不同的游客量的基本空间要求，一般小型森林浴场面积为 1~2 hm^2，中型面积为 2~4 hm^2，大型面积为 4 hm² 以上。

（2）温泉浴。温泉浴是一种较普遍的保健疗养型旅游产品。它主要是利用温泉的保健与疗养功能开发的以满足游客保健疗养需求为目的的一种疗养型旅游产品。由于温泉形成的非人工性，这种保健疗养型产品不可能根据需要遍地开发，而只能在有温泉存在的区域才能进行此类产品开发。

（3）高山浴。高山浴是利用高山环境的保健与疗养功能开发的保健疗养型旅游产品。

5. 返璞归真型旅游产品

返璞归真型旅游产品指具有能够满足游客回归自然、寻求生活真谛的动机需求功能的旅游产品。游客从事该项产品活动的行为主要有远足、林副产品采摘、野果野菜采摘品尝等。由于这些活动的自由度很大，产品自身的特征限制管理者的过多介入，因而目前较为成型的返璞归真型旅游产品项目在我国较少。

6. 探险刺激型旅游产品

探险刺激型旅游产品指具有能够满足游客危险刺激等需求动机功能特征的旅游产品。该类产品具有一定的危险性和刺激性，为一些喜欢危险和刺激的游客所偏爱，他们对一定危险所带来的刺激感和克服危险之后所获得的成就感具有较强烈的需求欲望。根据风险产生的不同，又可将此类产品分为两类。

（1）自然形成型。自然形成型指旅游产品的风险来自自然形成，人们对风险的大小不能完全了解也不能完全控制，如由山洞、高山、原始森林形成的产品项目，山洞探险、高山探险、原始森林探险等。

（2）人为创造型。人为创造型指旅游产品的风险来自人为的创造，出于人们希望通过这种刺激调节日常平淡生活的欲望需求。但人们并不喜欢自身不能控制的危险，而是希望获得有惊无险的刺激。于是一些能够满足人们这一需求特征的现代化的刺激型产品项目应运而生。如快艇、高空降落滑道等。与自然形成型产品不同，这些产品的风险来自有意创造，风险的大小性质可以控制；产品项目由大量的现代化设备组成，生命周期较短。对于产品的开发者来说，要求较大的投入资金在短期内能得到回收，必须具备较好的区位条件。

7. 科普教育型旅游产品

科普教育型旅游产品指以满足人们增长知识、扩大视野等需求动机而开发的旅游产品。森林公园生物多样性丰富，是大自然留给人类的宝贵财富，正在承担起人们尤其是学生生态知识教育的重要任务。目前开发的产品主要有植物多样性科普教育园、植物专类园、植物标本园、珍稀植物园、珍稀动物园以及以森林公园资源为依托建立的自然博物馆。依托这些旅游吸引物，近年来森林公园还开发了其他一些旅游产品项目，如学生夏令营活动、科普知识讲座等。

8. 纪念型旅游产品

纪念型旅游产品指对游客来说具有一定纪念意义的旅游产品。旅客购买纪念型旅游产品的目的是对某一事件的纪念。属于这一类型的旅游产品有纪念林、节事纪念活动、纪念商品（旅游商品）等。

第六节 森林公园总体规划

森林公园总体规划的基本任务：在对森林公园森林风景资源条件、社会经济条件、资源保护利用现状与未来发展趋势调查分析研究的基础上，确定森林公园的性质、资源保护利用方式、开发建设规模与目标，统筹安排基础设施旅游服务设施、资源保护设施建设内容与资金概算，评估效益。总体规划是森林公园建设管理、建设项目立项的基本依据与指导性文件，是提高资源保护管理水平与经济效益的重要措施与手段。

一、森林公园总体规划的基本原则

（1）坚持生态效益、经济效益和社会效益相统一，生态效益优先，遵循"以人为本、严格保护、科学管理、统筹规划、合理开发、永续利用"的森林公园建设基本方针。

（2）坚持以保护资源、环境为主的建设方向，适度开发建设，严格控制各类容易造成景观与环境破坏的大型永久性人工设施建设和旅游活动、维护景观资源的真实性和完整性。

（3）坚持以森林风景资源为基础，以旅游客源市场为导向，保护、利用、开发相结合，环境容量、游客规模、建设规模相适应。

（4）突出森林风景资源的自然、原始、质朴特征和地域特色，深入挖掘其美学、文化、科学价值。充分发挥其观赏、游憩、保健、教育等功能优势。

（5）统一布局，统筹规划，宏观控制，分步实施，滚动发展，逐步完善，促进森林公园的持续、健康、协调发展。

（6）与区域林业发展、土地利用、生态环境保护等规划相协调，促进森林公园建设与区域经济社会的协调发展。

二、总体规划的基本内容

依据《国家森林公园总体设计规范》（GB/T 51046—2014），结合目前森林公园建设管理实际，国家森林公园总体规划的基本内容如下。

1. 基本情况

森林公园自然地理概况、社会经济概况、历史沿革、森林公园建设与森林旅游现状。

2. 风景资源分析与评价

风景资源概况；风景资源质量评价、区域环境质量评价、旅游开发利用条件评价与风景资源质量等级评定；其他方式风景资源定性定量分析评价，与同类型景区的对比分析、与周边景区的互补分析。

3. 环境容量估算与客源市场分析定位

环境容量估算、客源市场现状（构成、地理与时间分布）、客源市场发展趋势分析、客源市场定位与预测、客源市场竞争力分析等。

4. 总体规划总则

指导思想，规划原则，规划依据，规划分期等；森林公园定位、发展目标等。

5. 总体布局

森林公园性质与范围，形象定位，建设目标；功能区划与景区划分；分区功能定位，开发建设思路。

三、总体规划文件组成

按照有关规程、规范规定的提纲编写。

规划图纸比例尺为1∶10 000~1∶25 000。主要图类：森林公园区位图、风景资源分布图、客源市场分析图、规划总图、功能分区图、游览线路组织图、基础设施与服务设施建设规划图等。

四、森林公园总体规划编制审批程序

（一）编制时间要求

按照国家林业局设立许可要求，国家级森林公园自批准设立后18个月内，编制完成总体规划；省和市、县级森林公园总体规划的编制时间，由批准部门提出要求。

（二）总体规划编制程序

1. 前期准备工作

（1）确定规划编制单位。森林公园建设单位根据设立审批的林业主管部门的规定和要求，采取公开招标、邀请招标、直接委托等方式确定总体规划编制单位。

（2）签订编制合同（或协议）。森林公园建设单位与规划编制单位签订合同（或协议），明确编制时间、规划费用、成果材料要求、双方责任等。

（3）成立编制领导小组（或工作组）。森林公园建设单位与规划编制单位协商成立包括双方及上级主管部门、咨询专家参与的编制工作领导小组（或工作组），负责解决规划的重大原则、技术问题。

2. 基础资料收集

广泛收集森林公园所在区域的自然地理、社会经济等基础资料，森林风景资源调查报告、可行性研究报告及过往经营管理技术资料。充分利用现有资料，必要时应开展专项调查、补充调查。

3. 外业调查

（1）森林风景资源调查。前期未开展森林风景资源调查的，按照调查办法规定，对森林风景资源进行全面调查、编制风景资源调查报告与资源分布图。前期已进行过全面调查，且调查资料翔实、完整的，可采取重点调查的方法，结合旅游开发建设调查对重点景观进行调查。

（2）旅游开发建设调查。旅游开发建设调查内容主要包括：森林公园现有基础设施、服务设施、保护设施的规模、数量、标准、质量和使用运行情况；旅游活动情况；拟规划建设的景点、设施、旅游线路的布局、选址。

（3）对比调查。对森林公园周边重点景区进行走访调查，重点调查风景资源特征、各类设施建设情况、旅游经营运行情况，了解掌握森林公园与周边景区的竞争性、合作性因素。

（4）旅游客源市场调查。全面调查了解森林公园及周边景区的门票和服务收费价格、经济效益、游客规模、来源、构成、旅游方式、停留时间、消费水平等。

4. 总体规划编制

目前，森林公园总体规划编制按照《国家森林公园总体设计规范》（GB/T 51046—2014）及其他现行有关专业技术标准规范操作。

（1）对收集、调查的各类资料进行整理、分类、综合分析。

（2）依照有关技术标准、规范、规程，结合森林公园实际，提出森林公园性质、功能区划与景区划分、开发建设思路、主要旅游产品、景点、设施建设等初步方案，向森林公园建设单位征询意见。

（3）按专业分工编制规划绘制图表，专人负责统稿，完成总体规划（初稿）。

（4）向当地有关业务主管部门、咨询专家征求意见（必要时可召开中期评审会），进行修改补充，完成森林公园总体规划（送审稿）、提交评审会议。

（三）总体规划评审与报批

1. 审批部门

根据有关规定，国家级森林公园总体规划由省级林业行政主管部门负责审批，报国家林业局备案。省和市、县级森林公园总体规划审批单位，按照批准文件要求确定。

2. 评审与报批

森林公园总体规划一般采取会议审查方式。评审会议由负责市批的林业行政主管部门组织；评审委员会（或专家评审组）由相关专业学科专家、相关行政主管部门代表 7~15 人参加，由负责审批的林业行政主管部门确定森林公园建设单位确定参加评审会议人员。森林公园总体规划经评审会议通过，并按评审意见修改后，规划单位印制正式成果，交森林公园建设单位上报审批。

3. 评审重点

森林公园总体规划评审应围绕规划的依据、定位、目标、内容、结构深度等方面进行重点审查。其包括：

（1）基础依据的充分性；
（2）森林风景资源调查的科学性、全面性；
（3）森林公园性质、定位的客观性、准确性；
（4）规划目标的科学性、前瞻性、可行性；
（5）功能区划和景区划分的科学性、合理性；
（6）景区、景点开发建设的科学性、合理性；
（7）森林旅游产品的科学性、创新性；
（8）资源环境保护措施的合理性、完整性；
（9）建设项目投资的经济性、合理性；
（10）规划成果的规范性。

第七节　森林公园旅游市场调查与评价

旅游产品作为一种商品，必须通过市场进行交换，做好旅游市场的调查研究和评价，是制定森林公园总体规划、开拓客源市场、调整森林公园经营策略的基础依据。

一、旅游市场调查

从市场学角度来看，森林公园旅游市场是指森林公园的旅游产品的现实购买者及潜在购买者，换言之，也就是森林公园的需求市场或旅游客源市场。旅游市场调查就是运用现代科学手段，进行各种调查、预测和评价，及时掌握旅游客源市场的变化趋势，为森林公园的计划目标和营销策略提供科学依据。

（一）旅游市场的调查方法

以确定客源市场为目的的调查，由于调查因子多，客源区范围大、人口多，调查工作量很大，特别是调查工作涉及客源区整个社会经济的方方面面，其中，经济收入和旅游消费额对某些人来说，具有一定的敏感性，要想取得全面、准确的调查材料，存在很大的难度。因此，在调查工作开始前必须首先根据客源区人口数量和社会经济水平，研究确定合理的调查方法。

1. 文献调查法

文献调查法是市场调查人员针对特定目标收集大量有关旅游业务的文献资料进行分析研究的方法。实践中，几乎所有的旅游市场调研都始于这种方法。只有当文献调查法不能为达到调查目的提供足够的依据时，才使用其他调查方法。

文献调查法具有如下优点：收集资料需要的时间不多；收集资料花费的费用很少；有助于市场工作人员更精确、更有的放矢地收集第一手材料。但文献调查法同时也具有一些缺点：收集、整理的资料往往不能适应调查目的，数据对解决问题不能完全适用；现有资料的分类编组形式往往与调查目的不一致，给比较、分析带来一些困难；现成资料大多为过时资料，时效性较差；有些资料缺乏精确性，给市场分析带来困难。

文献调查法的主要资料来源有：旅游企业内部材料、各类旅游市场刊物、杂志、网站、调研专辑以及国际或区域旅游组织和市场调研机构的年鉴及其他资料。

2. 间接调查方法

间接调查是通过第三者进行调查的方法。旅游客源市场当地政府有关部门或单位掌握了有关各种调查因子，如户籍部门是客源区人口各种信息的有效掌握者，民政部门是民族节日情况的掌握者，旅游部门是当地群众各种旅游活动的信息源，应通过各种途径进行收集。

使用间接调查法比较节省人力、财力和时间，而且使用间接调查法是获得各项因子总体信息的有效方法。例如，属于户籍部门掌握的那些因子，其他单位没有能力，也无法去掌握。其他各项因子，如统计、旅游、税收等部门和社会经济研究单位掌握的信息也是唯一信息源，其他单位不可能提供。至于从邻近城区各旅游经营单位查阅到的关于接待客源旅游者人数及旅游消费信息,可能很不准确,但又不能缺少。为使间接调查顺利完成,调查者应事先与被调查者就有关事项达成协议,如与对方约定收表的日期和对数据完整性、真实性的要求,以及付给被调查者的费用和酬金等,并规定对违约方的罚则,以利共同遵守。

3. 直接调查法

凡是通过旅游者直接回答而获取调查信息的方法都为直接调查法。

(二)旅游市场调查内容与步骤

1. 调查目的

(1)调查预期市场范围内的居民旅游和休闲娱乐的消费心理以及消费行为特征。

(2)测试预期市场范围内的居民对建设中的主题化娱乐休闲项目的需求程度。

(3)了解潜在旅游者的休闲娱乐消费水平,并对森林公园的心理预期价格进行测试。

(4)预测旅游者对森林公园的选择比重和重游可能性,并对开业后的客观重游率进行调查研究。

2. 调查内容

(1)居民旅游和休闲娱乐消费的态势及变动走向。

①旅游经验、方式、频率以及平均年消费水平。

②休闲娱乐的经验、方式、频率以及平均年消费水平。

③尚未被满足的旅游、休闲娱乐需求。

④影响旅游、休闲娱乐行为的因素。

⑤森林公园设计的主题与市场认同的主题在概念上的差异测试。

⑥对森林公园设计的各项主题项目的选择偏好测试。

⑦对森林公园设计的各项主题项目的喜好程度测试。

⑧个人旅游、休闲娱乐习惯与家庭旅游、休闲娱乐的差异度调查。

⑨近期旅游、休闲娱乐计划。

(2)居民旅游、休闲娱乐价格测试。

①个人每年旅游、休闲娱乐的费用支出结构和水平。

②不同旅游方式及平均支付的费用数量。

③各种不同动机下旅游、休闲娱乐可接受的价格水平。

④对价格的重视程度测试。

⑤价格对决策行为影响程度测试。

⑥对森林公园不同主题项目的消费支出意愿。

⑦价格对重游率的影响程度测试。

（3）重游可能性及重游率测试。

①被访问者来森林公园的频率。

②游玩项目及所用时间。

③对不同主题项目的评价。

④同行者数量。

⑤被访问者与同行者的关系。

⑥入园及出园时间。

⑦是否会重游及其原因。

⑧何时会重游。

⑨与何人重游。

⑩重游时将会游玩的项目；是否会向其他人推荐及推荐理由。

（4）周边地区居民旅游需求调查。

①森林公园知名度及游历经验。

②当前旅游、休闲娱乐的消费活动及消费支出水平。

③对森林公园的主题概念进行测试。

④当前的旅游计划。

⑤当前来森林公园所在地旅游的计划及影响因素。

⑦来森林公园旅游的可能性及影响因素分析。

⑦外出旅游可接受的价格水平。

（5）个人及家庭统计资料。

①性别。

②年龄。

③文化程度。

④家庭平均每月收入水平。

⑤婚姻状况。

⑥家庭成员。

3. 调查步骤

整个调查过程分为以下步骤：策划设计，确定调查对象与数量，设计调查方式，印制调查表格，培训调查人员，正式调查，调查结果汇总，研究分析，编写调查报告。

（1）策划设计。

根据规划建设需要，确定森林公园旅游市场调查的目的，分析各类基础资料，确定调查范围与调查内容、调查方法，制订工作计划，拟订资料收集表格。

（2）确定调查对象与数量。

对拟定的调查客源区，根据不同调查内容，使用"抽样调查法"，选择一定数目、有代表性的居民（人员），为设定的问题提供答案。客源区总人口为"总体"，从客源区人口中选择的有代表性的调查对象为"样本"，调查样本数量为样本数。使用数理统计方法进行旅游市场潜力调查时，应注意以下几条规律性概念。

①从客源区总体抽出来的每个样本，即调查对象都对客源区居民有一定的代表性。他们的回答能在一定程度上反映客源区居民对于到对象区进行森林旅游的意向、具体需求及其旅游消费能力。所以，同一客源区调查对象越多，就意味着调查结果越能准确地反映客源区居民的意向、需求、消费能力和人数，调查精度越高；反之，调查对象越少，调查精度就越低，对客源区居民的代表性就越差。

②类别相同的居民在经济收入、消费能力、价值观念等方面差别较小。所以，同样数量的调查对象，对人口类别比较单一的客源区的代表性比较强，对人口类别较复杂的客源区的代表性比较差。换个角度来说，人口类别比较单一的客源区所需要的调查对象人数较少；反之，则较多。

③尽管调查对象人数越多，调查的精度越高，但调查对象人数增减和调查精度升降之间的关系，是按一种函数曲线变化的，而不是调查对象增减一个，调查精度便升降一个相等的幅度。森林旅游客源市场潜力调查，只需了解居民大概的意向，不要求很高的调查精度，答问者原则上能在各类别人口中都有些代表性就基本能满足调查要求。

④利用"分层抽样"方法，把客源区人口总体划分为若干组，再分别以这些

组为总体进行抽样，可以减少每个调查总体中所含人口类别的层次，从而能够大幅度降低必须答问者的比率。

（3）设计调查方式。

文献调查法与间接调查法的调查方式如前述。直接调查法的调查方式包括直接交谈和问卷调查两类。直接交谈又分为面谈和电话交谈两种方式；问卷调查分为寄送问卷调查和互联网上广告问卷两种方式，各种调查方式应灵活应用。

①内部组织严密的单位的调查对象。

②对于工厂职工，机关、企业、科研单位的工作人员，教师，医生，城乡居民等调查对象，可采用以下方法：

a.当面交谈。按照样本名单，在适当时间到调查对象所在地（工作单位、住宅）拜访，当面提出问题和取得答案。这种方式可能得到一部分调查对象的支持，特别是不涉及调查对象旅游消费能力的问题能够得到回答。但当调查对象个性十分内向，或正在忙于完成某种任务或由于某种原因心绪不佳时往往会遭到拒绝。

b.向被抽定的调查对象寄送调查问卷。为了提高答卷回收率，可采取让答问者感到方便的措施。

c.给调查对象打电话，向他们提出问题并请求作答。这种调查方式比登门拜访节省时间，但更容易遭到拒绝。

③在某些客源区，由于特定的原因，无法指定调查对象，而只能设定答问者人数。可以采用以下几种方式。

a.盲打电话：先向接电话者通报自己的身份、姓名、打电话的目的。如果对方同意回答问题，便可提问题。

b.设定特定的电话号和通话方式，使有兴趣者自动打电话回答问题。

c.在互联网上公布问卷，征求答案。用这种方式可能得到一些答案，尤其是在"聊天室"，能够较好地交谈。

d.亲近式交谈。选择餐馆、茶馆、绿地、公园等场所，找一些对象交谈。通报自己的身份，宣传对象区旅游资源特色，就所要调查的问题向对方提问。

④问卷有奖调查方式。该方式可收到满意的效果，在客源区首先利用广告的方式向电视观众宣传实行问卷有奖的做法，以及奖励办法或奖励本森林公园免费旅游或奖励资金及实物。在当地报刊上刊载问卷内容，参加者只要逐项填写清楚剪裁下来按时间要求邮回指定地址，要求参加者写明姓名、年龄、文化程度、职

业、身份证号码等。在公开场合由公证人员监督下抽奖，再登报公布。

这种方式，一是可以调动答卷者的积极性，能收回满意的答案；二是其本身就是广告宣传，可以增加本公园的知名度，收到一举两得的效果。

4. 各阶段调查组织

（1）第一阶段。

调查目标市场旅游消费需求及对该森林公园的价格预期。

①总体界定为所在地的常住居民。

②考虑到调查样本的代表性，采用随机抽样的方法，用户访问。

③样本数量：以价格预期为指标，在置信度95%、平均抽样误差5%的条件下，确定调查人数。

④访问方法：问卷、面访。

⑤调查对象：家庭旅游、休闲娱乐消费的决策人。

（2）第二阶段。

调查分析重游可能性及客观重游率。

①访问对象：该国家森林公园的现实游客。

②访问地点：定点街访、每天访问人数。

③访问方法：问卷、面访。

（3）第三阶段。

调查分析2h车程范围内的旅游消费需求。

①总体界定为2h车程范围内的常住人口。

②为了客观反映目标市场的整体情况，本阶段的原始数据通过在定点城市随机抽样，入户访问方式收集。

③拟访问5个城市，具体城市视开业后游客情况与委托方共同确定。

④样本容量：以价格预期为指标，按照置信度95%、平均抽样误差5%确定调查人数及每个城市调查人数。

⑤访问方法：问卷、面访。

⑥调查对象：家庭旅游消费的决策人。

二、旅游市场评价

在上述各项工作完成以后，对所调查客源区的有关情况已经基本了解，即可开始进行森林公园旅游市场的评价工作。评价的结果将作为森林公园发展战略研究工作中确定服务定位和发展方向的依据。为此，需要掌握主要的游客群或旅游市场的分布区域、主要的游客群要求提供的森林旅游产品类别。

1. 确定旅游市场的开发价值

游客分布状况反映在旅游市场区划图、旅游市场潜力图像中。需要对各片旅游市场预期的旅游消费总额与森林公园经营总目标的关系进行研究。确定各片旅游市场在森林公园经营总目标中的重要程度。需要说明的是，经营总目标一般来源于可行性研究确定的目标，其数据具备一定的科学性，应作为衡量客源区旅游市场开发价值的依据。但因为这一总目标是在客源市场调查之前确定的，在可能不太切合实际的地方，可以进行必要的调整。

森林公园经营总目标通常包括直接旅游收入新创工作岗位和带动其他经济部门产生的经济效益。对于森林公园来说，一般可只研究直接旅游收入和新创工作岗位两个指标，带动其他经济部门产生的经济效益属于间接效益，不易计算准确，可按森林旅游直接效益的5~7倍推算。

旅游市场对于森林公园重要性的评价标准，依据其向森林公园提供的旅游消费额在经营总目标额中所占的份额来计算。

2. 明确主要旅游市场的需求

在确定各片旅游市场的重要程度之后，森林公园应该开发何种旅游产品应根据旅游市场的需要，明确占经营收入比重较大的旅游市场对未来旅游产品的要求。

第五章 自然保护区建设管理

第一节 自然保护区概述

自然资源和自然环境是人类赖以生存与促进发展的重要物质条件。自然保护区是保护、研究自然资源的重要场所，是人类认识自然、拯救和保存某些濒于灭绝的生物物种、合理利用自然的科学基地。100 多年来各国的实践表明，建立自然保护区是保护典型生态系统和生物多样性、拯救珍稀濒危野生动植物的最基本、最有效的措施与途径。

一、自然保护区的有关定义

（一）保护地的概念及其分类体系

1872 年美国率先建立了世界上第一个国家公园——黄石国家公园，1879 年澳大利亚建立了皇家公园。此后，其他各国也普遍采用这种形式，即划定一定区域对特定保护对象实施特殊保护和管理，以保护珍稀野生动植物及其生境，保存具有特殊意义的自然生态系统和具有特殊价值的自然及人文景观。由于保护对象、保护性质、保护方式、管辖系统等的不同，各个国家关于这些区域的名称也多种多样，给国际交流与合作带来了很大的不便。为此，世界自然保护联盟（IUCN）提出了保护地（Protected Area）的概念（在我国也有翻译成"保护区"的），保护地即指专门用于生物多样性及有关自然与文化资源的管护，并通过法律和其他有效手段进行管理的特定陆地或海域。同时，IUCN 将保护地的管理目标概括为科学研究、荒野地保护，保存物种和遗传多样性、维持环境服务、保护特殊自然和文化特征、旅游和娱乐、教育、持续利用自然生态系统内的资源、维护文化和传统特征等。基于这些目标、将保护地归纳为六种类型，即严格的自然保护区/荒野地保护区、国家公园、自然遗迹、栖息地/物种管理区、陆地及海洋景观保护区（保护景观区）、资源保护管理区。

IUCN关于保护地的定义是一种广义性的概念，涉及范围较大。在我国，保护地不仅包含自然保护区、也包含了风景名胜区、森林公园、地质公园以及部分重点文物单位等。

（二）我国自然保护区的定义

《中华人民共和国自然保护区条例》（以下简称《条例》）规定：自然保护区是指对有代表性的自然生态系统、珍稀濒危野生动植物物种的天然集中分布区、有特殊意义的自然遗迹等保护对象所在陆地、陆地水体或者海域，依法划出一定面积予以特殊保护和管理的区域。

同时，《条例》也规定了建立自然保护区的条件（凡具有下列条件之一的，应当建立自然保护区）：

（1）典型的自然地理区域，有代表性的自然生态系统区域以及已经遭受破坏但经保护能够恢复的同类自然生态系统区域。

（2）珍稀、濒危野生动植物物种的天然集中分布区域；具有特殊保护价值的海域、海岸、岛屿、湿地、内陆水域、森林、草原和荒漠。

（3）具有重大科学文化价值的地质构造、著名溶洞、化石分布区、冰川、火山、温泉等自然遗迹。

（4）经国务院或者省、自治区、直辖市人民政府批准，需要予以特殊保护的其他自然区域。从以上规定可以看出，我国自然保护区几乎涵盖了自然资源的所有类型。

二、我国自然保护区的分类

根据自然资源的特点和保护对象的性质，我国将自然保护区分为3个类别和9个类型。

（一）自然生态系统类别自然保护区

自然生态系统类别自然保护区是指以具有一定代表性、典型性和完整性的生物群落与非生物环境共同组成的生态系统作为主要保护对象的自然保护区。其包括森林生态系统、草原与草原生态系统、荒漠生态系统、内陆湿地和水域生态系统、海洋和海岸生态系统五种类型自然保护区。

（二）野生生物类别自然保护区

野生生物类别自然保护区是指以野生生物物种，尤其是珍稀濒危物种种群及其自然生境为主要保护对象的自然保护区。其包括野生动物、野生生物两种类型自然保护区。

（三）自然遗迹类别自然保护区

自然遗迹类别自然保护区是指以特殊意义的地质遗迹和古生物遗迹等作为主要保护对象的自然保护区。其包括地质遗迹和古生物遗迹两种类型自然保护区。

三、我国自然保护区的管理分级

根据自然保护区的价值和在国际国内影响的程度，我国对自然保护区采取了分级管理的形式。按照《条例》规定，我国自然保护区分为国家级自然保护区和地方级自然保护区。《自然保护区类型与级别划分原则》（GB/T 14529—93）对各级各类型自然保护区的建立条件进行了相应规定。

（一）国家级自然保护区

在国内外有典型意义、在科学上有重大国际影响或者有特殊科学研究价值的自然保护区，列为国家级自然保护区。国家级自然保护区由国务院批准建立。

（二）地方级自然保护区

除列为国家级自然保护区的外，其他具有典型意义或者重要科学研究价值的自然保护区列为地方级自然保护区。地方级自然保护区包括省（自治区、直辖市）级、市（自治州）级和县（自治县、旗、县级市）级，分别由相应级别的人民政府批准建立。

第二节 自然保护区设立和功能区划调整审批管理

一、自然保护区设立

（一）国家级自然保护区申报审批程序与规定

《条例》规定：建立国家级自然保护区，由自然保护区所在的省、自治区、直辖市人民政府或者国务院有关自然保护区行政主管部门提出申请，经国家级自然保护区评审委员会评审后，由国务院环境保护行政主管部门进行协调并提出审批建议，报国务院批准。目前，为确保国家级自然保护区的质量，有关部门还规定：申报建立国家级自然保护区的必须为省（自治区、直辖市）级自然保护区，且原则上应在该级别建设和管理两年以上。

林业系统建立国家级自然保护区，由省级林业行政主管部门提交预评估材料，经国家林业局预评估评审通过后，再提交正式申报材料，经全国林业系统国家级自然保护区评审委员会评审通过后，由国家林业局上报国务院审批。

（二）正式申报材料组成

（1）建立（晋升）国家级自然保护区申报书。

（2）自然保护区综合考察报告。

（3）自然保护区总体规划。

（4）自然保护区的位置图、地形图、水文地质图、植被图、规划图等图件资料。

（5）自然保护区的自然景观及主要保护对象的录像带、照片集。

（6）批准建立省（自治区、直辖市）级自然保护区的文件、土地使用权属证（含林权证、海域使用权属证）等有关资料。

二、国家级自然保护区范围调整和功能区调整及更改名称

国家级自然保护区范围调整，是指国家级自然保护区外部界限的扩大、缩小或国家级自然保护区范围调整；国家级自然保护区功能区调整，是指国家级自然保护区内部的核心区、缓冲区、试验区的调整；国家级自然保护区更改名称，是指国家级自然保护区原名称中的地名更改或保护对象的增减。国家级自然保护区的范围和功能区及名称不得随意调整和更改。严格控制缩小国家级自然保护区范围和核心区、缓冲区范围。国家级自然保护区范围调整和功能区调整应确保重点保护对象得到有效保护，不破坏生态系统和生态过程的完整性及生物的多样性，不得改变保护区性质和主要保护对象。

1. 国家级自然保护区范围调整

明确因保护和管理工作及国家重大工程建设需要，必须对国家级自然保护区范围进行调整的，由保护区所在地的省、自治区、直辖市人民政府或国务院有关自然保护区行政主管部门向国务院提出申请。经国家自然保护区评审委员会评审通过后，由国务院环境保护行政主管部门协调并提出审批建议，报国务院批准。

2. 国家级自然保护区功能区调整

确需对国家级自然保护区功能区进行调整和更改名称的，由保护区所在地的省、自治区、直辖市人民政府向国务院有关自然保护区行政主管部门提出申请，并报国务院环境保护行政主管部门。国家级自然保护区功能区调整，经国家自然保护区评审委员会评审通过后，由国务院有关自然保护区行政主管部门批准，报国务院环境保护行政主管部门备案。国家级自然保护区更改名称，由国务院有关自然保护区行政主管部门协调并提出审批建议，报国务院批准。

3. 林业系统国家级自然保护区范围及功能区调整预评估

林业系统国家级自然保护区进行范围及功能区调整的，需向国家林业局提交预评估材料，经预评估评审通过后，再提交正式申报材料。

第三节 自然保护区规划

一、自然保护区总体规划

自然保护区总体规划是在对自然保护区的资源与环境特点、社会经济条件、资源保护与开发利用现状以及潜在可能性等综合调查分析的基础上，明确自然保护区范围、性质、类型、发展方向和一定时期内的发展规模与目标，制订自然保护区保护、科研、监测、宣教、资源利用、社区发展、行政管理和资金估算等方面的一系列行动计划与措施的过程。总体规划是一定时期内自然保护区的建设和发展的指导性文件，是上级部门实施监督、管理、确定建设项目投资和保护区、制订管理计划的基础依据，是管理、确定和落实今后较长时期建设任务的依据，是规范自然保护区建设与管理、提高自然保护区建设与管理水平的重要措施之一。

按照自然保护区建立程序，自然保护区经政府批准建立后，应编制总体规划，确定自然保护区发展的长远和宏观规划。

（一）总体规划的宗旨与主要内容

自然保护区总体规划应坚持以自然环境、自然资源保护为中心，以确保被保护对象的安全、稳定、自然生长与发展，保护生物多样性为目的，积极开展科学研究，探索合理利用，将保护区建设成集保护科研、宣教和利用于一体的综合性、开放式保护体系，以促进自然保护事业和当地社区的可持续发展。其主要内容包括：

（1）明确自然保护区建设管理的指导思想、规划原则、建设思路，确定自然保护区建设管理的近期中长期目标。

（2）界定自然保护区的范围，确定其性质、类型和主要保护对象。

（3）在自然保护区范围内进行或调整功能区划，进行建设和保护总体布局。

（4）制定规划期内自然保护与生态恢复、科研监测、宣传教育、社区发展与共管共建基础设施及辅助与配套工程和资源可持续利用等方面的行动计划与措施，确定建设内容与重点。

（5）确定合理的保护区管理体系、管理机构和人员编制。

（6）测算建设项目投资、经营管理事业费投入，分析与评估效益。

（7）提出规划实施的保障措施。

（二）总体规划的规划期

总体规划的规划期一般为10年，宜与国民经济发展规划期相一致，可分为近期、中长期等不同规划分期。

（三）总体规划编制与审批程序

自然保护区总体规划按《自然保护区总体规划技术规程》（GB/T 20399—2006）等技术标准、技术规程编制。

1. 准备工作

进行组织、人员、物质和技术等方面的准备。自然保护区管理机构或主管部门应指定或委托具有相应资质的规划设计单位承担。

2. 综合评估

由规划承担单位与自然保护区管理机构共同进行外业综合调查、收集有关资料和文件；对调查收集的资料和文件进行整理、分析、评价，形成总体规划原则意见。

3. 规划编写

规划承担单位组织编写总体规划文本，编绘规划图件。

4. 送审与修改

规划承担单位向自然保护区主管部门提交规划送审材料，包括规划文本、附表、附图，以及必要的附件。由自然保护区行政主管部门进行审查，并组织专家进行论证。规划承担单位根据审查、论证意见进行规划文本修改，形成报批稿。

5. 总体规划审批

总体规划由自然保护区行政主管部门审批。林业系统国家级自然保护区总体规划由省级林业行政主管部门组织审查、论证，国家林业和草原局审批；省级自然保护区总体规划由省级林业行政主管部门组织审查、论证、审批。

二、自然保护区功能区划

自然保护区功能区划是根据保护对象及其周围环境特点以及管理需要,将自然保护区划分为具有不同功能的区域。自然保护区功能区划是自然保护区实施分区管理的基础,对于提高保护效率和扩大自然保护区功能具有特别重要的意义。

(一)功能分区

自然保护区内部按照主导功能性差异一般划分为核心区、缓冲区和实验区三个功能区,必要时应划建生物廊道。保护对象单一、实验和干扰活动少的自然保护区可以只划核心区与缓冲区。

1. 功能区的一般组成及区划要求

(1)核心区。

核心区是自然保护区中各种自然生态系统保存最完整,主要保护对象及其原生地、栖息地、繁殖地集中分布的区域,核心区划分应优先进行。

①核心区面积应根据保护对象的生物生态学特征和栖息地要求确定,以利于系统内各种生物物种的生长与繁衍,使核心区构成一个有效的保护单元。

②一个自然保护区可以有一个或几个核心区。

(2)缓冲区。

缓冲区是为了缓冲外来干扰对核心区的影响,在核心区外围划定的只能进入从事科学研究观测活动的区域(地带),是自然景观向人为影响下的自然景观过渡的区域。在核心区与实验区之间或核心区与自然保护区外界应采用缓冲区(带)完全隔开。下列情况下,允许核心区外露或边缘化:

①外围是另一个自然保护区的核心区或缓冲区。

②外界不是自然保护区但有良好的保护措施或处于良好的保护状态。

③边界有悬崖、峭壁、河流沙漠、戈壁等,具有较好的自然隔离条件。

(3)实验区。

实验区是自然保护区中为了探索自然资源保护与可持续利用有效结合的途径,在缓冲区外围划出适度集中建设和安排各种实验、教学实习、参观考察、经营项目与必要的办公、生产生活基础设施的区域。实验区可以在自然环境与自然资源有效保护的前提下，探索合理利用自然资源的途径和方法。中型以上的自然保护区在实验区内可分为管理和生活区、科研实验区、参观旅游区、养殖种植区、居民生产生活区等。

2. 生物廊道

当一个自然保护区存在两个或两个以上核心区时，核心区之间应划建生物廊道；在主要野生动物的栖息地、迁徙或洄游路线上建有铁路、公路、围栏、水坝等人工构筑物时应划建生物廊道；相邻的自然保护区如有必要，可在自然保护区间划建生物廊道。生物廊道参照缓冲区的管理方式进行管理。

（二）功能区划分依据

1. 核心区

将自然保护区内保存完好的自然生态系统、珍稀濒危野生动植物和自然遗迹的集中分布区域划入核心区。根据主要保护对象的分布及生存需求空间和自然环境状况，确定核心区的空间位置和范围；也可根据关键物种及其生境的分布状况确定核心区的范围。

（1）森林生态系统类型自然保护区。

其核心区主要包括典型森林植被的集中分布区，或者森林群落多样性较高的区域。为维持核心区的完整性，一些次生林和灌丛也可划入核心区。

（2）荒漠生态系统类型自然保护区。

其核心区主要包括典型荒漠植被和重点保护野生动植物集中分布的区域，或者是作为重点保护野生动物栖息或迁徙通道的重要区域。

（3）湿地生态系统类型自然保护区。

其核心区主要包括湿地类型最典型、重点保护野生动植物分布最为集中的区域，特别是野生动物的集中繁育区、取食区或者洄游路线。根据野生动物的迁徙或洄游规律，在其集中分布的时段里，应将核心区以外重点保护对象相对集中的区域划为季节性核心区。

（4）野生动物类型自然保护区。

其核心区主要包括重点保护野生动物及其栖息地分布最集中或野生动物多样性较高的区域，或者是野生动物的巢穴区、繁殖区、取食区或潜在活动区等比较集中的区域。

（5）野生植物类型自然保护区。

其核心区主要包括重点保护野生植物及其生境分布最集中，或者野生植物多样性较高的区域。

2. 缓冲区

在核心区外围根据外界干扰因素的类型和强度确定缓冲区的空间位置与范围。自然保护区内存在的隔离网、隔离墙等物理隔离带也可以作为缓冲区。核心区外围是另一个自然保护区的核心区或缓冲区或者核心区边界有悬崖、峭壁、河流等较好自然隔离的地段，可以不划分缓冲区。

（1）森林生态系统类型自然保护区。

其缓冲区主要包括核心区外围典型森林植被分布的区域，或者作为野生动物迁移通道的区域，或者是主要保护野生动植物物种的潜在分布区。

（2）荒漠生态系统类型自然保护区。

其缓冲区主要包括核心区外围典型荒漠植被分布相对集中的区域，或者作为野生动物栖息或迁移通道的一般区域，或者是主要保护野生动植物物种的潜在分布区。

（3）湿地生态系统类型自然保护区。

其缓冲区主要包括核心区外野生动植物分布相对集中的区域，或者是作为野生动物迁徙或洄游通道的区域。

（4）野生动物类型自然保护区。

其缓冲区主要包括重点保护野生动物及其栖息地分布相对集中的区域，或者是保护对象的潜在栖息地。

（5）野生植物类型自然保护区。

其缓冲区主要包括重点保护野生植物及其生境分布相对集中的区域，或者植物多样性相对较高的区域。

3. 实验区

在划定自然保护区核心区和缓冲区后，其他区域为实验区。

对于作为迁徙性或洄游性野生动物的重要栖息地，特别是作为候鸟栖息地的湿地生态系统类型自然保护区，在划定自然保护区核心区和季节性核心区后，其他区域为实验区。根据自然保护区建设、管理和发展需要，确定实验区内生产经营小区、生态旅游小区、科学实验小区、宣传教育小区、生活办公小区等的空间位置和范围。

4. 生物廊道

根据主要保护对象的种类、数量、分布和迁徙或洄游规律以及生境需求，确定生物廊道的空间位置、数量、长度、宽度和高度。

(三) 功能区划的方法

1. 图件准备

在地理信息系统（GIS）中准备地形图、水文图、植被图、重点保护野生动植物分布示意图、土地利用现状图、行政区划图等基本图件。

2. 图层叠加与分析

在 GIS 中叠加上述图件，根据主要保护对象分布状况及其生存需求、活动规律，结合人为干扰和各种自然环境因子的分布、分析自然保护区内不同地段、区域的重要程度，勾画出各功能区的初步范围。

3. 实地勘察定界

进行实地勘察，对照明显地物标志调绘到图面材料上，地面标志不明显的应采用必要的测绘手段辅助进行，具体确定各功能区的界线。为维持主要保护对象生境和地貌单元的完整性，应利用自然界线或永久性的人工构筑物作为各个功能区的界线，如河流、沟谷、山脊、居民区道路等。

第四节 自然保护区基本建设和项目建设可行性研究

基本建设是国民经济与社会发展中投资进行建筑、购置和安装固定资产以及与此相联系的其他经济活动，基本建设是形成固定资产的生产活动。自然保护区是典型的社会公益性单位，自然保护区基本建设属非经营性基本建设，建设规划应纳入国家、地方或者部门的投资计划。2001 年开始，我国启动实施了"全国野生动植物保护及自然保护区建设工程"，采取中央财政和地方财政按比例分担的形式，加大了对国家级自然保护区的基本建设投入。

1. 宣传与教育工程

自然保护区宣传教育项目包括宣教设施、科普宣教基地建设和人员培训。

2. 基础设施及配套工程

自然保护区基础设施及配套工程建设项目包括管理局、分局、站的建筑工程以及道路、通信、供电、给排水、采暖、广播电视、交通工具、绿化美化等。

3. 社区可持续发展工程

可开展对生物多样性保护不产生负面影响的生态旅游和资源开发示范项目，禁止引入外来物种。保护对社区内群众生产生活以及旅游观光有重要作用的产业。

一、基本建设程序

按照《林业固定资产投资建设项目管理办法》（林计发〔2006〕61号）和《国家林业局计资司关于规范国家级自然保护区总体规划和建设程序有关问题的通知》（林计财规字〔2000〕64号）的规定，在总体规划得到国家林业局批复的前提下，国家级自然保护区基本建设程序包括可行性研究、项目审批、初步设计、竣工验收和项目后评价等几个阶段。

（一）可行性研究

国家级自然保护区管理机构依据国家林业局批复的总体规划，统筹保护区建设需要，委托具有相应资质的规划设计单位编制可行性研究报告，由自然保护区管理机构逐级报送省级林业主管部门，经专家评审通过，并按评审意见修改后，由省级林业主管部门报送国家林业和草原局。

（二）项目审批

国家林业和草原局对各地报送的建设项目可行性研究报告进行审查，大中型项目（总投资3 000万元及以上）由国家林业和草原局初审后报国家发展和改革委员会审批，小型项目由国家林业和草原局直接审批。

（三）初步设计

国家林业和草原局或国家发展和改革委员会批复下达以后，自然保护区管理机构需委托有相应资质的规划设计单位编制项目初步设计。初步设计应根据项目批复建设项目可行性研究报告编制，要明确工程规模、建设目的、投资效益、设计原则和标准、深化设计方案，提出建设中应注意的事项、有关建议。初步设计的深度要达到控制投资规模，满足土地征（占）用要求，满足编制施工图设计、主要设备订货、招标及施工准备的要求，满足环保和资源综合利用"三同时"的要求。大中型建设项目的初步设计由国家发展和改革委员会或其委托的部门审批；国家林业和草原局直属单位的小型项目初步设计由国家林业和草原局审批；地方小型建设项目由所在省级林业主管部门审批，报国家林业和草原局备案。

初步设计经有关部门批复后，自然保护区管理机构应根据批复意见，对有关项目建设内容，进一步深化设计，进行施工图设计。

（四）竣工验收

建设项目按有关部门批准的初步设计和时间要求建成后，自然保护区管理机构于3个月内编制完成工程结算和竣工财务决算，经初步验收后，向省级林业主管提出竣工验收申请报告。大中型建设项目由国家发展和改革委员会或其委托的部门组织竣工验收；总投资规模在200万元及以上的小型项目，由国家林业和草原局或其委托的相关单位组织竣工验收；总投资规模在2000万元以下的小型项目，由省级林业主管部门组织竣工验收，验收结果报国家林业和草原局备案。

（五）项目后评价

项目后评价是指在建设项目建成发挥作用一段时间后，对项目的前期工作、实施情况及运行情况进行评价。通过对项目投资全过程的综合研究，衡量和分析项目的实际效果及其与预计情况的差距，确定有关预测和判断是否正确并分析其原因，从而总结经验教训，为今后改进建设项目的决策、设计、施工、管理等工作提供依据，对改善和提高项目的投资效益、改善运行状况提出对策与措施。

二、可行性研究报告编制

投资项目可行性研究是固定资产投资活动的一项基础性工作，可行性研究结论是投资决策的重要依据。为做好林业建设项目的咨询工作，国家林业局制定了

《林业建设项目可行性研究报告编制规定》（林计发〔2006〕156号），作为林业行业编制建设项目可行性研究报告的主要依据。

（一）可行性研究报告编制规定

可行性研究报告编制应根据经有关部门批准的总体规划、项目建议书或计划任务书的要求编制，主要内容包括：项目建设条件调查和分析、项目建设目标。建设内容和建设规模，从技术、经济、管理、环境等方面对项目建设方案进行可行性研究、分析与评价。

可行性研究报告的深度要达到：能充分反映项目可行性研究成果，内容齐全、结论明确；数据准确、论据充分，满足审批机关审批项目方案，确定项目和据此开展项目初步设计的要求；选用的主要设备规格、技术参数能满足预定货的要求；对重点项目及项目中的重大技术和经济方案，应进行两个（含）以上方案的比选；应附有评估、决策（审批）项目所必需的合同、协议、意向书、有关批准文件等。

可行性研究报告编制单位和主持编制人员应具有相应资质（资格），并严格遵守国家、行业有关法规、标准和规定的要求，坚持独立公正、科学、可靠的原则，对报告的真实性、有效性和合法性负责。

可行性研究报告名称为"某某（具体项目名称）建设项目可行性研究报告"，由前引部分、正文部分及附表、附件、附图部分组成，上报时按顺序编排装订成册。

（二）可行性研究报告编制程序

1. 明确可行性研究报告编制依据

拟建项目的可行性研究的依据包括：

（1）国家和行业有关的政策、法规、规划。

（2）有关部门发布项目指南、投资方向。

（3）有关的技术规程、标准等。

2. 确定建设方案草案

自然保护区管理机构要委托规划设计单位共同分析开展基本建设项目的必要性，分析建设内容和规模的实际需要，参考近期国家和行业的投资方向，拟定出建设方案的草案。

3. 基础材料和附件的准备

自然保护区管理机构应及时准备和提供土地权属证、建设用地手续项目法人相关证明文件（法人代码证、组织机构代码证）、自然保护区人员编制的批准文件、项目配套投资承诺文件等。

4. 分析要点、科学编制

可行性研究报告编制要围绕建设条件问题分析、建设方案和投资估算等主要环节，科学分析，合理确定方案；对于续建项目，要对前期建设成果进行总结，注意衔接，避免建设内容重复；全面分析目前自然保护区建设目前存在的问题，提出可行的应对措施；投资估算和资金筹措要有依据，要科学合理，要注意工程建设其他费用和预备费的取费标准。

第五节　自然保护区日常管理与管理计划

自然保护区管理，包括国家的宏观管理和各自然保护区的具体（日常）管理。《中华人民共和国自然保护区条例》规定：有关自然保护区行政主管部门应当在自然保护区内设立专门的管理机构，配备专业技术人员，负责自然保护区的具体管理工作，并明确了自然保护区管理机构的主要职责。国家对自然保护区管理的一切方面都必须通过各自然保护区的日常（具体）管理才能显示出其实际意义。

一、自然保护区具体（日常）管理的内容

自然保护区日常（具体）管理是指自然保护区管理机构中的管理者，通过实施计划、组织、人员配备、指导与领导控制等职能来协调人、保护对象以及自然环境之间的关系，使非管理者与管理者自己共同实现自然保护区既定目标的活动过程。管理的内容如下。

（一）生物资源和自然环境管理

这是自然保护区管理的核心任务，直接关系着整个自然保护区的生存和价值。
（1）自然保护区的范围确定和标桩立界。

（2）核心区、缓冲区、试验区的划分与立界。

（3）生物资源与环境的保护。

（4）特殊物种的保护措施。

（5）栖息地的恢复与改造。

（6）自然灾害的控制与防范。

（二）行政与后勤管理

行政与后勤管理是自然保护区有效管理的保障，应靠一系列规范化的制度和规章来完成。

（1）劳动纪律制度。

（2）人事管理制度。

（3）工作人员的奖惩制度。

（4）资金使用制度。

（5）基础设施的管护与维修。

（6）仪器设备的保养与维修。

（7）保卫和治安管理。

（三）科研和监测管理

自然保护区的研究分常规性研究和专题性研究。常规性研究包括资源的一般性调查、观测、预报等；专题性研究是对某一物种、种群或某个生态系统进行的专门研究与观测。管理工作主要包括：

（1）资源的调查、监测。

（2）调查监测样点（借）的选设。

（3）生物种类的确定与观测调查记载。

（4）重点物种或种群的研究。

（5）种质基因库的建立。

（6）信息资料库的建立。

（7）自然资源的合理利用。

（8）依据科研监测结果，及时调整生物保护、生境管理的措施和方法。

（9）国际合作与交流项目。

二、自然保护区管理计划

(一)自然保护区管理计划的意义与作用

自然保护区管理计划是自然保护区开展日常管理工作的基础性文件,用于指导和调控自然保护区资源的保护、管理与利用。通过管理计划的编制、执行和检查,协调和合理安排各方面的经营与管理活动,有效地发挥所有人力、物力和财力资源,获得自然保护区最佳的生态效益、社会效益和经济效益。与总体规划相比管理计划是落实总体规划的阶段性计划(在我国,管理计划的时限一般为5年),指导自然保护区一定时期内的具体工作,逐一实现总体规划确定的自然保护区阶段性目标,强调对自然保护区日常保护管理工作的指导。通过若干期管理计划的实施,最终实现自然保护区的总体目标。

在国外自然保护区建设和管理中,管理计划是很多国家采取的一个非常有效的措施。1995年以来,在国际有关非政府组织和我国有关部门机构的共同努力下,我国自然保护区管理计划工作逐步展开,部分国家级自然保护区先后制定了管理计划,计划实施以后,在自然保护区保护管理各个方面都取得了显著的效果。但目前我国有关法律法规还没有明确自然保护区管理计划的地位,没有规定制定自然保护区管理计划的程序、审批和保障。

(二)管理计划的内容

自然保护区的管理计划一般包括四个部分。

1. 自然保护区基本情况简介

系统地描述自然保护区的现状,目的是客观地阐述自然保护区下一步开展各项管理工作的基础,内容包括自然条件、生物资源、保护对象、人文历史、社会经济、管理体制及工作状况、管理措施等。

2. 分析与评价

根据自然保护区现状,与总体目标进行分析比较,阐明自然保护区的重要性和必要性;确定自然保护区现状中存在的问题以及解决问题所遇到的困难;对所有问题根据自然保护区的人、财、物进行排序,提出今后一段时间里需要解决的主要问题及管理目标。

3. 管理措施与行动

针对自然保护区的管理目标，设置相应的可行的管理措施，提出相应的管理行动，阐明每项管理行动的目标、必要性要求、工作程序人员需求、经费预算和来源、开展活动的时间和期限等。

4. 行动计划和资金预算

将所有管理行动分为优先行动、一般行动和特殊行动，据此安排管理计划实施期间所有行动的时间表。根据所有管理行动的经费预算，统计出整个管理计划的经费预算。

（三）管理计划的编制程序

1. 成立编写机构，确定人员与分工

首先要成立管理计划编写小组，明确各个层次的负责人，建立编写小组与自然保护区所在部门的对话或沟通机制；根据保护对象和性质确定管理计划涉及的专业学科，确定管理计划编写技术负责人，根据小组成员的专业特长进行明确分工。相关专业人员一般从自然保护区现有人员中选择，也可根据实际情况、聘请外部人员参加编制工作。

2. 背景资料调查、收集、核实与归类

按照分工，编写人员系统而全面地收集所有能够收集的现存资料，必要时应开展部分野外实地调查工作。

3. 自然保护区存在问题的分析、确定与排序

资料收集完成后，编写人员对所收集到的资料进行分析，确定自然保护区管理工作面临的问题。然后把问题分为两类：自然保护区内部问题，涉及自然保护区资源问题（如保护对象逐年减少、栖息地面积缩小等）、保护管理机构本身的问题（如经费不足、人员能力等）；外部对自然保护区的影响，如区内居住人口带来的影响、非法进入区内造成的破坏等。分析重点应考虑那些能够在日常保护管理工作中加以改进完善的方面，即经过努力，在一定时期内有可能解决或克服的问题。同时，应尽量准确地指出问题所在，包括严重程度、规模以及对自然保护区已经造成或者可能造成的危害等，把分析出的问题进行归类。将分析结果在保护区各个层面进行讨论、征求意见后，根据自然保护区的人力、财力、物力等实际情况，对分析得出的结论进行排序，把那些严重影响自然保护区保护管理有效性的经过人为努力有可能解决的问题排在优先地位。

4. 讨论解决问题的多种办法

对经过分析评价得出的结论，针对导致问题的根本原因提出多种解决方案，进行比较，最终得出最佳或最可行方案。

5. 设置保护管理项目

解决问题的方案确定后，应考虑如何采取行动来落实。针对每种解决问题的方案提出具体的行动，即工作任务。再说明每项工作的目的、必要性，如何开展这项工作，有哪些具体的要求以及经费预算等，也包括确定负责实施工作的部门或人员，以及实施的时间要求。

（四）管理计划的实施

管理计划经上级业务主管部门批准（审核备案）生效后，自然保护区管理机构即组织实施工作。实施过程中，要着重把握以下环节：

（1）明确管理计划的地位。保护区各项工作必须围绕管理计划而展开，保证管理计划的连续性。

（2）根据管理计划的行动时间表制订自然保护区的年度工作计划。

（3）建立岗位责任制，将管理计划中的各项任务，层层分解到每一个工作人员，建立检查监督和激励措施。

（4）建立保护区内各部门、科室之间的协调机制，既有分工，又有协作，形成合力。

（5）改善外部环境，拓展外部支持的渠道。

随着年度计划的实施，会不断出现新问题，当达到一定程度时，应对管理计划进行必要的调整和修改，使之不断满足自然保护区的发展需要。

第六节　自然保护区生态旅游管理与规划

一、自然保护区生态旅游管理规定

根据法律规定，在不影响自然保护区的自然环境和自然资源的前提下，由自然保护区管理机构提出方案，经省级自然保护区行政主管部审核后，报国务院有关行政主管部门批准后，可以在国家级自然保护区实验区内开展参观旅游活动；严禁开设与自然保护区保护方向不一致的参观、旅游项目。2004年7月，《中华人民共和国行政许可法》实施以后，国家林业局把"在林业系统国家级自然保护区实验区开展生态旅游方案审批"列入了行政许可事项。

（一）申请条件

申请人需要提供的材料：

（1）自然保护区管理机构开展生态旅游的申请文件。

（2）自然保护区生态旅游规划。

（3）生态旅游规划专家评审意见。

（4）开展生态旅游对自然保护区自然资源、自然生态系统和主要保护对象的影响评价报告。

（5）省级林业行政主管部门的审核意见。

（6）有关部门的审查、审批文件。

（二）审批程序

（1）自然保护区管理机构向省级林业行政主管部门提出申请。

（2）省级林业主管部门审核后，报国家林业和草原局。

（3）审查合格的，由国家林业和草原局向申请人做出准予行政许可的决定；审查不合格的，由国家林业和草原局书面告知申请人并说明理由，告知复议或诉讼权利。

二、自然保护区生态旅游规划

(一) 规划宗旨

生态旅游是指在生态学和可持续理论指导下，以自然类型、自然区域或某些特定的文化区域为对象，以享受大自然和了解、研究自然景观、野生生物及相关文化为旅游目的，以不改变生态系统的结构和功能及保护自然和人文生态资源与环境为宗旨，并使游人得到生态学知识和社区受益为基本原则的旅游行为。自然保护区生态旅游规划应以自然保护和景观保护为前提，坚持保护性、合理性、自然性、科普性、协调性、阶段性等原则，以适度进行景点景区的开发建设与利用和旅游服务设施建设为手段，通过开展丰富多彩的具有保护区特色的生态旅游活动，探索自然保护事业和当地社区经济可持续发展的有效途径，将旅游区建设成生态保护、科普教育和资源可持续利用的示范基地。

(二) 规划内容

自然保护区生态旅游规划编制按照《自然保护区生态旅游规划技术规程》(CB/T 20416—2006) 操作。规划内容如下。

1. 生态旅游资源调查与评价

该部分包括生态旅游资源调查的内容和步骤，资源评价的要求和内容。

2. 环境容量分析

分别按景区、景点可游面积测算日环境容量，并结合旅游季节特点，计算旅游区年环境容量。环境容量一般采用面积法、卡口法、游路法三种测算方法，可因地制宜选用或综合运用。

3. 客源和市场分析

在进行客源市场调查的基础上，对客源地理结构、客源市场潜力、游客规模进行分析，按年度预测国际与国内的游客规模。

4. 总体布局与旅游线路安排

在生态旅游资源、客源市场调查与评价的基础上，与当地旅游规划相衔接，确定自然保护区旅游发展方向、思路和要达到的目标；选择主题旅游产品，进行旅游市场定位。

自然保护区生态旅游开发建设区域必须严格限制在自然保护区实验区范围内或保护区的外围。生态旅游区按不同功能划分为游览区、景观生态保育区和服务区，其中游览区可按地理单元或旅游活动类型进行二级区划。

（1）旅游活动项目规划。

充分发挥自然保护区生态旅游资源的优势、特色、分布特点，围绕保护对象，兼顾观赏、游览、休憩疗养、保健、科普等多种功能规划旅游活动项目。

①资源性游憩活动。其是指以自然保护区不同生态系统、保护物种、地方特色物种等生态旅游景观的观察、生态研究、史迹研究及环境教育为目的的旅游活动。它可划分为：

a. 森林生态旅游，如森林浴、健行、登山等。

b. 草原生态旅游、如观鸟、自然放牧观赏等。

c. 高山生态旅游，如登山、野营、专题观赏等。

d. 近海生态旅游，如赶海、专题观赏等。

e. 湿地生态旅游，如观水禽、水生生物考察等。

f. 乡村旅游及生态农业旅游。

g. 科普考察旅游。

h. 古迹鉴赏游。

②娱乐性游憩活动。其是指配合生态旅游资源提供的游憩性活动，包括野营、骑马、垂钓、戏水、潜水、冲浪、漂流、泛舟、温泉浴、民俗活动等。

（2）游览路线规划.

①机动车道。一般为沟通服务区与游览区，以及远距离的干线道路。可规划为一条或几条直线或环状线，有水运的情况下，可设置游艇、客船通过的水路。

②步行道。一般为沟通距离较短的景区或景区内部各景点之间的支线道路和游憩小道，根据当地人力、畜力，也可设置雪橇、冰爬犁以及马、驴、骆驼等通过的专用道路。

5. 资源、环境及社区文化保护

（1）资源保护。

在分析、预测生态旅游活动对自然保护区的自然资源和主要保护对象的影响部位、程度时段、周期的基础上，提出消除或控制影响因素的措施。如根据环境容量确定合理的游览接待规模，旅游景点建设和游憩活动应避开野生动物的繁育场所与繁育季节；景观恢复与重建采用原生植被和乡土树种，以生物防治为主防治病虫鼠害等。

（2）环境保护。

自然保护区生态旅游区除满足一般的环境保护要求外，还要增加对旅游环境的特殊要求：

①大气环境质量宜达到 CB 3095—1996 规定的一级空气质量标准。

②地面水宜达到 GB 3838—2002 规定的 I 类水体标准，饮用水质应 100%达标。

③土壤宜达到 GB 15618—1995 规定的 I 类土壤质量标准。

④噪声震动达到特殊住宅区的要求，交通噪声控制在 60 dB 以下。

（3）社区文化保护。

针对文物古迹、传统文化明确相应的保护措施。

6. 生态旅游设施工程

明确基础设施、服务设施的建设内容、规模与重点。

（1）基础设施建设工程。其包括道路系统（车行道路、健行步道、登山步道）供电工程、供热工程、给排水工程、通信工程等。

（2）服务设施工程。其包括生态旅游管理站、游客中心、自然生态教育中心、住宿设施、商业设施、管理服务设施、户外解说展示设施、其他设施（安全设施、防火设施急救系统）。

7. 生态环境监测与评价

（1）生态环境监测。

自然保护区生态旅游区应对生态环境实施动态监测，结合当地的生态特征，选择具有指示性、代表性的指标和固定监测点，建立相应的监测程序。生物资源自然景观、水环境、空气环境、土壤环境等方面的监测指标应能有效跟踪，以及时反映旅游活动所造成的影响。

（2）游客监测。

建立日常游人指标监测体系，指标包括游客人数、客源地、满意度、停留时间等。可采用游客登记问卷等方法监测。

（3）生态环境影响评价。

生态旅游规划草案上报审批前，应组织进行对主要保护对象的影响评价和环境影响评价，提出对主要保护对象和生态环境的保护与控制措施，并向规划审批机关提交主要保护对象影响报告书、环境影响报告书。

第七节 自然保护区社区共管

我国自然保护区多数分布在社会经济发展水平相对较低的地区，当地社会经济发展大多依赖于对自然资源的直接利用，加之人口增长因素和自然保护区划建设过程中遗留的资源、土地权属纠纷等问题给自然保护区造成了巨大压力。我国生物多样性保护和自然保护区发展最主要的压力和负面影响来自周边社区发展过程中对资源和环境的破坏。这一问题在世界范围内也普遍存在，特别是在发展中国家表现更为突出。为解决发展和保护的矛盾，国际社会探索通过社区参与资源共同管理，促进资源可持续利用等多种政策，使自然保护区社会经济发展与生物多样性保护协调起来。1995~2002年全球环境基金（GEF）实施了中国自然保护区管理项目，实践表明，把当地社会纳入自然保护区日常管理（社区共管），将社区的自然资源纳入整个保护体系中，把社区自然资源的发展变化置于自然保护区的监测之下，增强了生物多样性保护的系统性。同时在法律法规框架内，对实验区资源进行科学合理规划和利用，更好地满足了社区群众的生产生活问题和发展需求，成为解决保护生物多样性与社区发展、资源利用矛盾的有效办法之一。

一、自然保护区社区共管的有关概念

（一）社区

社区可定义为聚集在一定地域内的一定人群的共同生活体。社区是以多种社会关系联结的，从事经济、政治、文化等活动，组成一个相对独立的区域性的社会实体。社区的组成要具备五个要素：

（1）必须有以一定的社会关系为基础组织起来的进行共同社会活动的人群。

（2）必须有一定的地域条件。

（3）有各方面的生活服务设施。

（4）有自己特有的文化。

（5）每一个社区的成员在心理上有对自己社区的认同感。

社区一般分为两大类型，即农村社区和城市社区。其中农村社区具有两个最基本的特点：一是土地是农村社区生产和生活最基本的自然要素；二是农村社区的主要劳动对象是自然生命体。

（二）自然保护区社区

自然保护区社区一般是指在自然保护区范围内或自然保护区邻接的各种类型社区，通常由多个功能、规模各异的社区组成。习惯上称分布在自然保护区界线范围内的社区为当地社区，与自然保护区邻接的社区为周边社区。从我国自然保护区的实际情况来看，自然保护区社区基本上以农村社区为主。

（三）共管

共管即共同管理，它是一个宽泛的概念，一般泛指在某一具体项目或活动中参与的各方在既定的目标下，以一定的形式共同参与计划实施及监测和评估的整个过程。在不同的项目中，共管的具体含义是不相同的。

（四）社区共管的类型

共管作为一种合作或协作方式普遍存在于当今的社会经济生活中，是一个广义的社会学和管理学的概念。共管对象和共管者的关系是共管的两个关键特征，一般对共管的分类也多从这两个角度进行划分。

二、自然保护区社区共管的作用与意义

（1）可以将社区的自然资源纳入整个保护体系中，使生物多样性保护的系统性增强。包括中国在内，世界上绝大多数国家都存在自然保护区和社区在地理上的相互交错，社区所属的自然资源往往同自然保护区所属的自然资源在地理分布上交织在一起，在这种情况下，如果将社区排斥在自然保护区的管理之外，就等于将其所属的自然资源从一个完整的生态环境系统中割裂出去，结果必然造成生物多样性系统的不完整。采取社区共管的方法，可以在帮助社区发展的前提下，把社区的自然资源在一定程度上纳入自然保护区统一的保护体系之中。通过自然保护区和社区共同参与社区自然资源的规划与使用管理，使当地和周边社区对自然资源的使用与社会经济发展方式能在一定程度上同自然保护区的保护目标统一、协调起来，使社区自然资源今后的发展变化直接处于自然保护区的监测之下。

（2）在社区自然资源共管中，社区作为自然资源管理者之一消除了被动式保护造成的自然保护区同当地及周边社区的对立关系。在共管中，社区既是自然资源可持续的使用者，又是管理者，通过社区自然资源共管就使得社区从被防范者变成了保护者。

（3）在社区共管中，通过了解当地社区的需求、自然资源使用情况、自然资源使用中的冲突和矛盾及社区社会经济发展的机会和潜力。采取多种形式帮助社区解决问题，促进发展，使社区从单纯的生物多样性保护的受害者变成生物多样性保护的共同利益者。在共管中通过帮助社区发展经济和合理使用自然资源，可以使保护和发展在短期与微观利益方面的矛盾最小化，这是社区自然资源共管的独到之处。

（4）在社区自然资源共管中，给社区提供了充分参与生物多样性保护工作的机会。一方面，通过当地居民、社会团体、政府机构和其他组织的参与活动，促进了他们对生物多样性保护的了解，强化了他们的生态环境意识，同时也增强了对有关法律政策的了解和认识，对他们改变对生物多样性保护的态度和遵纪守法的自觉性是非常必要的。另一方面，通过共管中的参与，加强了自然保护区同社区的联系，特别是为自然保护区改善同当地政府之间的关系提供了很好的机会。

第六章 现代林业的发展与实践

第一节 气候变化与现代林业

气候变化会对森林和林业产生重要影响,特别是高纬度的寒温带森林,如改变森林结构、功能和生产力,特别是对退化的森林生态系统,在气候变化背景下的恢复和重建将面临严峻的挑战。气候变化下极端气候事件(高温、热浪、干旱、洪涝、飓风、霜冻等)发生的强度和频率增加,会增加森林火灾、病虫害等森林灾害发生的频率和强度,危及森林的安全,同时进一步增加陆地温室气体排放。

1. 森林物候

随着全球气候的变化,各种植物的发芽、展叶、开花、叶变色、落叶等生物学特性,以及初霜、终霜、结冰、消融、初雪、终雪等水文现象也发生改变。气候变暖使中高纬度北部地区20世纪后半叶以来的春季提前到来,而秋季则延迟到来,植物的生长期延长了近2个星期。欧洲、北美及日本过去30~50年植物春季和夏季的展叶、开花平均提前了1~3天。1981~1999年欧亚大陆北部和北美洲北部的植被活力显著增长,生长期延长。20世纪80年代以来,中国东北、华北及长江下游地区春季平均温度上升,物候期提前;渭河平原及河南西部春季平均温度变化不明显,物候期也无明显变化趋势;西南地区东部、长江中游地区及华南地区春季平均温度下降,物候期推迟。

2. 森林生产力

气候变化后植物生长期延长,加上大气CO_2浓度升高形成的"施肥效应",使得森林生态系统的生产力增加。Nemani等通过卫星植被指数数据分析表明,气候变暖使得1982~1999年间全球森林NPP(Net Primary Productivity,净第一生产力）增长了约 6%。Fang 等认为，中国森林 NPP 的增加，部分原因是全国范围内生长期延长的结果。气温升高使寒带或亚高山森林生态系统 NPP 增加，但同时也提高了分解速率，从而降低了森林生态系统 NEP（Net Ecosystem Productivity，净生态系统生产力）。

第二节　荒漠化防治与现代林业

一、低效生态公益林改造技术

（一）低效生态公益林的类型

由于人为干扰或经营管理不当而形成的低效生态公益林，可分为四种类型。

1. 林相残次型

因过度过频采伐或经营管理粗放而形成的残次林。例如，传统上人们常常把阔叶林当作"杂木林"看待，毫无节制地乱砍滥伐；加之近年来，阔叶林木材广泛应用于食用菌栽培、工业烧材及一些特殊的用材（如火柴、木碗及高档家具等），使得常绿阔叶林遭受到巨大的破坏，失去原有的多功能生态效益。大部分天然阔叶木变为人工林或次生阔叶林，部分林地退化成撂荒地。

2. 林相老化型

因不适地适树或种质低劣，造林树种或保留的目的树种选择不当而形成的小老树林。例如，在楠木的造林过程中，有些生产单位急于追求林木生产，初植密度大，到 20 年生也不间伐，结果楠木平均胸径仅 10 cm 左右，很难成材，导致林相出现老龄化，林内卫生很差，林分条件急需改善。

3. 结构简单型

因经营管理不科学形成的单层、单一树种，生态公益性能低下的低效林。例如，福建省自 20 世纪 50 年代以来，尤其是在 80 年代末期，实施"三、五、七绿化工程"，营造了大面积的马尾松人工纯林。随着马尾松人工林面积的扩大，马尾松人工林经营中出现了树种单一、生物多样性下降、林分稳定性差、培育成了小老头林，使得林分质量严重降低等一系列问题。

4. 自然灾害型

因病虫害、火灾等自然灾害危害形成的病残林。例如，近几年，毛竹枯梢病成我国毛竹林产区的一种毁灭性的病害，为国内森林植物检疫对象。该病在福建省的发生较为普遍，给毛竹产区造成了极为严重的损失，使得全省范围内毛竹低效林分面积呈递增趋势，急需合理的改造。

（二）低效生态公益林改造原则

生态公益林改造要以保护和改善生态环境、保护生物多样性为目标，坚持生态优先、因地制宜、因害设防和最佳效益等原则，宜林则林、宜草则草或是乔灌草结合，以形成较高的生态防护效能，满足人类社会对生态、社会的需求和可持续发展。

1. 遵循自然规律，运用科学理论营造混交林

森林是一个复杂的生态系统，多树种组成、多层次结构发挥了最大的生产力；同时生物种群的多样性和适应性形成完整的食物链网络结构，使其抵御病虫危害和有害生物的能力增强，具有一定的结构和功能。生态公益林的改造应客观地反映地带性森林生物多样性的基本特征，培育近自然的、健康稳定、能持续发挥多种生态效益的森林，这是生态公益林的建设目标，是可持续经营的基础。

2. 因地制宜，适地适树，以乡土树种为主

生态公益林改造要因地制宜，按不同林种的建设要求，采用封山育林、飞播造林和人工造林相结合的技术措施；以优良乡土树种为主，合理利用外来树种，禁止使用带有森林病虫害检疫对象的种子、苗木和其他繁殖材料。

3. 以维护森林生态功能为根本目标，合理经营利用森林资源

生态公益林经营按照自然规律，分为特殊保护区、重点保护区和一般保护区三个保护等级确定经营管理制度，优化森林结构，合理安排经营管护活动，促进森林生态系统的稳定性和森林群落的正向演替。生态公益林利用以不影响其发挥森林主导功能为前提，以限制性的综合利用和非木资源利用为主，有利于森林可持续经营和资源的可持续发展。

（三）低效生态公益林改造方法

根据低效生态公益林类型的不同，而针对性地采取不同的生态公益林改造方法。通过对低效能生态公益林密度与结构进行合理调整，采用树种更替、不同配置方式、抚育间伐、封山育林等综合配套技术，促进低效能生态公益林天然更新，提高植被的水土保持、水源涵养的生态效益。

1. 补植改造

补植改造主要适用于林相残次型和结构简单型的残次林，根据林分内林隙的大小与分布特点，采用不同的补植方式，要有：均匀补植、局部补植、带状补植。

2. 封育改造

封育改造主要适用于郁闭度小于0.5，适合定向培育，并进行封育的中幼龄针叶林分。采用定向培育的育林措施，即通过保留目的树种的幼苗、幼树，适当补植阔叶树种，培育成阔叶林或针阔混交林。

3. 综合改造

适用于林相老化型和自然灾害的低效林。带状或块状伐除非适地适树树种或受害木，引进与气候条件、土壤条件相适应的树种进行造林。一次改造强度控制在蓄积的20%以内，基地清理后进行穴状整地，整地规格和密度随树种、林种不同而异。主要改造方法如下：疏伐改造、补植改造、综合改造。

（四）低效生态公益林的改造技术

对需要改造的生态公益林落实好地块、确定现阶段的群落类型和所处的演替阶段、组成种类，以及其他的生态环境条件特点，如气候、土壤等，这对下一步的改造工作具有重要的指导意义。不同的植被分区其自然条件（气候、土壤等）各不相同，因而导致植物群落发生发育的差异，树种的配置也应该有所不同，因此要选择适合本区的种类用于低效生态公益林的改造，并确定适宜的改造对策。而且，森林在不同的演替阶段其组成种类和层次结构是不同的。目前需要改造的低效生态公益林主要是次生稀疏灌丛、稀树马尾松纯林、幼林等群落，处于演替早期阶段，种类简单，层次不完整。为此，在改造过程中需要考虑群落层次各树种的配置，在配置过程中，一定要注意参照群落的演替进程来导入目的树种。

1. 树种选择

树种选择时最好选择优良的乡土树种作为荒山绿化的先锋树种，这些树种应以下条件择适应性强、生长旺盛、根系发达、固土力强、冠幅大、林内枯枝落叶丰富和枯落物易于分解，耐瘠薄、抗干旱，可增加土壤养分，恢复土壤肥力，能形成疏松柔软，具有较大容水量和透水性死地被凋落物等特点。新造林地树种可选择枫香、马尾松、山杜英；人工促进天然更新（补植）树种可选择乌桕、火力楠、木荷、山杜英。

根据自然条件和目标功能，生态公益林可采取不同的经营措施，如可以确定特殊保护、重点保护、一般保护三个等级的经营管理制度，合理安排管护活动，优化森林结构，促进生态系统的稳定发展。生态公益林树种一般具备各种功能特征：涵养水源、保持水土；防风固沙、保护农田；吸烟滞尘、净化空气；调节气候、改善生态环境；减少噪声、杀菌抗病；固土保肥；抗洪防灾；保护野生动植物和生物多样性；游憩观光、保健休闲等。因此，不同生态公益林，应根据其主要功能特点，选择不同的树种。

乡土阔叶林是优质的森林资源，起着涵养水源、保持水土、保护环境及维持陆地生态平衡的重大作用。乡土阔叶树种是生态公益林造林的最佳选择。目前福建省存在生态公益林树种结构简单，纯林、针叶林多，混交林、阔叶林少，而且有相当部分林分质量较差，生态功能等级较低。生态公益林中的针叶纯林林分面临着病虫危害严重、火险等级高、自肥能力低、保持水土效能低等危机，树种结构亟待调整。利用优良乡土阔叶树种，特别是珍贵树种对生态公益林进行改造套种，是进一步提高林分质量、生态功能等级和增加优质森林资源的最直接最有效的途径。

2. 林地整地

水土保持林采取鱼鳞坑整地。鱼鳞坑为半月形坑穴，外高内低，长径 0.8~1.5 m，短径 0.5~1.0 m，埂高 0.2~0.3 m。坡面上坑与坑排列成三角形，以利蓄水保土；水源涵养林采取穴状整地，挖明穴，规格为 60 cm × 40 cm × 40 cm，回表土。

3. 树种配置

新造林：在 I 类地采用枫香 × 山杜英；各类林地采用马尾松 × 枫香，按 1 : 1

比例模式混交配置。补植：视低效林林相破坏程度，采用乡土阔叶树乌桕、火力楠、木荷、山杜英进行补植。

二、生态公益林限制性利用技术

生态公益林限制性利用是指以林业可持续发展理论、森林生态经济学理论和景观生态学理论为指导，实现较为完备的森林生态体系建设目标；正确理解和协调森林生态建设与农村发展的内在关系，在取得广大林农的有力支持下，有效地保护生态公益林；通过比较完善的制度建设，大量地减少甚至完全杜绝林区不安定因素对生态公益林的破坏，积极推动农村经济发展。

（一）生态公益林限制性利用类型

1. 木质利用

对于生长良好但已接近成熟年龄的生态公益林，因其随着年龄的增加，其林分的生态效益将逐渐呈下降趋势，因此应在保证其生态功能的前提下，比如在其林下进行树种的更新，待新造树种郁闭之后，对其林分进行适当的间伐，通过采伐所得木材获得适当的经济效益，这些经济收入又可用于林分的及时更新，这样能缓解生态林建设中资金短缺的问题，逐渐形成生态林生态效益及建设利用可持续发展的局面。

2. 非木质利用

非木质资源利用是在对生态公益林保护的前提下对其进行开发利用，属于限制性利用，它运用一切行之有效的行政、经济的手段、科学的经营技术措施和相适应的政策制度保障等体系，进行森林景观开发、林下套种经济植物、绿化苗木，培育食用菌、林下养殖等复合利用模式，为山区林农脱贫致富提供一个平台，使非木质资源得到最大化的开发和保护。

（二）生态公益林限制性利用原则

1. 坚持"三个有利"的原则

生态公益林管护机制改革必须有利于生态公益林的保护管理，有利于林农权益的维护，有利于生态公益林质量的稳步提高。

2. 生态优先原则

在保护的前提下，遵循"非木质利用为主，木质利用为辅"的原则，科学合理地利用生态公益林林木林地和景观资源，实现生态效益与经济效益结合、总体效益与局部效益协调、长期效益与短期利益兼顾。

3. 因地制宜原则

依据自然资源条件和特点、社会经济状况，处理好森林资源保护与合理开发利用的关系，确定限制性利用项目。根据当地生态公益林资源状况和林农对山林的依赖程度，因地制宜，确定相应的管护模式。

4. 依法行事原则

要严格按照规定，在限定的区域内进行，凡涉及使用林地林木的问题，必须按有关规定、程序进行审批。坚持严格保护、科学利用的原则。生态公益林林木所有权不得买卖，林地使用权不得转让。在严格保护的前提下，依法开展生态公益林资源的经营和限制性利用。

（三）生态公益林限制性利用技术

1. 木质利用技术

以杉木人工林为主的城镇生态公益林培育改造中，因其不能主伐利用材，没有经济效益，但是通过改造间伐能够生产一部分木材，能够维持培育改造所需的费用，并有一小部分节余，从而达到生态公益林的持续经营。以杉木人工林为主的城镇生态公益林培育改造可生产木材 60 m^3/hm^2，按 500 元 /m^3 计算，可收入 30 000 元 /hm^2；生产木材成本 6 000 元 /hm^2，培育改造营林费用 3 000 元 /hm^2；为国家提供税收 2 400 元 /hm^2；尚有节余 18 600 元 /hm^2，可作为城镇生态公益林的经营费用，有利于城镇生态公益林的可持续经营。

以马尾松林为主的城镇生态林培育改造中，通过间伐能够生产一部分木材，也能够维持培育改造所需的费用，并有一小部分节余，从而达到生态公益林的持续经营。以马尾松人工林为主的城镇生态公益林培育改造可以生产木材 45 m^3/m^2，按 500 元 /m^3 计算，可收入 22 500 元 /hm^2；生产木材成本 4 500 元 /hm^2，培育改造营林费用 3 000 元 /hm^2；为国家提供税收 1 800 元 /hm^2；尚有节余 13 200 元 /hm^2，可作为城镇生态公益林的经营费用，有利于城镇生态公益林的可持续经营。

2. 林下套种经济植物

砂仁为姜科豆蔻属多年生常绿草本植物，其种子因性味辛温，具有理气行滞、开胃消食、止吐安胎等功效，是珍贵中药，适宜热带、南亚热带和中亚热带温暖湿润的林冠下生长。杉木林地郁闭度控制在0.6~0.7，创造适宜砂仁生长发育的生态环境，加强田间管理，是提高砂仁产量的重要措施。因为砂仁对土、肥、水有不同的要求，在不同季节又有不同需要，高产稳产的获得，要靠管理来保证。

雷公藤为常用中药，以根入药，具祛风除湿、活血通络、消肿止痛、杀虫解毒的功能。雷公藤也是植物源农药的极佳原料，可开发为生物农药。马尾松是南方常见的造林树种，在林间空隙套种雷公藤，可以极大地提高土地利用率，提高林地的经济效益。马尾松的株行距为150 cm×200 cm，雷公藤的株行距为150 cm×200 cm。种植过程应按照相应的灌溉、施肥、给药、除草、间苗等标准操作规程进行。根据雷公藤不同生长发育时期的需水规律及气候条件，适时、合理地进行给水、排水，保证土壤的良好通气条件，需建立给排水方案并定期记录。依据《中药材生产质量管理规范（试行）》要求，雷公藤生长过程必须对影响生产质量的肥料施用进行严格的控制，肥料的施用以增施腐熟的有机肥为主，根据需要有限度地使用化学肥料并建立施肥方案。

灵香草又名香草、黄香草、排草、零陵香，为报春花科排草属多年生草本植物，具有清热解毒、止痛等功效，并且具有良好的防虫蛀作用。在阔叶林下套种灵香草，其生长情况和产量均呈山脚或山凹＞中下坡＞中上坡在同坡位下，灵香草的藤长、基径、萌条数均随扦插密度增加而递减，其单位面积生物总量与扦插密度关系则依立地条件不同而异，立地条件好的则随密度加大而递增。林分郁闭度为0.70~0.85，灵香草的生长与产量最大，随林分郁闭度下降，其产量呈递减趋势。

肉桂是樟科的亚热带常绿植物，其全身是宝，根、枝、皮、花、果均可入药；叶可提取桂油，是现代医药、化工与食品工业的重要原料。肉桂属浅根性耐阴树种，马尾松属深根性喜光品种，选择在马尾松林分内进行套种。一方面，由于它们的根系分布层次不同，有利于充分利用地力；另一方面，既可充分利用空间，又可利用马尾松树冠的遮阴作用，避免阳光对肉桂幼树直射而灼伤，减少水分流失，提高造林成活率。在郁闭度0.4、0.6的马尾松林下套种肉桂造林，成活率可比迹地造林提高19.1%和19.6%，是发展肉桂造林的好途径。在生产上应大力提倡在郁闭度 0.4 左右的马尾松林分中套种肉桂。但不宜在郁闭度较大的林分内套种，以免影响肉桂后期生长和桂油品质。

3. 林下养殖

林下养殖选择水肥条件好，林下植被茂盛、交通方便的生态公益林地进行林下养殖，如养鸡、养羊、养鸭、养兔，增加林农收入。林下养殖模式，夏秋季节，林木为鸡、鹅等遮阴避暑，动物捕食害虫、青草、树叶，能减少害虫数量，节省近一半饲料，大大降低了农民打药和管理的费用，动物粪又可以肥地，形成了一个高效的绿色链条。大力发展林下经济作为推动林畜大县建设步伐的重要措施，坚持以市场为导向，以效益为中心，科学规划，因地制宜，突出特色，积极探索林下养殖经济新模式。

发展林下规模养殖的总体要求是，要坚持科学发展观，以市场为导向，以效益为中心，科学规划，合理布局，突出特色，因地制宜，政策引导，示范带动，整体推进，使林下养殖成为绿色、生态林牧业生产的亮点和农村经济发展、农民增收新的增长点。

在农村，许多农户大多是利用房前屋后空地养鸡，饲养数量少，难成规模，而且不利于防疫。林下养鸡是以放牧为主、舍饲为辅的饲养方式，其生产环境较为粗放。因此，应选择适应性强、抗病力强、耐粗饲、勤于觅食的地方鸡种进行饲养。林地最好远离人口密集区，交通便利、地势高燥、通风光照良好，有充足的清洁水源，地面为沙壤土或壤土，没有被传染病或寄生虫病原体污染。在牧地居中地段，根据群体大小选择适当避风平坦处，用土墙或砖木及油毛毡或稻草搭成高约 2 m 的简易鸡舍，地面铺沙土或水泥。鸡舍饲养密度以 20 只 /m^2 为宜，每舍养 1 000 只，鸡舍坐北朝南。

4. 森林生态旅游

随着生活水平的不断提高及人们回归自然的强烈愿望，丛林纵生，雪山环抱，峡谷壁立，草原辽阔，阳光灿烂，空气清新，少数民族文化色彩浓厚，人与自然和谐备受人们向往和关注。森林生态旅游被人们称为"无烟的工业"，旅游开发迅速升温。

有些生态公益林所处地形复杂，生态环境多样，为旅游提供了丰富的资源，其中绝大部分属森林景观资源。以这些资源为依托，开发风景区，发展生态旅游，同时带动了相关第三产业的发展，促进了经济发展。

森林浴：重在对现有森林生态的保护，沿布设道路对不同树种进行挂牌，标示树种名称、特性，对保护植物应标明保护级别等，提醒游人对保护植物的关爱。除建设游步道外，不建设其他任何设施，以维护生物多样性，使游人尽情享受森林的沐浴。

花木园：在原有旱地上建立以桂花、杜英、香樟及深山含笑等为主的花木园，可适当密植，进行块状混交。一方面可增加生态林阔叶林的比重，增加景观的观赏性；另一方面也可提供适量的绿化苗，增加收入。

观果植物园：建设观果植物园，如油茶林、柑橘林，对油茶林进行除草、松土，对柑橘林进行必要的除草培土、修剪和施肥，促进经济林的生长，从而提高其产量和质量，增加经济收入，同时也可为游人增加一些（如在成熟期采摘果实）参与性项目。

休闲娱乐：根据当地实际情况，以及休闲所在地和绿色养殖的特点，设置餐饮服务和休闲区，利用当地木、竹材料进行搭建，充分体现当地民居特色，使游人在品尝绿色食品、体验优美自然环境后有下次再想去的欲望。

生态公益林区还可以作为农林院校、科研机构及林业生产部门等进行科研考察和试验研究的基地，促进林业科研水平和生产水平的提高。

森林生态旅游的开发必须服从于生态保护，即必须坚持在保护自然环境和自然资源为主的原则下，做好旅游开发中的生态保护。森林生态旅游的开发必须在已建立的森林生态旅游或将规划的森林生态旅游要进行本底调查，除了调查人文景观、自然景观外，还要调查植被类型、植被区系、动物资源等生物资源，了解旅游区动、植物的保护类型及数量，在符合以下规定的基础上制定出生态旅游区的游客容量及游览线路。制止对自然环境的人为消极作用，控制和降低人为负荷，应分析人的数量、活动方式与停留时间，分析设施的类型、规模、标准，分析用地的开发强度，提出限制性规定或控制性指标。保持和维护原有生物种群，结构及其功能特征，保护典型而示范性的自然综合体。提高自然环境的复苏能力，提高氧、水、生物量的再生能力与速度，提高其生态系统或自然环境对人为负荷的稳定性或承载力。以保证游客游览的过程中不会对珍稀动植物造成破坏，并影响其自然生长。

第三节　森林及湿地生物多样性保护

生物多样性是人类赖以生存的基本条件，是人类经济社会得以持续发展的基础。森林是"地球之肺"，湿地是"地球之肾"。森林、湿地及其栖居的各种动植物，构成了生物多样性的主体。面对森林与湿地资源不断破坏、森林及湿地生物多样性日益锐减的严峻形势，积极开展森林及湿地生物多样性保护的研究与实践，对于保护好生物多样性、维护自然生态平衡、推动经济社会可持续发展具有巨大作用和重要意义。

当前全球及中国生物多样性研究的重点是从基本概念、岛屿生物地理学、自然保护区建设等方面解决重要理论、方法与技术问题，为认识和了解生物多样性、开展生物多样性保护的研究与实践提供了科学依据。

一、生物多样性保护的生态学理论

（一）岛屿生物地理学

人们早就意识到岛屿的面积与物种数量之间存在着一种对应关系。20世纪60年代，MacArthur和Wilson提出了岛屿生物地理学平衡理论（M-W理论）。他们认为物种存活数目与其生境所占据的面积或空间之间的关系可以用幂函数来表示：$S=cAz$。这里S表示物种数目；A为生境面积或空间大小；c为常数，表示单位面积（空间）物种数目，随生态域和生物种类不同而有变化；z为统计常量，反映S与A各自取对数后彼此线性关系的斜率。M-W理论首次从动态方面阐述了物种丰富度与面积及隔离程度的关系，认为岛屿上存活物种的丰富度取决于新物种的迁入和原来占据岛屿的物种的灭绝，迁入和绝灭过程的消长导致物种丰富度动态变化。物种灭绝率随岛屿面积的减小而增大（面积效应），物种迁入率随着隔离距离的增大而减小（距离效应）。当迁入率和灭绝率相等时，物种丰富度处于动态平衡，即物种的数目相对稳定，但物种的组成却不断变化和更新。这种状态下物种的种类更新的速率在数值上等于当时的迁入率或绝灭率，通常称为种周转率。这就是岛屿生物地理学理论的核心内容。

岛屿生物地理学理论的提出和迅速发展是生物地理学领域的一次革命。这一模型是基于对岛屿物种多样性的深入研究而提出的，但它的应用可以从海洋中真正的岛屿扩展到陆地生态系统，保护区、国家公园和其他斑块状栖息地可看作是被非栖息地"海洋"所包围的生境"岛屿"。对一些生物类群的调查也验证了岛屿生物地理学的理论。大量资料表明，面积和隔离程度确实在许多情况下是决定物种丰富度的最主要因素，也正是在这一时期，人们开始发现许多物种已经灭绝而大量物种正濒临灭绝，人们也开始认识到这些物种灭绝对人类的灾难性。为此，人们建立了大批自然保护区和国家公园以拯救濒危物种，岛屿生物地理学理论的简单性及其适用领域的普遍性，使这一理论长期成为物种保护和自然保护区设计的理论基础。岛屿生物地理学被视为保护区设计的基本理论依据之一，保护区的建立以追求群落物种丰富度的最大化为基本原则。

（二）集合种群生态学

狭义集合种群指局域种群的灭绝和侵占，即重点是局域种群的周转。广义集合种群指相对独立地理区域内各局域种群的集合，并且各局域种群通过一定程度的个体迁移而使之连为一体。

用集合种群的途径研究种群生物学有两个前提：①局域繁育种群的集合被空间结构化；②迁移对局部动态有某些影响，如灭绝后，种群重建的可能性。

一个典型的集合种群需要满足4个条件。

条件1：适宜的生境以离散斑块形式存在。这些离散斑块可被局域繁育种群占据。

条件2：即使是最大的局域种群也有灭绝风险。否则，集合种群将会因最大局域种群的永不灭绝而一直存在下去，从而形成大陆-岛屿型集合种群。

条件3：生境斑块不可过于隔离而阻碍局域种群的重新建立。如果生境斑块过于隔绝，就会形成不断趋于集合种群水平上灭绝的非平衡集合种群。

条件4：各个局域种群的动态不能完全同步。如果完全同步，那么集合种群不会比灭绝风险最小的局域种群的续存时间更长。这种异步性足以保证在目前环境条件下不会使所有的局域种群同时灭绝。

由于人类活动的干扰，许多栖息地都不再是连续分布，而是被割裂成多个斑块，许多物种就是生活在这样破碎化的栖息地当中，并以集合种群形式存在的，包括一些植物、数种昆虫纲以外的无脊椎动物、部分两栖动物、一些鸟类和部分小型哺乳动物，以及昆虫纲中的很多物种。

集合种群理论对自然保护有以下启示：①集合种群的长期续存需要10个以上的生境斑块。②生境斑块的理想间隔应是一个折中方案。③空间现实的集合种群模型可用于对破碎景观中的物种进行实际预测。④较高生境质量的空间变异是有益的。⑤现在景观中集合种群的生存可能具有欺骗性。

在过去几年中，集合种群动态及其在破碎景观中的续存等概念在种群生物学、保护生物学、生态学中牢固地树立起来。在保护生物学中，由于集合种群理论从物种生存的栖息地的质量及其空间动态的角度探索物种灭绝及物种分化的机制，成功地运用集合种群动态理论，可望从生物多样性演化的生态与进化过程中寻找保护珍稀濒危物种的规律。它很大程度上取替了岛屿生物地理学。

另外，随着景观生态学、恢复生态学的发展，基于景观生态学理论的自然保护区研究与规划，以及基于恢复生态学理论的退化生态系统恢复技术，在生物多样性保护方面也正发挥着越来越重要的作用。

二、生物多样性保护技术

（一）一般途径

1. 就地保护

就地保护是保护生物多样性最为有效的措施。就地保护是指为了保护生物多样性，把包含保护对象在内的一定面积的陆地或水体划分出来，进行保护和管理。就地保护的对象主要包括有代表性的自然生态系统和珍稀濒危动植物的天然集中分布区等。就地保护主要是建立自然保护区。自然保护区的建立需要大量的人力、物力，因此，保护区的数量终究有限。同时，某些濒危物种、特殊生态系统类型、栽培和家养动物的亲缘种不一定都生活在保护区内，还应从多方面采取措施，如建设保护点等。在林业上，应采取有利生物多样性保护的林业经营措施，特别应禁止采伐残存的原生天然林及保护残存的片段化的天然植被，如灌丛、草丛，禁止开垦草地、湿地等。

2. 迁地保护

迁地保护是就地保护的补充。迁地保护是指为了保护生物多样性，把由于生存条件不复存在、物种数量极少或难以找到配偶等原因,生存和繁衍受到严重威胁的物种迁出原地,通过建立动物园、植物园、树木园、野生动物园、种子库、精子库、基因库、水族馆、海洋馆等不同形式的保护设施,对那些比较珍贵的、具有较高价值的物种进行的保护。这种保护在很大程度上是挽救式的,它可能保护了物种的基因,但长久以后,可能保护的是生物多样性的活标本。因为迁地保护是利用人工模拟环境,自然生存能力、自然竞争等在这里无法形成。珍稀濒危物种的迁地保护一定要考虑种群的数量,特别对稀有和濒危物种引种时要考虑引种的个体数量,因为保持一个物种必须以种群最小存活数量为依据。对某一个种仅引种几个个体对保存物种的意义有限,而且一个物种种群最好来自不同地区,以丰富物种遗传多样性。迁地保护为趋于灭绝的生物提供了生存的最后机会。

3. 离体保护

离体保护是指通过建立种子库、精子库、基因库等对物种和遗传物质进行的保护。这种方法利用空间小、保存量大、易于管理,但该方法在许多技术上有待突破,对于一些不易储藏、储存后发芽率低等"难对付"的种质材料,目前还很难实施离体保护。

(二)自然保护区建设

自然保护区在保护生态系统的天然本底资源、维持生态平衡等多方面都有着极其重要的作用。在生物多样性保护方面,由于自然保护区很好地保护了各种生物及其赖以生存的森林、湿地等各种类型生态系统,为生态系统的健康发展及各种生物的生存与繁衍提供了保证。自然保护区是各种生态系统及物种的天然储存库,是生物多样性保护最为重要的途径和手段。

1. 自然保护区地址的选择

保护地址的选择,首先必须明确其保护的对象与目标要求。一般来说需考虑以下因素。①典型性。应选择有地带性植被的地域,应有本地区原始的"顶极群落",即保护区为本区气候带最有代表性的生态系统。②多样性。多样性程度越高,越有保护价值。③稀有性。保护那些稀有的物种及其群体。④脆弱性。脆弱的生态系统极易受环境的改变而发生变化,保护价值较高。另外还要考虑面积因素、天然性、感染力、潜在的保护价值以及科研价值等方面。

2. 自然保护区设计理论

由于受到人类活动干扰的影响，许多自然保护区已经或正在成为生境岛屿。岛的生物地理学理论为研究保护区内物种数目的变化和保护的目标物种的种群动态变化提供了重要的理论方法，成为自然保护区设计的理论依据。但在一个大保护区好还是几个小保护区好等问题上，一直存有争议，因此岛屿生物地理学理论在自然保护区设计方面的应用值得进一步研究与认识。

3. 自然保护区的形状与大小

保护区的形状对于物种的保存与迁移起着重要作用。Wilson 和 Willis 认为，当保护区的面积与其周长比率最大时，物种的动态平衡效果最佳，即圆形是最佳形状，它比狭长形具有较小的边缘效应。

对于保护区面积的大小，目前尚无准确的标准。主要应根据保护对象和目的，应基于物种 - 面积关系、生态系统的物种多样性与稳定性等加以确定。

4. 自然保护区的内部功能分区

自然保护区的结构一般由核心区、缓冲区和实验区组成，不同的区域具有不同的功能。

核心区是自然保护区的精华所在，是被保护物种和环境的核心，需要加以绝对严格保护。核心区具有以下特点：自然环境保存完好；生态系统内部结构稳定，演替过程能够自然进行；集中了本自然保护区特殊的、稀有的野生生物物种。

核心区的面积一般不得小于自然保护区总面积的 1/3。在核心区内可允许进行科学观测，在科学研究中起对照作用。不得在核心区采取人为的干预措施，更不允许修建人工设施和进入机动车辆。应禁止参观和游览人员进入。

缓冲区是指在核心区外围为保护、防止和减缓外界对核心区造成影响和干扰所划出的区域，它有两方面的作用：进一步保护和减缓核心区不受侵害；可允许进行经过管理机构批准的非破坏性科学研究活动。

实验区是指自然保护区内可进行多种科学实验的地区。实验区内在保护好物种资源和自然景观的原则下，可进行以下活动和实验：栽培、驯化、繁殖本地所特有的植物和动物资源；建立科学研究观测站从事科学试验；进行大专院校的教学实习；具有旅游资源和景点的自然保护区，可划出一定的范围，开展生态旅游。

景观生态学的理论和方法在保护区功能区的边界确定及其空间格局等方面的

应用越来越引起人们的关注。

5. 自然保护区之间的生境廊道建设

生境廊道既为生物提供了居住的生境，也为动植物的迁移扩散提供了通道。自然保护区之间的生境廊道建设，有利于不同保护区之间及保护区与外界之间进行物质、能量、信息的交流。在生境破碎，或是单个小保护区内不能维持其种群存活时，廊道为物种的安全迁移及扩大生存空间提供了可能。

三、我国生物多样性保护重大行动

（一）全国野生动植物保护及自然保护区建设工程总体规划

1. 总体目标

通过实施全国野生动植物保护及自然保护区工程建设总体规划（规划期为2001~2050年），拯救一批国家重点保护野生动植物，扩大、完善和新建一批国家级自然保护区、禁猎区和种源基地及珍稀植物培育基地，恢复和发展珍稀物种资源。到建设期末，使我国自然保护区数量达到2 500个（林业自然保护区数量为2 000个），总面积1 728亿 hm^2，占国土面积的18%（林业自然保护区总面积占国土面积的16%）。形成一个以自然保护区、重要湿地为主体，布局合理、类型齐全、设施先进、管理高效、具有国际重要影响的自然保护网络。加强科学研究、资源监测、管理机构、法律法规和市场流通体系建设和能力建设，基本实现野生动植物资源的可持续利用和发展。

2. 工程区分类与布局

根据国家重点保护野生动植物的分布特点，将野生动植物及其栖息地保护总体规划在地域上划分为东北山地平原区、蒙新高原荒漠区、华北平原黄土高原区、青藏高原高寒区、西南高山峡谷区、中南西部山地丘陵区、华东丘陵平原区和华南低山丘陵区共8个建设区域。

3. 建设重点

（1）国家重点野生动植物保护。

具体开展大熊猫、朱鹮、老虎（东北虎、华南虎、孟加拉虎和印支虎）、金丝猴、藏羚羊、扬子鳄、大象、长臂猿、麝、普氏原羚、野生鹿、鹤类、野生雉类、兰科植物、苏铁保护15个重点野生动植物保护项目建设。

（2）国家重点生态系统类型自然保护区建设。

森林生态系统保护和自然保护区建设：①热带森林生态系统保护，加强12处58万hm²已建国家级自然保护区的建设，新建保护区8处，面积30万hm²。②亚热带森林生态系统保护，重点加强现有33个国家级自然保护区建设，新建34个国家级自然保护区，增加面积280万hm²。③温带森林生态系统保护，重点建设现有27处国家级自然保护区，新建16个自然保护区，面积120万hm²。荒漠生态系统保护和自然保护区建设：加强30处面积3 860万hm²重点荒漠自然保护区的建设，新建28处总面积为2 000万hm²的荒漠自然保护区，重点保护荒漠地区的灌丛植被和生物多样性。

（二）全国湿地保护工程实施规划

湿地为全球三大生态系统之一，被称为"地球之肾"。湿地是陆地（各种陆地类型）与水域（各种水域类型）之间的相对稳定的过渡区或复合区、生态交错区，是自然界陆、水、气过程平衡的产物，形成了各种特殊的、单纯陆地类型和单纯深阔水域类型所不具有的复杂性质（特殊的界面系统、特殊的复合结构、特殊的景观、特殊的物质流通和能量转化途径和通道、特殊的生物类群、特殊的生物地球化学过程等），是地球表面系统水循环、物质循环的平衡器、缓冲器和调节器，具有极其重要的功能。具体表现为生命与文明的摇篮；提供水源，补充地下水；调节流量，控制洪水；保护堤岸，抵御自然灾害；净化污染；保留营养物质；维持自然生态系统的过程；提供可利用的资源；调节气候；航运；旅游休闲；教育和科研等。作为水陆过渡区，湿地孕育了十分丰富而又独特的生物资源，是重要的基因库。

1. 长期目标

根据《全国湿地保护工程规划（2002—2030年）》建设目标，湿地保护工程建设的长期目标：通过湿地及其生物多样性的保护与管理、湿地自然保护区建设等措施，全面维护湿地生态系统的生态特性和基本功能，使我国自然湿地的下降趋势得到遏制。通过补充湿地生态用水、污染控制以及对退化湿地的全面恢复和治理，使丧失的湿地面积得到较大恢复，使湿地生态系统进入一种良性状态。同时,通过湿地资源可持续利用示范以及加强湿地资源监测、宣教培训、科学研究、管理体系等方面的能力建设，全面提高我国湿地保护、管理和合理利用水平，从而使我国的湿地保护和合理利用进入良性循环，保持和最大限度地发挥湿地生态系统的各种功能和效益，实现湿地资源的可持续利用，使其造福当代、惠及子孙。

2. 建设布局

根据我国湿地分布的特点，全国湿地保护工程的建设布局为东北湿地区、黄河中下游湿地区、长江中下游湿地区、滨海湿地区、东南和南部湿地区、云贵高原湿地区、西北干旱半干旱湿地区、青藏高寒湿地区。

3. 建设内容

湿地保护工程涉及湿地保护、恢复、合理利用和能力建设四个环节的建设内容，它们相辅相成，缺一不可。考虑到我国保护现状和建设内容的轻重缓急，2005~2010年，优先开展湿地的保护和恢复、合理利用的示范项目及必需的能力建设。

（1）湿地保护工程。

对目前湿地生态环境保持较好、人为干扰不是很严重的湿地，主要以保护为主，以免生态进一步恶化。

自然保护区建设。我国现有湿地类型自然保护区473个，已投资建设了30多处。规划期内投资建设222个。其中，现有国家级自然保护区、国家重要湿地范围内的地方级及少量新建自然保护区共139个。

保护小区建设。为了抢救性保护我国湿地区域内的野生稻基因，需要在全国范围内建设13个野生稻保护小区。

对4个人为干扰特别严重的国家级湿地自然保护区的核心区实施移民。

（2）湿地恢复工程。

对一些生态恶化、湿地面积和生态功能严重丧失的重要湿地，目前正在受到破坏亟须采取抢救性保护的湿地，要针对具体情况，有选择地开展湿地恢复项目。2005~2010年共恢复各类湿地58.8万 hm^2。

湿地生态补水。2005~2010年规划在吉林向海、黑龙江扎龙等12处重要湿地实施生态补水示范工程。

湿地污染控制。规划选择污染严重生态价值又大的江苏阳澄湖、滆湖，新疆博斯腾湖、内蒙古乌梁素海4处开展富营养化湖泊湿地生物控制示范，选择大庆、辽河和大港油田进行开发湿地的保护示范。

湿地生态恢复和综合整治工程。对列入国际和国家重要湿地名录，以及位于自然保护区内的自然湿地，已被开垦占用或其他方式改变用途的，规划采取各种补救措施，努力恢复湿地的自然特性和生态特征。2005~2010年湿地生态恢复和综合整治工程包括退耕（养）还泽（滩）、植被恢复、栖息地恢复和红树林恢复4项工程。其中退耕（养）还泽（滩）示范工程4处，总面积11万hm^2；湿地植被恢复工程7处31.6万hm^2；栖息地恢复工程13处，总面积24.3万hm^2；红树林恢复1.8万hm^2。

（三）国家林木种质资源平台建设项目

1. 总体目标

全面系统地收集保存林木种质资源，基本保存库、区域保存库、扩展保存库与原地保存库等林木种质资源得到有效整理、整合，建立健全林木种质资源平台网站与节点，实现种质资源的标准化、数字化、网络化，提高保存与管理效率，实现种质资源的安全保存与共享，为林木遗传改良和林业发展提供种质材料，最终达到科学利用，造福人类。

2. 建设内容

（1）基本保存库。

基本保存库简称A库。针对不同气候带、保存对象等开展林木种质资源的系统收集。全国建立亚热带（江西）针阔树种种质资源保存库、南亚热带（广西）针阔树种种质资源保存库等18个保存库，其中已建成11个库，正建与待建的库7个。

A库保存种质资源的计划与设计由NFGRP项目组统一设计，兼有收集、保存、测定、评价、利用和信息管理及示范等多种功能。

（2）区域保存库。

B库将保存与利用密切结合，实现林木种质资源数字化管理。简称B库。在各省级林木良种繁育基地中选建的保存库体系，包括全国34个省级单位。已建的B库14个省（自治区、直辖市）林木种苗站，分管林木良种繁育中心（基地）。

B库将保存与利用密切结合，实现林木种质资源数字化管理。

(3) 扩展研究保存库。

扩展研究保存库简称 C 库，是在 A 库、B 库建立基础上，强化林木种质资源保存功能，增加保存技术研究等而扩展的保存库亚体系，是全国林木种质资源保存体系的重要组成部分。目前 C 库包括国际竹藤网络中心、花卉中心与花卉协会、亚林所、热林所、资昆所、经济林中心、沙林中心等。

C 库是 A 库的扩展与完善，兼有研究、保存、测定、评价、利用、信息管理及示范等功能。

(4) 全国林木种质资源原地保存库。

全国林木种质资源原地保存库简称 D 库，是特指自然保存区内、外原地保存林地统称，是各个树种种质资源系统保存需要与保护区生态植被区系保护需要相结合的林木种质资源原地（原位、原境）保存体系。

D 库是物种全分布区遗传多样性保存的天然资源的保存方式。在已有自然保护区中建立保存林并定位定量观测、评价，具有保存、测定、评价、信息管理与利用的功能。

(5) 特色种质与重点区域性保存库。

特色种质与重点区域性保存库简称 E 库。涵盖高等林业院校重点区域性质保存库、地域性典型物种种质资源保存库。兼有保存、展示、研究、利用等多重功能。E 库体系为新建，目前包括华南农业大学等。

E 库是 A、B、C、D 库体系的补充与扩展，实现多功能配置，建立各具特色（特点）与有效信息管理的保存库。

(6) 国家濒危珍稀树种种质资源保存库。

国家濒危珍稀树种种质资源保存库简称 F 库。在以上 A、B、C、D 库保存国家特有、濒危珍稀树种种质资源的同时，根据需要重点建立抢救、保存与利用相结合的特色 F 库体系。以特色地带濒危珍稀树种或树种组为单元，以小型规模为主。序号编制按地域、基地规模、存量与增量资源等拟定并相对稳定。F 库保存将遏制基因丢失、开发利用与信息管理相结合。

(7) 重点引种成功外来树种种质资源库。

重点引种成功外来树种种质资源库简称 G 库。立足于保存对我国有用、有效的引进种质资源，并非是引种试验。经过严格引种评价，具有安全性的引种成功树种，譬如 1~2 个生育周期的多地点试验，按照种内群体（含种源、林分）、家系（全同胞、半同胞）、个体或无性系进行种质资源分类保存、信息管理与推荐应用等。

（8）其他。

简称 L 库。不归属于 A、B、C、D、E、F、G 库的其他库类，需要说明存量与增量的属性及相应的资源编号特征。

（四）工程（项目）建设技术

1. 保护技术

（1）应用景观生态学等理论对保护区进行科学的规划设计；

（2）合理扩大保护区范围；

（3）实施封禁、封育措施，或适当加以人工辅助；

（4）建设保护设施，如隔离围栏、保护区界碑（桩）、野生动植物救护设施设备等，建设宣教工程，如宣传牌、宣传栏、宣传材料制作，以及加强监察巡防等。

2. 恢复技术

（1）基于生态关键种理论，确定生态关键种，实施促进生态关键种生存、生长与繁育更新的恢复技术。

（2）基于外来物种与原有物种竞争关系及其入侵机制的认识，实施原有物种的培育更新并结合其他物理或化学措施，有效控制生物入侵、恢复自然植被群落。

（3）基于群落演替规律和动态模拟，选择应用地带性植被，并对群落结构进行优化调控、改造更新与恢复技术。

（4）基于岛屿生物地理学、景观生态学等理论，扩展保护区及其斑块的面积，丰富生境异质性，合理构建生境廊道，实施退田还湖、退耕还林等措施，有效恢复生物的栖息地。

（5）对于水资源缺乏而退化的湿地，根据湿地区域生态需水量及季节需求，模拟湿地自然进水季节与自然进水过程，应用生态补水技术，实施湿地生态补水工程。

（6）对于污染的湿地，针对污染的类型与强度，选择适宜的材料和设计，实施植物净化修复、"人工浮岛"去污、缓冲带构建及湿地基底改造等污染修复技术。

（7）对于珍稀濒危物种，研究实施物种的繁殖、培育、野生驯化技术，以有效增加珍稀濒危物种的种群数量。

（8）对于林木种质遗传多样性保存，研究确定核心种质、有效群体大小、遗传多样性分析等方面的技术方法，研究采用科学的异地保存、离体保存等保存技术体系，以全面保存种质遗传多样性。

第四节　现代林业的生物资源与利用

一、林业生物质材料

林业生物质材料是以木本植物、禾本植物和藤本植物等天然植物类可再生资源及其加工剩余物、废弃物和内含物为原材料，通过物理、化学和生物学等高科技手段，加工制造的性能优异、环境友好、具有现代新技术特点的一类新型材料。其应用范围超过传统木材和制品以及林产品的使用范畴，是一种能够适应未来市场需求、应用前景广阔、能有效节约或替代不可再生矿物资源的新材料。

（一）发展林业生物质材料的意义

1. 节约资源、保护环境和实现经济社会可持续发展的需要

现今全世界都在谋求以循环经济、生态经济为指导，坚持可持续发展战略，从保护人类自然资源、生态环境出发，充分有效利用可再生的、巨大的生物质资源，加工制造生物质材料，以节约或替代日益枯竭、不可再生的矿物质资源材料。因此，世界发达国家都大力利用林业生物质资源，发展林业生物质产业，加工制造林业生物质材料，以保障经济社会发展对材料的需求。

近些年，我国经济的快速增长，在相当程度上是依赖资金、劳动力和自然资源等生产要素的粗放投入实现的。例如，2003年我国消耗的各类国内资源和进口资源约50亿t。其中原油、原煤、铁矿石、钢材、氧化铝和水泥的消耗量分别约为世界消耗量的7.4%、31%、30%、25%和40%，而创造的GDP只相当于世界总量的大约 4%，表明我国经济快速增长中付出了高资源消耗强度的代价。近年来我国矿产资源紧缺矛盾日益突出，石油、煤炭、铜、铁、锰、铬储量持续下降，缺口及短缺进一步加大，面临资源难以为继的严峻局面。据有关最新资料统计，中国 45 种主要矿产的现有储量，能保证 2010 年需求的只有 24 种，能保证 2020 年需求的只有 6 种。由此可见，在我国大力发展林业生物质材料产业，生产林业生物质材料，以节约或替代矿物资源材料更是迫在眉睫、刻不容缓。随着国家生物经济的发展和建设创新型国家战略的实施，我国林业生物质材料产业的快速发展必将在国家经济和社会可持续发展中保障材料供给发挥越来越重要的作用。

2. 实现林农增收和建设社会主义新农村的需要

我国是一个多山的国家，山区面积占国土总面积的 69%，山区人口占全国总人口的 56%。近年来，国家林业局十分重视林业生物质资源的开发，特别是在天然林资源保护工程实施以后，通过加强林业废弃物、砍伐加工剩余物及非木质森林资源的资源化加工利用，取得显著成效，大大地带动了山区经济的振兴和林农的脱贫致富。全国每年可带动 4 500 万名林农就业，相当于农村剩余劳动力的 37.5%。毫无疑问，通过生物质材料学会，沟通和组织全国科研院所，研究和开发出生物质材料成套技术，培育出生物质材料新兴产业，实现对我国丰富林业生物质资源的延伸加工，调整林业产业结构，拓展林农就业空间，增加林农就业机会，提高林农收入，改善生态环境和建设社会主义新农村具有重大战略意义。

3. 实现与国际接轨和参加国际竞争的需要

当前，人类已经面临着矿物质资源的枯竭。因此，如何以生物经济为指导，合理开发和利用林业生物质材料所具有的可再生性和生态环境友好性双重性质，以再生生物质资源节约或代替金属和其他源于矿物质资源化工材料的研究，已引起国际上广泛的重视。为此，世界各国纷纷将生物质材料研究列为科技重点，并成立相应的研究组织，或将科研院所或高等院校的"木材科学与技术"机构更名或扩大为"生物质材料科学"机构，准备在这一研究领域展开源头创新竞争，率先领导一场新的产业革命。例如，美国众议院通过一项农业法案，批准在 2003~2007 年每年拨款 1 400 万美元，以资助生物质材料研究；美国明尼苏达大学将"木材和纸张科学学院"更名为"生物基产品学院"，新组建的澳大利亚科学院——新西兰林科院联合体（ENSIS）设有"生物质材料研究中心"；日本东京大学研究生院将"木材科学专业"更名为"生物质材料专业"。我国颁布的《国家中长期科学和技术发展规划纲要（2006—2020年）》已将农林生物质综合开发利用列为重点领域农业领域的优先主题加以研究。因此，完善我国生物质材料研究和开发体系，有利于进行国际学术交流和参加国际竞争，提高我国生物质材料科学研究水平。

（二）林业生物质材料发展基础和潜力

1. 发展林业生物质材料产业有稳定持续的资源供给

太阳能或者转化为矿物能积存于固态（煤炭）、液态（石油）和气态（天然气）中；或者与水结合，通过光合作用积存于植物体中。对转化和积累太阳能而言，植物特别是林木资源具有明显的优势。森林是陆地生态系统的主体，蕴藏着丰富的可再生资源，是世界上最大的可加以利用的生物质资源库，是人类赖以生存发展的基础资源。森林资源的可再生性、生物多样性、对环境的友好性和对人类的亲和性，决定了以现代科学技术为依托的林业生物产业在推进国家未来经济发展和社会进步中具有重大作用，不仅显示出巨大的发展潜力，而且顺应了国家生物经济发展的潮流。近年实施的六大林业重点工程，已营造了大量的速生丰产林，目前资源培育力度还在进一步加大。此外，丰富的沙生灌木和非木质森林资源及大量的林业废弃物和加工剩余物也将为林业生物质材料的利用提供重要资源渠道，这些都将为生物质材料的发展提供资源保证。

2. 发展林业生物质材料研究和产业具有坚实的基础

长期以来，我国学者在林业生物质材料领域，围绕天然生物质材料、复合生物质材料及合成生物质材料方面做了广泛的科学研究工作，研究了天然林木材和人工林木材及竹、藤材的生物学、物理学、化学与力学和材料学特征以及加工利用技术，研究了木质重组材料、木基复合材料、竹藤材料及秸秆纤维复合重组材料等各种生物质材料的设计与制造及应用，研究了利用纤维素质原料粉碎冲击成型而制造一次性可降解餐具，利用淀粉加工可降解塑料，利用木粉的液化产物制备环保型酚醛胶黏剂等，基本形成了学科方向齐全、设备先进、研究阵容强大、成果丰硕的木材科学与技术体系，打下了扎实的创新基础。近几年来，我国林业生物质材料产业已经呈现出稳步跨越、快速发展的态势，正经历着从劳动密集型到劳动与技术、资金密集型转变,从跟踪仿制到自主创新的转变,从实验室探索到产业化的转变,从单项技术突破到整体协调发展的转变,产业规模不断扩大,产业结构不断优化,产品质量明显提高,经济效益持续攀升。

我国学者围绕天然生物质材料、复合生物质材料及合成生物质材料方面做了广泛的科学研究工作,研究了天然林木材和人工林木材的生物学、物理学、化学与力学和材料学特征以及加工利用技术,研究了木质重组材料、木基复合材料、竹藤材料及秸秆纤维复合重组材料等各种生物质材料的设计与制造及应用研究。

3. 发展林业生物质材料适应未来的需要

材料工业方向必将发生巨大变化,发展林业生物质材料适应未来工业目标。生物质材料是未来工业的重点材料。生物质材料产业开发利用已初见端倪,逐步在商业和工业上取得成功,在汽车材料、航空材料、运输材料等方面占据了一定的地位。随着林木培育、采集、储运、加工、利用技术的日趋成形和完善,随着生物质材料产业体系的形成和建立,相对于矿物质资源材料来说,随着矿物质材料价格不可遏制的高涨,生物质材料从根本上平衡和协调了经济增长与环境容量之间的相互关系,是一种清洁的可持续利用的材料。生物质材料将实现规模化快速发展,并将逐渐占据重要地位。

4. 发展林业生物质材料产业将促进林业产业的发展,有益于新农村建设

中国宜林地资源较丰富,特别是中国有较充裕的劳动力资源,可以通过培育林木生物质资源,实现资源优势和人力资源优势向经济优势的转化,利于国家、惠及农村、富在农民。

发展林业生物质材料产业将促进我国林产工业跨越性发展。我国正处在传统产业向现代产业转变的加速期,对现代产业化技术装备需求迫切。林业生物质材料技术基础将先进的适应资源特点的技术和高性能产品为特征的高新技术相结合,适应了我国现阶段对现代化技术的需求。

5. 发展林业生物质材料产业需改善管理体制上的不确定性

不可忽视的是目前生物质材料产业还缺乏系统规划和持续开发能力。林业生物质材料产业的资源属林业部门管理,而产品分别归属农业、轻工、建材、能源、医药、外贸等部门管理,作为一个产品类型分支庞大而各产品相对弱小的产业,系统的发展规划尚未列入各管理部门的规划重点,导致在应用方面资金投入、人才投入较弱。此外在管理和规划上需重点关注的问题有以下几个：

（1）随着林业生物质材料产业的壮大，逐渐完善或建立相应的资源供给、环境控制、收益回报等政策途径。

（2）在实践的基础上，在产品和地区的水平上建立林业生物质材料产业可持续发展示范点。

（3）以基因技术和生物技术为主的技术突破来促进生产力的提高。

（4）按各产品分类，从采集、运输和产品产出上降低成本，提高市场竞争力。

（5）重点发展环境友好型工程材料和化工材料等，开辟林业生物质材料在建筑、装饰、交通等方面的应用。

（6）重点开展新型产品在不同领域的应用性研究，示范并推动林业生物质材料产业的发展。从长远战略规划出发，进一步开展生物质材料产出与效率评估、生物质材料及产品生命循环研究。

（三）林业生物质材料发展重点领域与方向

1. 主要研发基础与方向

具体产业领域发展途径是以生物质资源为原料，采用相应的化学加工方法，以获取能替代石油产品的化学资源，采用现代制造理论与技术，对生物质材料进行改性、重组、复合等，在满足传统市场需求的同时，发展被赋予新功能的新材料；拓展生物质材料应用范围，替代矿物源材料（如塑料、金属等）在建筑、交通、日用化工等领域的使用；相应地按照材料科学学科的研究方法和基本理念，林业生物质材料学科研发基础与方向由以下9个研究领域组成。

（1）生物质材料结构、成分与性能。

其主要开展木本植物、禾本植物、藤本植物等生物质材料及其新材料的内部组织与结构形成规律、物理、力学和化学特性，包括生物质材料解剖学与超微结构、生物质材料物理学与流体关系学、生物质材料化学、生物质材料力学与生物质材料工程学等研究，为生物质材料定向培育和优化利用提供科学依据。

（2）生物质材料生物学形成及其对材料性能的影响。

其主要开展木本植物、禾本植物、藤本植物等生物质材料在物质形成过程中与营林培育的关系，以及后续加工过程中对加工质量和产品性能的影响研究。在研究生物质材料基本性质及其变异规律的基础上，一方面研究生物质材料性质与营林培育的关系,另一方面研究生物质材料性质与加工利用的关系,实现生物质资源的定向培育和高效合理利用。

(3)生物质材料理化改良。

其主要开展应用物理的、化学的、生物的方法与手段对生物质材料进行加工处理的技术,克服生物质材料自身的缺陷,改善材料性能,拓宽应用领域,延长生物质材料使用寿命,提高产品附加值。

(4)生物质材料的化学资源化。

其主要开展木本植物、禾本植物、藤本植物等生物质材料及其废弃物的化学资源转换技术研究开发,以获取能替代石油及化学产品的新材料。

(5)生物质材料生物技术。

其主要通过酶工程和发酵工程等生物技术手段,开展生物质材料生物降解、酶工程处理生物质原料制造环保性生物质材料、生物质材料生物漂白和生物染色、生物质材料病虫害生物防治、生物质废弃物资源生物转化利用等领域的基础研究技术开发。

(6)生物质重组材料设计与制备。

其主要开展以木本植物、禾本植物和藤本植物等生物质材料为基本单元进行重组的技术,研究开发范围包括木质人造板和非木质人造板的设计与制备,制成具有高强度、高模量和优异性能的生物质结构(工程)材料、功能材料和环境材料。

(7)生物质基复合材料设计与制备。

其主要开展以木本植物、禾本植物和藤本植物等生物质材料为基体组元,与其他有机高聚物材料或无机非金属材料或金属材料为增强体组元或功能体单元进行组合的技术研究,研究开发范围包括生物质基金属复合材料、生物质基无机非金属复合材料、生物质基有机高分子复合材料的设计与制备,满足经济社会发展对新材料的需求。

(8)生物质材料先进制造技术。

其主要以现代电子技术、计算机技术、自动控制理论为手段,研究生物质材料的现代设计理论和方法,生物质材料的先进加工制造技术及先进生产资源管理模式,以提升传统生物质材料产业,实现快速、灵活、高效、清洁的生产模式。

(9)生物质材料标准化研究。

其主要开展木材、竹材、藤材及其衍生复合材料等生物质材料产品的标准化基础研究、关键技术指标研究、标准制定与修订等，为规范生物质材料产业的发展提供技术支撑。

2. 重点产业领域进展

林产工业正逐步转变传统产业的内涵，采用现代技术及观念，利用林业低质原料和废弃原料，发展具有广泛意义的生物质材料的重点主题有三方面：一是原料劣化下如何开发和生产高等级产品，以及环境友好型产品；二是重视环境保护与协调，节约能源降低排出，提高经济效益；三是利用现代技术，如何拓展应用领域，创新性地推动传统产业进步。林业生物质材料已逐渐发展成4类。

（1）化学资源化生物质材料。

化学资源化生物质材料包括木基塑料（木塑挤出型材、木塑重组人造板、木塑复合卷材、合成纤维素基塑料）、纤维素生物质基复合功能高分子材料、木质素基功能高分子复合材料、木材液化树脂、松香松节油基生物质复合功能高分子材料等。

（2）功能性改良生物质材料。

功能性改良生物质材料包括陶瓷化复合木材、热处理木材、密实化压缩增强木材、木基无机复合材料、功能性（如净化、保水、导电、抗菌）木基材料、防虫防腐型木材等。陶瓷化复合木材通过国家"攀登计划""863"计划等课题的资助，我国已逐步积累和形成了此项拥有自主知识产权的制造技术，在理论和实践上均有创新；目前热处理木材和密实化压缩增强木材相关产品和技术在国内建有少数小型示范生产线，产品应用在室外材料和特种增强领域。

（3）生物质结构工程材料。

生物质结构工程材料包括木结构用规格材、大跨度木（竹）结构材料及构件、特殊承载木基复合材料、最优组态工程人造板、植物纤维及工程塑料等。

中国木基结构工程材料在建筑领域应用已达到50万 m^2，主要采用的是进口材料。目前国内正在构建木结构用规格材和大跨度木（竹）结构材料及构件相关标准架构，建成和再建示范性建筑约2 000 m^2，大跨度竹结构房屋应用在云南屏边希望小学；大型风力发电用竹结构风叶进入产业化阶段；微米长纤维轻质与高密度车用模压材料取得突破性进展等。

（4）特种生物质复合材料。

特种生物质复合材料包括快速绿化用生物质复合卷材、高附加值层积装饰塑料、多彩植物纤维复合装饰吸音材料、陶瓷化单板层积材、三维纹理与高等级仿真木基材料、木质碳材料等。特种生物质复合材料基本上处于技术开发与产业推广阶段，木基模压汽车内衬已经广泛用于汽车业（总量不超过 1 万 m）；高附加值层积装饰塑料已应用于特种增强和装饰方面，如奥运比赛用枪、刀具装饰性柄、纽扣等；植物纤维复合装饰吸音材料已用于高档内装修，以及公路隔音板等。

二、林业生物质能源

生物质能一直与太阳能、风能及潮汐能一起作为新能源的代表，由于林业生物质资源量丰富且可以再生，其含硫量和灰分都比煤炭低，而含氢量较高，现在受关注的程度直线上升。

（一）林业生物质能源发展情况与趋势

1. 能源林培育

目前，世界上许多国家都通过引种栽培，建立新的能源基地，如"石油植物园""能源农场"。美国已筛选了 200 多种专门的能源作物——快速生长的草本植物和树木；法国、瑞典等国利用优良树种无性系营造短轮伐期能源林，并且提出"能源林业"的新概念，把现有林用作能源林。最有发展前途的能源作物是短期轮作能源矮林和禾本科类植物，选择利用的能源树种主要是柳树、杨树、桉树、刺槐、巨杉、梧桐等。围绕培育速生、高产、高收获物的能源林发展目标，在不同类型能源林树种选育、良种繁育、集约栽培技术、收获技术等方面取得了一系列卓有成效的研究成果。

欧洲柳树能源林研究与商业化应用早于北美，1976 年瑞典率先发起能源林业工程，并一直在寻找产量大、热值高的生物质材料，目前已经选择用于实际生产的高热值速生树种如柳树与杨树作为主要能源树种以提供生物燃料，占到瑞典能源的 15%。

我国有经营薪炭林的悠久历史，但研究系统性不高、技术含量低、规模较小。1949 年后，开始搞一些小规模的薪炭林，但大都是天然林、残次生林和过量樵采的人工残林，人工营造的薪炭林为数不多，规模较小，经营管理技术不规范，发展速度缓慢，具有明显的局部性、自发性、低产性等特点。全国薪炭林试点建设阶段大体在"六五"试点起步，随后有了一定的发展。但近些年，薪炭林的建设逐年滑坡，造林面积逐年减少。根据第六次全国森林资源清查结果，薪炭林面积303.44万 hm²，占森林总面积的1.7%；蓄积5 627.00万 m³，占森林总蓄积的0.45%；较第五次森林资源清查结果相比均减少了50%。说明我国薪炭林严重缺乏，亟须发展，以增加面积和蓄积，缓解对煤炭、其他用途林种消耗的压力。并且，日益增长的对生物质能源的需求，如生物发电厂、固体燃料等，更加大了对能源林的需求。

在木本油料植物方面，我国幅员辽阔，地域跨度广，水热资源分布差异大，含油植物种类丰富，分布范围广，共有151个科1 553种，其中种子含油量在40%以上的植物为154种，但是可用作建立规模化生物质燃料油原料基地乔灌木种不足30种，分布集中成片可建做原料基地，并能利用荒山、沙地等宜林地进行造林建立起规模化的良种供应基地的生物质燃料油植物仅10种左右，其中包括麻风树、油桐、乌桕、黄连木、文冠果等。从世界范围来看，真正被用于生物柴油生产的木本油料优良品种选育工作才刚刚开始。

2. 能源产品转化利用

（1）液体生物质燃料

生物质资源是唯一能够直接转化为液体燃料的可再生能源，以其产量巨大、可储存和碳循环等优点已引起全球的广泛关注。目前液体生物质燃料主要被用于替代化石燃油作为运输燃料。开发生物质液体燃料是国际生物质能源产业发展最重要的方向，已开始大规模推广使用的主要液体燃料产品有燃料乙醇、生物柴油等。

①燃料乙醇。

燃料乙醇是近年来最受关注的石油替代燃料之一，以巴西和美国最为突出。美国生产燃料乙醇采用的技术路线为纤维素原料稀酸水解—戊糖己糖联合发酵工艺。欧盟有采用以植物纤维为原料，通过稀酸水解技术，将其中的半纤维素转化为绿色平台化合物糠醛；再将水解残渣（纤维素和木质素）进行真空干燥，并进行纤维素的浓酸水解，从而大幅度提高水解糖得率（大于70%），为木质纤维素制备燃料乙醇的经济可行性提供了较好的思路。

我国自20世纪50年代起，先后开展了稀酸常压、稀酸加压、浓酸大液比水解、纤维素酶水解法的研究并建成了南岔水解示范厂，主要利用原料为木材加工剩余物，制取目标为酒精和饲料酵母。与国外先进水平相比，存在着技术落后、设备老化、消耗高、效益低、成本居高不下等劣势。但这些研究目前在我国尚处于起步阶段，水解技术与国外相比仍有相当差距，而且很不经济。

从战略角度看，世界各国都将各类植物纤维素，作为可供使用生产燃料酒精丰富而廉价的原料来源，其中利用木质纤维素制取燃料酒精是解决原料来源和降低成本的主要途径之一。而纤维素生产酒精产业化的主要瓶颈是纤维素原料的预处理及降解纤维素为葡萄糖的纤维素酶的生产成本过高。因此，该领域将以提高转化效率和降低生产成本的目标展开相关研究，如高效纤维素原料预处理和催化水解技术，用基因技术改造出能同时转化多种单糖或直接发酵纤维素原料为乙醇的超级微生物和能生产高活性纤维素酶的特种微生物，植物纤维资源制取乙醇关键技术的整合与集成等。

②生物柴油。

生物柴油是化石液体燃料理想的替代燃料油，是无污染的可再生绿色能源，被认为是继燃料乙醇之后第二个可望得到大规模推广应用的生物液体能源产品。目前，生产生物柴油的主要原料有菜籽油（德国）、葵花籽油（意大利、法国）、大豆油（美国）、棕榈油（马来西亚）、亚麻油和橄榄油（西班牙）、棉籽油（希腊）、动物油脂（爱尔兰）、废弃煎炸油（澳大利亚）。生产方法可以分为三大类：化学法、生物法和FT合成技术。化学法包括裂解法、酯交换法、酯化法；生物法主要是指生物酶催化制备生物柴油技术。

③生物质油。

生物质油是生物质热解生成的液体燃料，被称为生物质裂解油，与固体燃料相比，生物质油易于储存和运输，其热值为传统燃料用油的一半以上，并可作为化工原料生产特殊化工产品。目前，生物质油有两种具有开发价值的用途：代替化石燃料；提取某些化学物质。国外热解实验装置归纳为5种类型：携带床反应器、多层真空热解磨、流化床反应器、润旋反应器、旋转维壳反应器。Twente所得产液率最高为70%。闪速热解液化可使液体产量最高达到80%。闪速热解在相对较低的温度下进行，加热速率较高，停留时间较短，所以对设备的要求较高。在各种反应装置中，旋转维式热解反应器具有较高的生物质油产率，以锯屑为原料经热解其生物质油产率为60%。

我国的山东理工大学、沈阳农业大学、浙江大学、华东理工大学等在热解液化方面做了一系列的理论和实验研究工作。将来的研究工作主要集中在热解原料特性数据的搜集、检测，快速热解液化机理的研究，热解工艺过程的实验研究和液体产物处理等几个方面。

（2）气体生物质燃料。

林业生物质气体燃料主要有生物质气化可燃气、生物质氢气及燃烧产生的电能和热能。

①生物质气化。

生物质气化是以生物质为原料，以氧气（空气、富氧或纯氧）、水蒸气或氢气等作为气化介质，在高温条件下通过热化学反应将生物质中可燃部分转化为可燃气的过程，生物质气化时产生的气体有效成分为 CO、H_2 和 CH_4 等，称为生物质燃气。对于生物质气化过程的分类有多种形式。如果按照制取燃气热值的不同可分为制取低热值燃气方法、制取中热值燃气方法、制取高热值燃气方法；如果按照设备的运行方式，可以将其分为固定床、流化床和旋转床；如果按照汽化剂的不同，可以将其分为干馏气化、空气气化、氧气气化、水蒸气气化、水蒸气-空气气化和氢气气化等。生物质气化炉是气化反应的关键设备。在气化炉中，生物质完成了气化反应过程并转化为生物质燃气。目前主要应用的生物质气化设备有热解气化炉、固定床气化炉及流化床气化炉等几种形式。

生物质气化发电技术是把生物质转化为可燃气，再利用可燃气推动燃气发电设备进行发电。它既能解决生物质难于燃用而且分布分散的缺点，又可以充分发挥燃气发电技术设备紧凑且污染少的优点，所以气化发电是生物质能最有效、最洁净的利用方法之一。气化发电系统主要包括三个方面：一是生物质气化，在气化炉中把固体生物质转化为气体燃料；二是气体净化，气化出来的燃气都含有一定的杂质，包括灰分、焦炭和焦油等，需经过净化系统把杂质除去，以保证燃气发电设备的正常运行；三是燃气发电，利用燃气轮机或燃气内燃机进行发电，有的工艺为了提高发电效率，发电过程可以增加余热锅炉和蒸汽轮机。

生物质气化及发电技术在发达国家已受到广泛重视，生物质能在总能源消耗中所占的比例增加相当迅速。美国在利用生物质能发电方面处于世界领先地位。美国建立的 Bttelle 生物质气化发电示范工程代表生物质能利用的世界先进水平，可生产中热值气体。据报道，美国有 350 多座生物质发电站，主要分布在纸浆、纸产品加工厂和其他林产品加工厂，这些工厂大都位于郊区。发电装机总容量达 7 000 MW，提供了大约 6.6 万个工作岗位。到 2010 年，生物质发电将达到 13 000 MW 装机容量，届时有 16.2 万 hm^2 的能源农作物和生物质剩余物作为气化发电的原料，同时可安排约 17 万名就业人员。

欧洲也在生物质发电方面进行了很多研究，也建立了许多示范工程。促进生物质为基础的电力通过绿色电力发展，在 2010 年从现在的可再生能源发电的 14% 上升到 22%。奥地利成功地推行了建立燃烧木材剩余物的区域供电站的计划，生物质能在总能耗中的比例由原来的 3% 增到目前的 25%。瑞典和丹麦正在实施利用生物质进行热电联产的计划，使生物质能在转换为高品位电能的同时满足供热的需求，以大大提高其转换效率。芬兰是世界上利用林业废料造纸废气物等生物质发电最成功的国家之一，其技术与设备处于国际领先水平。福斯特威勒公司是芬兰最大的能源公司，也是制造具有世界先进水平的燃烧生物质的循环流化床锅炉公司，最大发电量为 30 万 kW。该公司生产的发电设备主要利用木材加工业、造纸业的废弃物为燃料，废弃物的最高含水量可达 60%，排烟温度为 140 ℃，热电效率达 88%。

我国生物质气化供气，作为家庭生活的气体燃料，已经推广应用了 400 多套小型的气化系统，主要应用在农村，规模一般在可供 200~400 户家庭用气，供气户数 4 万余户。用于木材和农副产品烘干的有 800 多台。生物质气化发电技术也得到了应用，第一套应用稻糠发电的小型气化机组是在 1981 年，1 MW 级生物质气化发电系统已推广应用 20 多套。

提高气化效率、改善燃气质量、提高发电效率是未来生物质气化发电技术开发的重要目标，采用大型生物质气化联合循环发电技术有可能成为生物质能转化的主导技术之一，效率可达 40%；同时，开发新型高效率的气化工艺也是重要发展方向之一。

②生物质制氢。

氢能是一种新型的洁净能源，是新能源研究中的热点，在 21 世纪有可能在世界能源舞台上成为一种举足轻重的二次能源。国际上氢能研究从 20 世纪 90 年代以来受到特别重视。美国早在 1990 年就启动了一系列氢能研究项目。日本通产省于 1993 年启动了世界能源网络项目。目前制氢的方法很多，主要有水电解法、热化学法、太阳能法、生物法等。生物质制氢技术是制氢的重要发展方向，主要集中在生物法和热化学转换法。意大利开发了生物质直接气化制氢技术，过程简单,产氢速度快,成本显著低于电解制氢、乙醇制氢等,欧洲正在积极推进这项技术的开发。

生物质资源丰富、可再生,其自身是氢的载体,通过生物法和热化学转化法可以制得富氢气体。随着"氢经济社会"的到来,无污染、低成本的生物质制氢技术将有一个广阔的应用前景。

3. 固体生物质燃料

固体生物质燃料是指不经液化或气化处理的固态生物质,通过改善物理性状和燃烧条件以提高其热利用效率和便于产品的运输使用。固体生物质燃料适合利用林地抚育更新和林产加工剩余物以及农区燃料用作物秸秆。由于处理和加工过程比较简单,成本低,能量的产投比高,是原料富集地区的一种现实选择,欧洲和北美多用于供热发电。固体生物质燃料有成型、直燃和混合燃烧3种燃烧方式和技术。

(1)生物质成型燃料。

生物质燃料致密成型技术是将农林废弃物经粉碎、干燥、高压成型为各种几何形状的固体燃料,具有密度高、形状和性质均一、燃烧性能好、热值高、便于运输和装卸等特点,是一种极具竞争力的燃料。从成型方式上来看,生物质成型技术主要有加热成型和常温成型两种方式。生物质成型燃料生产的关键是成型装备,按照成型燃料的物理形状分为颗粒成型燃料、棒状成型燃料和块状燃料成型燃料等形式。

我国在生物质成型燃料的研究和开发方面开始于20世纪70年代,主要有颗粒燃料和棒状燃料两种,以加热生物质中的木质素到软化状态产生胶粘作用而成型。在实际应用过程中存在能耗相对较高、成型部件易磨损及原料的含水率不能过高等不足。近几年在借鉴国外技术的基础上,开发出的"生物质常温成型"新技术大大降低了生物质成型的能耗,并开展了产业化示范。

(2)生物质直接燃烧技术。

直接燃烧是一项传统的技术,具有低成本、低风险等优越性,但热利用效率相对较低。锅炉燃烧发电技术适用于大规模利用生物质。生物质直接燃烧发电与常规化石燃料发电的不同点主要在于原料预处理和生物质锅炉,锅炉对原料适用性和锅炉的稳定运行是技术关键。

林业生物质直接燃烧发电主要集中在美国、芬兰和瑞典等国家,其中美国是世界上林业废物直接燃烧发电规模最大的国家，拥有超过500座以林业生物质为原料的电厂，大部分分布在纸浆、纸制品和其他木材加工的周围，美国生物质直接燃烧发电占可再生能源发电量的70%，生物质发电装机容量已达1050万千瓦，2015年装机容量达1630万千瓦。芬兰燃用林业生物质的流化床锅炉技术国际领先。瑞典在林业生物质收集技术方面居世界领先地位，生物质热电厂也多采用循环流化床锅炉。过去，林业生物质直燃发电大多采用中温中压层燃炉，以降低锅炉结渣和腐蚀的风险。随着技术的发展，高温高压流化床锅炉发电也越来越多地采用；装机容量一般大于20 MW，高的可以达到100 MW。芬兰和瑞典也在尝试在较小的生物质发电项目中利用循环流化床锅炉。

生物质直接燃烧发电的关键是生物质锅炉。我国已有锅炉生产企业曾生产过木柴（木屑）锅炉、蔗渣锅炉，品种较全，应用广泛，锅炉容量、蒸汽压力和温度范围大。但是由于国内生物质燃料供应不足，国内市场应用多为中小容量产品，大型设备主要是出口到国外生物质供应量大且集中的国际市场。常州综研加热炉有限公司与日本合资开发了一种燃烧木材加工剩余物的大型锅炉，用于木材加工企业在生产过程中所需要供热系统的加热，以降低木材产品生产的成本。

（3）生物质混燃技术。

混燃是最近10年许多工业化国家采用的技术之一，有许多稻草共燃的实验和示范工程。混合燃烧发电包括直接混合燃烧发电、间接混合燃烧发电和并联混合燃烧发电3种方式。直接混合燃烧发电是指生物质燃料与化石燃料在同一锅炉内混合燃烧产生蒸汽，带动蒸汽轮机发电，是生物质混合燃烧发电的主要方式，技术关键为锅炉对燃料的适应性、积灰和结渣的防治、避免受热面的高温腐蚀和粉煤灰的工业利用。

国内很多研究机构和发电企业开始自主进行燃煤锅炉直接混燃生物质发电的研究和实践，清华大学热能工程系和秦皇岛福电集团在75 t/h燃煤循环流化床锅炉上进行直接混燃发电试验。研究表明，在入炉生物质的量占入炉总热值的20%以下，只需要增加一套生物质预处理设备，燃煤锅炉几乎不需要进行任何改变，锅炉即可稳定运行，甚至还可以改进燃烧性能。

生物质混合燃烧发电技术具有良好的经济性，但是，由于目前一般混燃项目还不能得到电价补贴政策的优惠，生物质混合燃烧发电技术在我国推广应用，还需要在财税政策方面的改进，才可能有大的发展。

（二）林业生物质能源发展的重点领域

1. 专用能源林资源培育技术平台

生物质资源是开展生物质转化的物质基础，与发展生物产业和直接带动现代农业的发展息息相关。该方向应重点开展能源植物种质资源与高能植物选育及栽培。针对目前能源林单产低、生长期长、抗逆性弱、缺乏规模化种植基地等问题，结合林业生态建设和速生丰产林建设，加速能源植物品种的遗传改良，加快培育高热值、高生物量、高含油量、高淀粉产量优质能源专用树种，开发低质地上专用能源植物栽培技术，并在不同类型宜林地、边际性土地上进行能源树种定向培育和能源林基地建设，为生物质能源持续发展奠定资源基础。能源林主要包括纤维类能源林、木本油料能源林和木本淀粉类能源林三大类。

（1）木质纤维类能源林。

以利用林木木质纤维直燃（混燃）发电或将其转化为固体、液体、气体燃料为目标，重点培育具有大生物量、抗病虫害的柳树、杨树、桉树、栎类和竹类等速生短轮伐期能源树种，建立配套的栽培及经营措施；解决现有低产低效能源林改造恢复技术，优质高产高效能源林可持续经营技术，绿色生长调节剂和配方施肥技术，病虫害检疫和预警技术。加强沙生灌木等可在边际性土地上种植的能源植物新品种的选育，优化资源经营模式，提高沙柳、柠条等灌木资源利用率，建立沙生灌木资源培育和能源化利用示范区。

（2）木本油料能源林。

以黄连木、油桐、麻风树、文冠果等主要木本燃料油植物为对象，大力进行良种化，解决现有低产低效林改造技术和丰产栽培技术；加快培育高含油量、抗逆性强且能在低质地生长的木本油料能源专用新树种，突破立地选择、密度控制、配方施肥等综合培育技术。以公司加农户等多种方式，建立木本油料植物规模化基地。

（3）木本淀粉类能源林。

以提制淀粉用于制备燃料乙醇为目的，进行非食用性木本淀粉类能源植物资源调查和利用研究，大力选择、培育具有高淀粉含量的木本淀粉类能源树种，在不同生态类型区开展资源培育技术研究和高效利用技术研究。富含淀粉的木本植物主要是壳斗科、禾本科、豆科、蕨类等，主要是利用果实、种子及根等。重点研究不同种类木本淀粉植物的产能率，开展树种良种化选育，建立木本淀粉类能源林培育利用模式和产业化基地，加强高效利用关键技术研究。

2. 林业生物质热化学转化技术平台

热化学平台研究和开发目标是将生物质通过热化学转化成生物油、合成气和固体碳。尤其是液体产品，主要作为燃料直接应用或升级生产精制燃料或者化学品，替代现有的原油、汽油、柴油、天然气和高纯氢的燃油和产品。另外，由于生物油中含有许多常规化工合成路线难以得到的有价值成分，它还是用途广泛的化工原料和精细日化原料，如可用生物原油为原料生产高质量的黏合剂和化妆品，也可用它来生产柴油、汽油的降排放添加剂。热化学转化平台主要包括热解、液化、气化和直接燃烧等技术。

3. 林业生物质糖转化技术平台

糖转化平台的技术目标是要开发使用木质纤维素生物质来生产便宜的，能够用于燃料、化学制品和材料生产的糖稀。降低适合发酵成酒精的混合糖与稀释糖的成本。美国西北太平洋国家实验室（PNNL）和国家再生能源实验室（NREL）已对可由戊糖和己糖生产的300种化合物，根据其生产和进一步加工高附加值化合物的可行性进行了评估和筛选，提出了30种候选平台化合物，并从中又筛选出12种最有价值的平台化合物。但是，制约该平台的纤维素原料的预处理以及降解纤维素为葡萄糖的纤维素酶的生产成本过高、戊糖己糖共发酵菌种等瓶颈问题尚未突破。

4. 林业生物质衍生产品的制备技术平台

（1）生物基材料转化。

在进行生物质能源转化的同时，开展生物基材料的研究开发亦是国内外研究热点。应加强生物塑料（包括淀粉基高分子材料、聚乳酸、PHA、PTT、PBS）、生物基功能高分子材料、木基材料等生物基材料制备、应用和性能评价技术等方面的研究，重点在现有可生物降解高分子材料基础上，集成淀粉的低成本和聚乳酸等生物可降解树脂的高性能优势，开发全降解生物基塑料（亦称淀粉塑料）和地膜产品，开发连续发酵乳酸和从发酵液中直接聚合乳酸技术，降低可生物降解高分子树脂的成本，保证生物质材料的经济性；形成完整的生产全降解生物质材料技术、装备体系。

（2）生物基化学品转化。

利用可再生的生物质原料生产生物基化学品同样具有广阔的前景。应加快生物乙烯、乳酸、1,3-丙二醇、丁二酸、糠醛、木糖醇等乙醇和生物柴油的下游及共生化工产品的研究，重点开展生物质绿色平台化合物制备技术，包括葡萄糖、乳酸、乙醇、糠醛、羟甲基糠醛、木糖醇、乙酰丙酸、环氧乙烷等制备技术。加强以糠醛为原料生产各种新型有机化合物、新材料的研究和开发。

（三）林业生物质能源主要研究方向

1. 能源林培育

重点培育适合能源林的柳树、杨树和桉树等速生短轮伐期品种，建立配套的栽培及经营措施；在木本燃料油植物树种的良种化和丰产栽培技术方面，以黄连木、油桐、麻风树、文冠果等主要木本燃料油植物为对象。大力进行良种化，解决现有低产低效林改造技术；改进沙生海木资源培育建设模式，提高沙柳、柠条等灌木资源利用率，建立沙生灌木资源培育和能源化利用示范区。

2. 燃料乙醇

重点加大纤维素原料生产燃料乙醇工艺技术的研究开发力度，攻克植物纤维原料预处理技术、戊糖己糖联合发酵技术，降低酶生产成本，提高水解糖得率，使植物纤维基燃料乙醇生产达到实用化。在华东或东北地区进行以木屑等木质纤维为原料生产燃料乙醇的中试生产；在木本淀粉资源集中的南方省（自治区）形成燃料乙醇规模化生产。

3. 生物柴油

重点突破大规模连续化生物柴油清洁生产技术和副产物的综合利用技术，形成基于木本油料的具有自主知识产权、经济可行的生物柴油生产成套技术；开展生物柴油应用技术及适应性评价研究。在木本油料资源集中区开展林油一体化的生物柴油示范。并根据现有木本油料资源分布以及原料林基地建设规划与布局，形成一定规模的生物柴油产业化基地。

4. 生物质气化发电/供热

主要发展大规模连续化生物质直接燃烧发电技术、生物质与煤混合燃烧发电技术和生物质热电联产技术；针对现有生物质气化发电技术存在燃气热值低、气化过程产生的焦油多的技术瓶颈，研究开发新型高效气化工艺。在林业剩余物集中区建立兆瓦级大规模生物质气化发电、供热示范工程；在柳树、灌木等资源集中区建立生物质直燃、混燃发电示范工程；在三北地区建立以沙生灌木为主要原料，集灌木能源林培育、生物质成型燃料加工、发电、供热一体化的热电联产示范工程。通过示范，形成分布式规模化生物质发电系统。

5. 固体成型燃料

重点以降低生产能耗、降低产品成本、提高模具耐磨性为主攻方向，开发一体化、可移动的颗粒燃料加工技术和装备，开发大规模林木生物质成型燃料设备以及抚育、收割装备；形成固体成型燃料生产、供热燃烧器具、客户服务等完善的市场和技术体系。在产业化示范的基础上，在三北地区建立一定规模的以沙生灌木为原料的生物质固化成型燃料产业化基地；在东北、华南和华东等地建立具有一定规模的以林业剩余物或速生短轮伐期能源林为原料的生物质固化成型燃料产业化基地。

6. 石油基产品替代

重点研究完全可降解、低成本生物质塑料，用生物质塑料取代石油基塑料；开发脂肪酸甲酯、甘油、乙烯、乙醇下游产品，以增加生物质产业的领域范围和经济效益。

7. 生物质快速热解制备生物质油

重点研究林业生物质原料高温快速裂解、催化裂解液化、高压裂解液化、超临界液化、液化油分离提纯等技术，并开展相关的应用基础研究，在此基础上开发生物质油精制与品位提升的新工艺，提高与化石燃料的竞争力。

8. 林业生物质能源相关技术和产品标准研究

根据林业生物质能源利用发展的总体要求，重点制定林业生物质能资源调查、评价技术规定和标准，能源林培育、栽培技术规程，生物质发电、成型燃料等产品标准以及相应的生产技术规程。实现产地环境、生产原料投入监控、产品质量、包装贮运等方面的标准基本配套，建立起具有国际水准的绿色环保的林业生物质能源利用的标准体系程。实现产地环境、生产原料投入监控、产品质量、包装贮运等方面的标准基本配套，建立起具有国际水准的绿色环保的林业生物质能源利用的标准体系。

第五节　森林文化体系建设

生态文化建设是一个涉及多个管理部门的社会系统工程，需要多部门乃至全社会共同协调与配合。森林文化建设是生态文化体系建设的突破口和着力点。

一、森林文化体系建设现状

我国具有悠久的历史文化传承、丰富的自然人文景观和浓郁的民族、民俗、乡土文化积淀，为现代森林文化建设提供了有益的理论依据和翔实的物质基础。中华人民共和国成立以来，特别是改革开放以来，各级党委和政府高度重视林业发展和森林文化体系建设，并在实践中不断得以丰富、发展与创新，积累了许多宝贵的经验。

（一）我国森林文化发展现状与趋势

在全国，由于各地的历史文化、地理区位和民族习俗的不同，森林文化体系建设各具特色，在总体上显示出资源丰富、潜力巨大、前景广阔的特点。

1. **资源丰富**

我国历史文化、民族习俗和自然地域的多样性，决定了森林与生态文化发展背景、资源积累、表现形式和内在含义的五彩纷呈与博大精深。在人与人、人与自然、人与社会长期共存、演进的过程中，各地形成了丰富而独具特色的森林生态文化。自然生态资源与历史人文资源融为一体，物质文化形态与非物质文化形态交相辉映，不仅为满足当代人，乃至后代人森林生态文化多样化需求提供了物质载体，而且关注、传播、保护、挖掘、继承和弘扬森林文化，必将成为构建生态文明社会的永恒主题。以山西省为例，该省至今保留数以千计的古树名木，仅入选《山西古稀树木》一书的就有109种1 149株。享有盛誉的洪洞老槐树，如今已演绎成百姓"寻根问祖"的祭祀文化形式。太原晋祠的周代侧柏、解州关帝庙的古柏群等，堪称树木文化中的瑰宝。在木质建筑文化方面，世界最高、最古老的应县辽代木塔不仅建筑雄伟，而且木雕工艺精美绝伦；平遥古城诸多商号钱庄与祁县乔家大院、灵石王家大院等，既是晋商文化的象征，又是我国北方私家园林造园艺术与木雕艺术的结晶。在园林文化方面，有太原晋祠、解州关帝庙、永济普救寺等。森林公园和风景名胜区方面，则有四大佛教圣地之首的五台山及北岳恒山、永济五老峰、方山北武当等。再看新疆，新疆拥有独特的天山文化、荒漠文化和林果文化（诸如吐鲁番的葡萄、库尔勒的香梨、阿克苏的大枣、石河子的蟠桃等）。新疆森林以其雄伟、宽广、险峻、奇丽的自然美征服世人，不仅为社会提供了精神产品，同时吸引文学家、艺术家以其为题材创作无数脍炙人口的文艺作品。新疆各族人民长期生活在森林、草原与绿洲之中，对绿色情有独钟，祖祖辈辈养成了植绿、护绿、爱绿的良好习俗和自觉的生态意识、生态道德。在新疆，许多反映古老文明兴衰存亡与沧桑变迁的文化遗迹，显现出人与自然共存的历史进程。生态旅游资源方面，新疆拥有乔戈里峰、喀纳斯湖、塔克拉玛干沙漠、古尔班通古特沙漠、乌尔禾雅丹地貌、天山库车大峡谷、天山托木尔冰川、天山雪岭云杉林、轮台胡杨林、巴音布鲁克湿地、喀纳斯湖畔的图瓦村、伊犁草原等，它们以其独特的文化底蕴与绮丽的自然魅力，吸引和征服着国内外游客。此外，甘肃的伏羲文化、三国文化、大地湾文化、秦国早期文化、敦煌与麦积山石窟文化，云南的茶文化、花文化、蝴蝶文化、民居民俗文化、江南山水文化、园林文化，西部和东北的动物文化（大熊猫、东北虎、金丝猴、野骆驼、野驴、野马、马鹿、藏羚羊等）、湿地文化（天鹅、白鹤、大雁等）和恐龙化石文化等，同样在国内独树一帜。在广袤的中华大地上，到处都可以如数家珍般列举出反映各自生态文化的精品实例。人类在与森林、草原、湿地、沙漠的朝夕相处、共生共荣中，所形成的良好习俗与传统，已深深融入当地的民族文化、宗教文化、民俗文化、乡规民约和图腾崇拜之中。这些宝贵的森林与生态文化资源，为建设繁荣的生态文化体系奠定了良好的基础。

2. 起步良好

进入21世纪以来，我国出台了《中共中央国务院关于加快林业发展的决定》，加快实施林业重点工程，确立了以生态建设为主的林业发展战略，我国林业建设取得了举世瞩目的巨大成就。近年来，各省（自治区、直辖市）立足本地区实际，贯彻生态建设、生态保护的理念，调整经济社会发展战略和林业发展战略，不断加大生态保护和建设力度，以适应经济社会全面协调可持续发展需要。各省不仅先后出台了贯彻关于加快林业发展的决定的意见，而且广东、浙江、福建、湖南等省提出了建设生态省的战略构想，开展了现代林业发展战略研究与规划，林业建设取得巨大成就。以海南省为例。海南依托丰富的人文资源、独特的地域文化和民族文化，率先在全国提出建设生态省的发展思路，为生态建设立法。《海南生态省建设规划纲要》指出："生态文化建设是生态省建设的重要组成部分。"森林与生态文化正在成为社会主义先进文化的重要内容、推动生态建设的强大动力、经济社会发展的朝阳产业和建设生态文明社会的重要基础。

3. 需求强劲

随着国民经济的快速发展、生态形势的日趋严峻，全社会对良好生态环境和先进生态文化的需求空前高涨。这种生态文化需求包括精神层面和物质层面。在生态文化需求的精神层面上，研究、传播和培育生态理论、生态立法、生态伦理和生态道德方面显得尤为迫切。文化是一种历史现象，每一社会都有与其相适应的文化，并随着社会物质生产的发展而发展。先进文化为社会发展提供精神动力和智力支持，同先进生产力一起，成为推动社会发展的两只轮子。生态文化是人与自然和谐相处、协同发展的文化，对生态建设和林业发展有强大的推动作用。在生态文化需求的物质层面上，大力发展生态文化产业，既推动了林业产业发展、促进了山区繁荣和林农致富，又满足了人们生态文化消费的需要。

4. 潜力巨大

森林与生态文化建设和产业发展的潜力巨大，前景广阔。一是生态文化资源开发潜力巨大。我国历史悠久，地域辽阔，蕴藏着极其丰富的自然与人文资源。在这些资源中，有的是世界历史文化的遗产，有的是国家和民族的象征，有的是人类艺术的瑰宝，有的是自然造化的结晶。这些特殊的、珍贵的、不可再生的自然垄断性资源，不仅有着独特的、极其重要的自然生态、历史文化和科教审美价值，而且蕴藏着丰厚的精神财富和潜在的物质财富。其中相当一部分资源还未得到有效的保护、挖掘、开发和利用。二是生态文化科学研究、普及与提高的潜力巨大。中国将"建设生态文明"列为全面建成小康社会的重要目标，这不仅关系到产业结构调整和增长方式、消费模式的重大转变，而且赋予研究和构建生态文化体系以新的使命。这就是通过生动活泼的生态文化活动，增强人们的生态意识、生态责任、生态伦理和生态道德，促进人与自然和谐共存、经济与社会协调发展、全社会生态文明观念牢固树立。三是生态文化产业的市场潜力巨大。在我国人均

GDP达到3 000美元后,走进森林、回归自然的户外游憩将成为消费热点,旅游方式也将从"走马观灯"式向探索自然奥秘转变,真正感受生态文化魅力的"知性之旅"。

5. 顺应潮流

建设先进而繁荣的生态文化体系,顺应时代潮流。随着近代工业化进程加快,全球生态环境日趋恶化,引起国际社会的热切关注。20世纪80年代,联合国成立了环境与发展委员会。1987年,由挪威首相主持撰写的《我们共同的未来》报告,全面阐述了可持续发展的概念。这一概念被1992年联合国环境与发展大会所接受,成为指导人类未来发展的共同理论。此后,许多国际知名学者认识到文化对于生态建设的重要性。罗马俱乐部的创始人贝切利指出:"人类创造了技术圈,入侵生物圈,进行过多的榨取,从而破坏了人类自己明天的生活基础。因此如果我们想自救的话,只有进行文化价值观念的革命。"美国、德国、日本、澳大利亚等许多发达国家,高度重视森林可持续经营和生态文化体系建设,收到明显效果。在这些国家,全社会的生态伦理意识深入人心,生态制度比较完备,生态环境显著改善,生态文明程度明显提高。世界各国森林经营理论也由传统的永续利用转变为可持续经营,城市森林建设已成为生态化城市的发展方向,传统林业正迅速向现代林业转变。

(二)我国森林文化建设取得的主要经验

1. 政府推动,社会参与

森林生态文化体系建设是一项基础性、政策性、技术性和公众参与性很强的社会公益事业。各级政府积极倡导和组织生态文化体系建设,把生态文化体系建设纳入当地国民经济和社会发展中长期规划,充分发挥政府在统筹规划、宏观指导、政策引导、资源保护与开发中的主体地位和主导作用,通过有效地基础投入和政策扶持,促进市场配置资源,鼓励多元化投入,实现有序开发和实体运作。这既是经验积累,也是发展方向。比如,云南省提出建设绿色经济强省的目标,启动了七彩云南保护行动计划。贵州省实施"生态立省"战略,构筑两江生态屏障,再造贵州秀美山川。这些发展思路,对西南地区生态建设和林业发展产生了重大影响。同时,全社会广泛参与是生态文化体系建设的根本动力,大幅度提高社会公众的参与程度,是生态文化体系建设的重要目标。广东、浙江等省把培育和增强民众的生态意识、生态伦理、生态道德和生态责任列为构建生态文明社会的重要标志,将全省范围内的所有城市公园免费向公众开放,让美丽的山水、园林、绿地贴近市民,深入生活,营造氛围,陶冶情操,收到事半功倍的良好效果。

2. 林业主导,工程带动

森林、湿地、沙漠三大陆地生态系统,以及与之相关的森林公园、自然保护区、乡村绿地、城市森林与园林等是构建生态文化体系的主要载体,涉及诸多行业和部门。林业部门是保障国体生态安全,实施林业重大生态工程的主管部门,在生态文化体系建设中发挥着不可替代的主导地位和作用。这是确保林业重点工程与生态文化建设相得益彰、协调发展的基本经验。广州市在创建森林城市活动中,以实施"青山绿水"工程为切入点,林业主导,各业协同,遵循"自然与人文相宜,传统与现代相兼,生态建设与文化建设相结合"的原则,精心打造城市生态体系,不仅提升了城市品位和魅力,而且促进了全市生产方式、生活方式、消费观念和生态意识的变化。新疆阿克苏市柯柯牙绿化工程,五届领导班子一任接着一任干,一张蓝图画到底。经过20多年的艰苦奋斗,使全市森林覆盖率增加到30.6%,生态环境得到明显改善。

3. 宣传教育,注重普及

森林生态文化重在传承弘扬,贵在普及提高。各地通过各种渠道开展群众喜闻乐见的生态文化宣传普及和教育活动。一是深入挖掘生态文化的丰富内涵。如云南省、贵州省经常组织著名文学艺术家、画家、摄影家等到林区采风,通过新闻媒体和精美的影视剧、诗歌散文等作品,宣传普及富有当地特色的生态文化,让广大民众和游客更加热爱祖国、热爱家乡、热爱自然。二是以各种纪念与创建活动为契机开展生态文化宣教普及。各地普遍地运用群众,特别是青少年和儿童参与性、兴趣性、知识性较强的植树节、爱鸟周、世界地球日、荒漠化日等纪念日和创建森林城市活动,潜移默化,寓教于乐。三是结合旅游景点开展生态文化宣传教育活动。例如,云南省丽江市东巴谷生态民族村,在景区中设置大量与生态文化有关的景点,向游客传播生态知识和生态文化理念。四是建立生态文化科普教育示范基地。各地林业部门与科协、教育、文化部门联合,依托当地的自然保护区、森林公园、植物园,举办知识竞赛,兴办绿色学校,开办生态夏令营,开展青年环保志愿行动和绿色家园创建活动。

4. 丰富载体，创新模式

森林与生态文化基础设施是开展全民生态文化教育的重要载体，也是衡量一个地方生态文明程度的重要标志。福建省已建成31个省级以上自然保护区，有25个自然保护区在开展科普教育活动，普遍建了森林博物馆、观鸟屋、宣教中心等。福州国家森林公园利用自身优势，建成了目前全国唯一规模最大的森林博物馆，已成为生态文化传播基地。地处海口市的海南热带森林博览园，是一个集旅游观光、系统展示与科普教育等多功能于一体的热带滨海城市森林公园。海南省霸王岭自然保护区挖掘树文化的内涵，开辟出多条栈道，为树木挂牌。各地生态文化培育和传播的模式得到不断创新。例如，海南儋州市自2002年创立以来创办的生态文化论坛和文明生态村，以及福州旗山国家森林公园推出的"森林人家"已成为闻名全国的森林生态文化旅游品牌，在新农村建设中焕发了青春。

5. 产业拉动，兴林富民

森林生态文化产业的发展促进了山区繁荣和农民增收致富。据统计，森林公园通过发展森林旅游已经使2 700个乡、12 000个村、近2 000万农民受益，带动森林公园周边4 654个村脱贫，直接吸纳农业人口就业数量近50万个。农民意识到山川秀美是一笔巨大的财富，有了热爱家园的自豪感，自觉珍惜资源、保护环境，变被动保护为主动保护，爱绿、护绿、兴绿成为新风尚。尤其是湖南、福建两省森林旅游业特色鲜明，方兴未艾。不仅带动了茶文化、竹文化、花卉文化等产业的发展，而且对繁荣生态文化，增强当地林农生态保护意识，带动周边乡村经济发展和林农致富起到了显著作用。

同时，由于生态文化体系建设作为现代林业发展的重要内容才刚刚开始，各地在森林生态文化建设中仍普遍存在一些问题，比较突出的有以下几点。

（1）森林生态文化知识的普及不够，生态文明意识还比较薄弱。

具体表现为用科学发展观正确认识和处理人与自然、生态保护与产业开发、生态指标与政绩考核的相互关系上，还存在片面强调眼前而忽视长远，只顾当代人而不顾后代人的不可持续的观点。由于生态文化体系建设提出来的时间比较短，各地对生态文化体系建设的理解还比较模糊，从工作层面上讲，对生态文化体系建设抓什么、怎么抓的问题不十分明确。

（2）森林生态文化体系建设的投入不足，基础设施不够完善。

近年来，我国自然保护区、森林公园建设有了长足进步，但总体上仍然资金不足，运转较为艰难。生态文化基础设施跟不上导致产业开发滞后。生态文化方面的图书资料、音像作品等基本资料相当匮乏，造成有些地方只有资源而没有文化。

（3）森林生态文化体系建设的管理体制不顺，职责不清。

生态文化体系和林业生态体系、林业产业体系并称为林业三大体系，是新时期全面推进现代林业建设的主要目标和任务。对于这样一个崭新的课题，各地没有明确的组织机构、相应的人员和经费保证。从管理体制上，林业部门在生态文化体系建设中的主体地位有待强化，协调能力亟待加强。尤其在职责分工、利益分配、责任划分等问题上，由于利益驱动，往往造成自然保护区和森林公园保护的责任由林业部门承担，而旅游开发的收益却不能反哺林业的做法，不利于调动各方的积极性，严重影响了生态文化体系建设。

（4）森林生态文化产品单一，产业不够发达。

当前，我国生态文化体系建设还存在思想认识不足、基础设施薄弱、理论研究滞后、服务体系欠缺、品牌效应不高等突出问题。尤其是中西部地区，由于起步较晚，后发优势没有得到充分显现。加上从业人员的综合素质较低，专业技能与基本素质培训的任务还很艰巨。

（5）森林生态文化理论研究滞后，科技支撑不足。

森林生态文化体系建设亟须科学的理论来指导。尽管近几年来不少专家学者从不同角度对生态文化进行了研究，但是还没有形成成熟系统的理论体系。对森林生态文化体系建设的科学研究和人才培养投入亟待加大。

二、森林文化建设行动

生态文化建设是一个涉及多个管理部门的整体工程，需要林业、环保、文化、教育、宣传、旅游、建设、财政、税收等多部门的协调与配合。森林文化是生态文化的主体，森林文化建设是生态文化体系建设的突破口和着力点，由林业部门在生态文化建设中承担主导作用。建议国家成立生态文化建设领导小组，协调各个部门在生态文化建设中的各种关系，确保全国生态文化体系建设"一盘棋"。

在林业部门内部将生态文化体系建设作为与林业生态体系建设、林业产业体系建设同等重要的任务来抓，加强领导，明确职责，建成强有力的组织体系和健全有效的工作机制，加快推进生态文化体系建设。

（一）森林制度文化建设行动

为使生态文化建设走上有序化、法制化、规范化轨道，必须尽快编制规划，完善政策法规，构建起生态文化建设的制度体系。

1. 开展战略研究，编制建设规划

开展森林文化发展战略研究，是新形势提出的新任务。战略研究的内容应该包括森林文化建设与发展的各个方面，尤其是从战略的高度，系统深入地研究影响经济社会和现代林业发展全局和长远的森林文化问题，如战略思想、目标、方针、任务、布局、关键技术、政策保障，指导全国的生态文化建设。建议选择在生态文化建设有基础的单位和地区作为试点，然后总结推广。

2. 完善法律法规，强化制度建设

在条件成熟的情况下，逐步出台和完善各项林业法规，如《中华人民共和国森林法》《中华人民共和国自然保护区法》《中华人民共和国野生动物保护法》等。做到有法可依、有法必依、执法必严、违法必究。提高依法生态建设的水平，为生态文明提供法制保障。在政策、财税制度方面给森林文化建设以倾斜和支持，特别是基础设施和条件建设方面给予支持。鼓励支持生态文化理论和科学研究的立项，制定有利于生态文化建设的产业政策，鼓励扶持新型生态文化产业发展，尤其要鼓励生态旅游业等新兴文化产业的发展。建立生态文化建设的专项经费保障制度，生态文化基础设施建设投入纳入同级林业基本建设计划，争取在各级政府预算内基本建设投资中统筹安排解决等。逐步建立政府投入、民间融资、金融信贷扶持等多元化投入机制，从而使森林文化的建设成果更好地为发展山区经济、增加农民收入、调整林区产业结构、满足人民文化需求服务。

3. 理顺管理体制，建立管理机构

结合新形势和新任务的实际需要，设立生态文化相关管理机构。加强对管理人员队伍生态文化的业务培训，提高人员素质。加快生态文化体系建设制度化进程。生态文化体系建设需要规范的制度做保障。建立和完善各级林业部门新闻发

言人、新闻发布会、突发公共事件新闻报道制度，准确及时地公布我国生态状况，通报森林、湿地、沙漠信息。建立生态文化宣传活动工作制度，及时发布生态文化建设的日常新闻和重要信息。理顺各相关部门在森林文化建设中的利益关系，均衡利益分配，促进森林文化的持续健康发展。

（二）发展森林文化产业行动

大力发展生态文化产业，各地应突出区域特色，挖掘潜力，依托载体，延长林业生态文化产业链，促进传统林业第一产业、第二产业向生态文化产业升级。

1. 丰富森林文化产品

既要在原有基础上做大做强山水文化、树文化、竹文化、茶文化、花文化、药文化等物质文化产业，也要充分开发生态文化资源，努力发展体现人与自然和谐相处这一核心价值的文艺、影视、音乐、书画等生态文化精品。丰富生态文化的形式和内容。采取文学、影视、戏剧、书画、美术、音乐等丰富多彩的文化形态，努力在全社会形成爱护森林、保护生态，崇尚绿色的良好氛围。大力发展森林旅游、度假、休闲、游憩等森林旅游产品，以及图书、报刊、音像、影视、网络等生态文化产品。

2. 提供森林文化服务

大力发展生态旅游，把生态文化建设与满足人们的游憩需求有机地结合起来，把生态文化成果充实到旅游产品和服务之中。同时，充分挖掘生态文化培训、咨询、网络、传媒等信息文化产业，打造森林氧吧、森林游憩和森林体验等特色品牌。有序开发森林、湿地、沙漠自然景观与人文景观资源，大力发展以生态旅游为主的生态文化产业。鼓励社会投资者开发经营生态文化产业，提高生态文化产品规模化、专业化和市场化水平。

（三）培育森林文化学科与人才行动

中国生态文化体系建设是一个全新的时代命题，也是历史赋予现代林业的一项重大历史使命。

1. 培育森林文化学科

建议国家林业局支持设立专项课题，组织相关专家学者，围绕构建人与自然和谐的核心价值观,加强生态文化学术研究,推动生态文化学科建设。在理论上,对于如何建设中国特色生态文化,如何在新的基础上继承和发展传统的生态文化,丰富、凝练生态价值观,需要进一步开展系统、深入的课题研究。重点加强生态变迁、森林历史、生态哲学、生态伦理、生态价值、生态道德、森林美学、生态文明等方面的研究和学科建设。支持召开一些关于生态文化建设的研讨会,出版一批学术专著,创办学术期刊,宣传生态文化研究成果。在对我国生态文化体系建设情况进行专题调查研究和借鉴学习国外生态文化建设经验的基础上,构建我国生态文化建设的理论体系,形成比较系统的理论框架。

2. 培养森林文化人才

加强生态文化学科建设、科技创新和教育培训,培养生态文化建设的科学研究人才、经营管理人才,打造一支专群结合、素质较高的生态文化体系建设队伍。各相关高等院校、科研院所和学术团体应加强合作,通过合作研究、合作办学等多种形式,加强生态文化领域的人才培养;建立生态文化研究生专业和研究方向,招收硕士、博士研究生,培养生态文化研究专业或方向的高层次人才;通过开展生态文化项目研究,提高理论研究水平,增强业务素质。

3. 推进森林文化国际交流

扩大开放,推进国际生态文化交流。开展生态文化方面的国际学术交流和考察活动,建立与国外同行间的友好联系;推动中国生态文化产业的发展,向国际生态文明接轨,提高全民族的生态文化水平;加强生态文化领域的国际合作研究,促进东西方生态文化的交流与对话;推进生态文化领域的国际化进程,在中国加快建设和谐社会中发挥生态文化应有的作用。

(四)开展森林文化科普及公众参与行动

1. 建设森林文化物质载体

建立以政府投入为主,全社会共同参与的多元化投入机制。在国家林业局的统一领导下,启动一批生态文化载体建设工程。改造整合现有的生态文化基础设施,完善功能,丰富内涵。切实抓好自然保护区、森林公园、森林植物园、野生动物园、湿地公园、城市森林与园林等生态文化基础设施建设。充分利用现有的公共文化基础设施,积极融入生态文化内容,丰富和完善生态文化教育功能。广泛吸引社会投资，在有典型林区、湿地、荒漠的城市，建设一批规模适当、独具特色的生态文化博物馆、文化馆、科技馆、标本馆、科普教育和生态文化教育示范基地，拓展生态文化展示宣传窗口。保护好旅游风景林、古树名木和各种纪念林，建设森林氧吧、生态休闲保健场所，充分发掘其美学价值、历史价值、游憩价值和教育价值，为人们了解森林、认识生态、探索自然、休闲保健提供场所和条件。

2. 开展形式多样的森林文化普及教育活动

拓宽渠道，扩展平台，加强对生态文化的传播。在采用报纸、杂志、广播、电视等传统传播媒介和手段的基础上，充分利用新兴媒体渠道，广泛传播生态文化；利用生态文化实体性渠道和平台，结合"世界地球日""植树节"等纪念日和"生态文化论坛"等平台，积极开展群众性生态文化传播活动。特别重视生态文化在青少年和儿童中的传播，做到生态文化教育进教材、进课堂、进校园文化、进户外实践。继续做好由政府主导的"国家森林城市""生态文化示范基地"的评选活动，使生态文化理念成为全社会的共识与行动，最终建立健全形式多样、覆盖广泛的生态文化传播体系。

3. 发展森林文化传媒

建设新的传播渠道，发挥好各类森林文化刊物、出版物、网络、广播电视、论坛等传媒的作用，加强森林文化的宣传普及。编辑出版生态文化相关领域的学术期刊、书籍，宣传生态文化研究成果；开展生态文化期刊发展战略和编辑出版的理论、技术、方法研究；组织期刊发展专题研讨会、报告会等学术交流活动；评选优秀期刊、优秀编辑和优秀论文；开展生态文化期刊编辑咨询工作；向有关部门反映会员的意见和要求，维护其合法权益；宣传贯彻生态文化期刊出版的法令、法规和规范，培训生态文化期刊编辑、出版、编务人员；举办为会员服务的其他非营利性的业务活动。

4. 完善森林文化建设的公众参与机制

把森林文化建设与全民义务植树活动、各种纪念日、纪念林结合起来，鼓励绿地认养，提倡绿色生活和消费。通过推行义务植树活动、志愿者行动、设立公众举报电话、奖励举报人员、建立生态问题公众听证会制度等公众参与活动，培育公众的生态意识和保护生态的行为规范，激励公众保护生态的积极性和自觉性，在全社会形成提倡节约、爱护生态的社会价值观念、生活方式和消费行为。

第七章 现代林业与生态文明建设

第一节 现代林业与生态环境文明

一、现代林业与生态建设

维护国家的生态安全必须大力开展生态建设。国家要求"在生态建设中，要赋予林业以首要地位"，这是一个很重要的命题。这个命题至少说明现代林业在生态建设中占有极其重要的位置——首要位置。

为了深刻理解现代林业与生态建设的关系，首先必须明确生态建设所包括的主要内容。生态建设（生态文明建设）是中国第十七次全国代表大会提出的实现全面建设小康社会奋斗目标的新要求，是与经济建设、政治建设、文化建设、社会建设相并列的五大建设之一。党的十八大以来，生态文明建设上升到"五位一体"高度，推进经济社会发展绿色转型越来越受到重视，着力推进解决结构性、根源性问题，成为生态文明建设和生态环境保护的重点任务，在打好打赢污染防治攻坚战中发挥了重要作用。党的二十大报告进一步提出"加快推动产业结构、能源结构、交通运输结构等调整优化"，意味着在今后的生态环境保护工作中要持续推进在结构调整上深下功夫，进一步调整优化产业布局，大力发展绿色低碳和生态产品产业。同时，坚决把好高耗能高排放项目准入关口，依法依规淘汰落后产能和化解过剩产能，不断壮大节能环保产业，推进基础设施绿色低碳升级，提供绿色低碳服务等。"实施全面节约战略，推进各类资源节约集约利用，加快构建废弃物循环利用体系"的新要求，具体到我国经济社会发展层面，在今后相当长一段时期，必须持续全面推行循环经济理念，践行节约优先、节约就是环保理念，积极推动资源节约与集约高效利用,构建形成多层次资源高效循环利用体系。

其次必须认识现代林业在生态建设中的地位。生态建设的根本目的,是为了提升生态环境的质量,提升人与自然和谐发展、可持续发展的能力。现代林业建设对实现生态建设的目标起着主体作用,在生态建设中处于首要地位。这是因为,森林是陆地生态系统的主体,在维护生态平衡中起着决定作用。林业承担着建设和保护"三个系统一个多样性"的重要职能,即建设和保护森林生态系统、管理和恢复湿地生态系统、改善和治理荒漠生态系统、维护和发展生物多样性。科学家把森林生态系统喻为"地球之肺",把湿地生态系统喻为"地球之肾",把荒漠化喻为"地球的癌症",把生物多样性喻为"地球的免疫系统"。这"三个系统一个多样性",对保持陆地生态系统的整体功能起着中枢作用和杠杆作用,无论损害和破坏哪一个系统,都会影响地球的生态平衡,影响地球的健康长寿,危及人类生存的根基。只有建设和保护好这些生态系统,维护和发展好生物多样性,人类才能永远地在地球这一共同的美丽家园里繁衍生息、发展进步。

(一)森林被誉为大自然的总调节器,维持着全球的生态平衡

地球上的自然生态系统可划分为陆地生态系统和海洋生态系统。其中森林生态系统是陆地生态系统中组成最复杂、结构最完整、能量转换和物质循环最旺盛、生物生产力最高、生态效应最强的自然生态系统;是构成陆地生态系统的主体;是维护地球生态安全的重要保障,在地球自然生态系统中占有首要地位。森林在调节生物圈、大气圈、水圈、土壤圈的动态平衡中起着基础性、关键性作用。

森林生态系统是世界上最丰富的生物资源和基因库。仅热带雨林生态系统就有200万~400万种生物。森林的大面积被毁,大大加速了物种消失的速度。近200年来,濒临灭绝的物种就有将近600种鸟类、400余种兽类、200余种两栖类及2万余种植物,这比自然淘汰的速度快1 000倍。

森林是一个巨大的碳库,是大气中CO_2重要的调节者之一。一方面,森林植物通过光合作用,吸收大气中的CO;另一方面,森林动植物、微生物的呼吸及枯枝落叶的分解氧化等过程,又以CO_2、CO、CH_4的形式向大气中排放碳。

森林对涵养水源、保持水土、减少洪涝灾害具有不可替代的作用。据专家估算,目前我国森林的年水源涵养量超过3 000亿t,相当于现有水库总容量的75.5%。根据森林生态定位监测,4个气候带54种森林的综合涵蓄降水能力为

40.93~165.84 mm，即每公顷森林可以涵蓄降水约 1 000 m^3。

（二）森林在生物世界和非生物世界的能量和物质交换中扮演着主要角色

森林作为一个陆地生态系统，具有最完善的营养级体系，即从生产者（森林绿色植物）、消费者（包括草食动物、肉食动物、杂食动物及寄生和腐生动物）到分解者全过程完整的食物链和典型的生态金字塔。由于森林生态系统面积大，树木形体高大，结构复杂，多层的枝叶分布使叶面积指数大，因此光能利用率和生产力在天然生态系统中是最高的。除了热带农业以外，净生产力最高的就是热带森林，连温带农业也比不上它。温带地区几个生态系统类型的生产力相比，森林生态系统的平均值是最高的。以光能利用率来看，热带雨林年平均光能利用率可达 4.5%，落叶阔叶林为 1.6%，北方针叶林为 1.1%，草地为 0.6%，农田为 0.7%。由于森林面积大，光合利用率高，因此森林的生产力和生物量均比其他生态系统类型高。据推算，全球生物量总计为 1 856 亿 t，其中 99.8% 是在陆地上。森林每年每公顷生产的干物质量达 6~8 t，生物总量达 1 664 亿 t，占全球的 90% 左右，而其他生态系统所占的比例很小，如草原生态系统只占 4.0%，草原和半荒漠生态系统只占 1.1%。

（三）森林对保持全球生态系统的整体功能起着中枢和杠杆作用

在世界范围内，由于森林剧减，引发日益严峻的生态危机。人类历史初期，地球表面约 2/3 被森林覆盖，约有森林 76 亿 hm^2。19 世纪中期减少到 56 亿 hm^2。最近 100 多年，人类对森林利用和破坏的程度进一步加重。

森林减少是由人类长期活动的干扰造成的。在人类文明之初，人少林茂兽多，常用焚烧森林的办法获得熟食和土地，并借此抵御野兽的侵袭。进入农耕社会之后，人类的建筑、薪材、交通工具和制造工具等，皆需要采伐森林，尤其是农业用地、经济林的种植，皆由原始森林转化而来。工业革命兴起，大面积森林又变成工业原材料。直到今天，城乡建设、毁林开垦、采伐森林，仍然是许多国家经济发展的重要方式。

伴随人类对森林的一次次破坏，接踵而来的是森林对人类的不断报复。巴比伦文明毁灭了，玛雅文明消失了，黄河文明衰退了。水土流失、土地荒漠化、洪涝灾害、干旱缺水、物种灭绝、温室效应，无一不与森林面积减少、质量下降密切相关。大量的数据资料表明，20世纪90年代全球灾难性的自然灾害比60年代多8倍。由于水资源匮乏、土地退化、热带雨林毁坏、物种灭绝、过量捕鱼、大型城市空气污染等问题，地球已呈现全面的生态危机。这些自然灾害与厄尔尼诺现象有关，但是人类大肆砍伐森林、破坏环境是导致严重自然灾害的一个重要因素。

森林的破坏导致可水患和沙患。西北高原森林的破坏导致大量泥沙进入黄河，使黄河成为一条悬河。长江流域的森林破坏也是近现代以来长江水灾不断加剧的根本原因。北方几十万平方千米的沙漠化土地和日益肆虐的沙尘暴，也是森林破坏的恶果。人们总是经不起森林的诱惑，索取物质材料，却总是忘记森林作为大地屏障、江河的保姆、陆地生态的主体，对人类的生存具有不可替代的整体性和神圣性。

地球上包括人类在内的一切生物都以其生存环境为依托。森林是人类的摇篮、生存的庇护所，它用绿色装点大地，给人类带来生命和活力，带来智慧和文明，也带来资源和财富。森林是陆地生态系统的主体，是自然界物种最丰富、结构最稳定、功能最完善也最强大的资源库、再生库、基因库、碳储库、蓄水库和能源库，除了能提供食品、医药、木材及其他生产生活原料外，还具有调节气候、涵养水源、保持水土、防风固沙、改良土壤、减少污染、保护生物多样性、减灾防洪等多种生态功能，对改善生态、维持生态平衡、保护人类生存发展的自然环境起着基础性、决定性和不可替代的作用。在各种生态系统中，森林生态系统对人类的影响最直接、最重大，也最关键。离开了森林的庇护，人类的生存与发展就会丧失根本和依托。

森林和湿地是陆地最重要的两大生态系统，它们以70%以上的程度参与和影响着地球化学循环的过程，在生物界和非生物界的物质交换和能量流动中扮演着主要角色，对保持陆地生态系统的整体功能、维护地球生态平衡、促进经济与生态协调发展发挥着中枢和杠杆作用。林业就是通过保护和增强森林、湿地生态系统的功能来生产出生态产品。这些生态产品主要包括吸收CO_2、释放O_2、涵养水源、保持水土、净化水质、防风固沙、调节气候、清洁空气、减少噪声、吸附粉尘、保护生物多样性等。

二、现代林业与生物安全

(一)生物安全问题

生物安全是生态安全的一个重要领域。目前,国际上普遍认为,威胁国家安全的不只是外敌入侵,诸如外来物种的入侵、转基因生物的蔓延、基因食品的污染、生物多样性的锐减等生物安全问题也危及人类的未来和发展,也直接影响着国家安全。维护生物安全,对于保护和改善生态环境,保障人的身心健康,保障国家安全,促进经济、社会可持续发展,具有重要的意义。在生物安全问题中,与现代林业紧密相关的主要是生物多样性锐减及外来物种入侵。

1. 生物多样性锐减

由于森林的大规模破坏,全球范围内生物多样性显著下降。根据专家测算,由于森林的大量减少和其他种种因素,现在物种的灭绝速度是自然灭绝速度的1 000倍。这种消亡还呈惊人的加速之势,20世纪70年代是每周1个,80年代每天1个,90年代几乎每小时1个。有许多物种在人类还未认识之前,就携带着它们特有的基因从地球上消失了,而它们对人类的价值是难以估量的。现存绝大多数物种的个体数量也在不断减少,据英国生物学家诺尔曼·迈耶斯估计,自1900年以来,人类大概已毁灭了已存物种的75%。1990~2000年,每年可能灭绝1.5万~5万个物种。世界自然基金会在《2004地球生存报告》中说:自20世纪70年代以后的30年中,全球野生动物的数量减少了35%。我国处于濒危状态的动植物物种数量为总量的15%~20%,高于世界10%~15%的平均水平,生物多样性保护的任务十分艰巨。

我国的野生动植物资源十分丰富,在世界上占有重要地位。由于我国独特的地理环境,有大量的特有种类,并保存着许多古老的孑遗动植物属种,如有活化石之称的大熊猫、白鳍豚、水杉、银杉等。但随着生态环境的不断恶化,野生动植物的栖息环境受到破坏,对动植物的生存造成极大危害,使其种群急剧减少,有的已灭绝,有的正面临灭绝的威胁。

据统计,麋鹿、高鼻羚羊、犀牛、野马、白臀叶猴等珍稀动物已在我国灭绝。高鼻羚羊是20世纪50年代以后在新疆灭绝的。大熊猫、金丝猴、东北虎、华南虎、云豹、丹顶鹤、黄腹角雉、白鳍豚、多种长臂猿等 20 个珍稀物种分布区域已显著缩小，种群数量骤减，正面临灭绝危害。例如，1985 年，在长江口观测到 126 种底栖动物，由于沿江城市的污水排放，目前只剩下 50 余种。联合国《国际濒危物种贸易公约》列出的 640 种世界性濒危物种中，我国占了 156 种，约为其总数的 1/4。1988 年被列为国家重点保护的野生动物已达 258 种。不少过去常见的野生动物也被列入重点保护对象。

我国高等植物中濒危或接近濒危的物种已达 4 000 种，占高等植物总数的 15%~20%，高于世界平均水平。有的植物已经灭绝，如崖柏、雁荡润楠、喜雨草等。一种植物的灭绝将引起 10~30 种其他生物的丧失。许多曾分布广泛的种类，现在分布区域已明显缩小，且数量锐减。1984 年国家公布重点保护植物 354 种，其中一级重点保护植物 8 种、二级重点保护植物 159 种。据初步统计，公布在名录上的植物已有部分灭绝。

关于生态破坏对微生物造成的危害，在我国尚不十分清楚，但一些野生食用菌和药用菌，由于过度采收造成资源日益枯竭的状况越来越严重。

2. 外来物种大肆入侵

根据世界自然保护联盟（IUCN）的定义，外来物种入侵是指在自然、半自然生态系统或生态环境中，外来物种建立种群并影响和威胁到本地生物多样性的过程。毋庸置疑，正确的外来物种的引进会增加引种地区生物的多样性，也会极大丰富人们的物质生活。相反，不适当的引种则会使缺乏自然天敌的外来物种迅速繁殖，并抢夺其他生物的生存空间，进而导致生态失衡及其他本地物种的减少和灭绝，严重危及一国的生态安全。从某种意义上说，外来物种引进的结果具有一定程度的不可预见性。这也使得外来物种入侵的防治工作显得更加复杂和困难。在国际层面上，目前已制定以《生物多样性公约》为首的防治外来物种入侵等多边环境条约以及与之相关的卫生、检疫制度或运输的技术指导文件等。

目前我国的入侵外来物种有 400 多种，其中有 50 余种属于世界自然保护联盟公布的全球 100 种最具威胁的外来物种。据统计，我国每年因外来物种造成的损失已高达 1 198 亿元，占国内生产总值的 1.36%。其中，松材线虫、美国白蛾、紫茎泽兰等 20 多种主要外来农林昆虫和杂草造成的经济损失每年 560 多亿元。最新全国林业有害生物普查结果显示，20 世纪 80 年代以后，林业外来有害生物的入侵速度明显加快，每年给我国造成经济损失数量之大触目惊心。外来生物入侵既与自然因素和生态条件有关，更与国际贸易和经济的迅速发展密切相关，人为传播已成为其迅速扩散蔓延的主要途径。因此，如何有效抵御外来物种入侵是摆在我们面前的一个重要问题。

（二）现代林业对保障生物安全的作用

生物多样性包括遗传多样性、物种多样性和生态系统多样性。森林是一个庞大的生物世界，是数以万计的生物赖以生存的家园。森林中除了各种乔木、灌木、草本植物外，还有苔藓、地衣、蕨类、鸟类、兽类、昆虫等生物及各种微生物。据统计，目前地球上500万~5 000万种生物中，有50%~70%在森林中栖息繁衍，因此森林生物多样性在地球上占有首要位置。在世界林业发达国家，保持生物多样性成为其林业发展的核心要求和主要标准，比如在美国密西西比河流域，人们对森林的保护意识就是从猫头鹰的锐减开始警醒的。

1. 森林与保护生物多样性

森林是以树木和其他木本植物为主体的植被类型，是陆地生态系统中最大的亚系统，是陆地生态系统的主体。森林生态系统是指由以乔木为主体的生物群落（包括植物、动物和微生物）及其非生物环境（光、热、水、气、土壤等）综合组成的动态系统，是生物与环境、生物与生物之间进行物质交换、能量流动的景观单位。森林生态系统不仅分布面积广且类型众多，超过陆地上的任何其他生态系统，它的立体成分体积大、寿命长、层次多，有着巨大的地上和地下空间及长效的持续周期，是陆地生态系统中面积最大、组成最复杂、结构最稳定的生态系统，对其他陆地生态系统有很大的影响和作用。森林不同于其他陆地生态系统，具有面积大、分布广、树形高大、寿命长、结构复杂、物种丰富、稳定性好、生产力高等特点，是维持陆地生态平衡的重要支柱。

森林拥有最丰富的生物种类。有森林存在的地方，一般环境条件不太严酷，水分和温度条件较好，适于多种生物的生长。而林冠层的存在和森林多层性造成在不同的空间形成了多种小环境，为各种需要特殊环境条件的植物创造了生存的条件。丰富的植物资源又为各种动物和微生物提供了食料和栖息繁衍的场所。因此，在森林中有着极其丰富的生物物种资源。森林中除建群树种外，还有大量的植物包括乔木、亚乔木、灌木、藤本、草本、菌类、苔藓、地衣等。森林动物从兽类、鸟类，到两栖类、爬虫、线虫、昆虫，以及微生物等，不仅种类繁多，而且个体数量大，是森林中最活跃的成分。全世界有 500 万~5 000 万个物种，而人类迄今从生物学上描述或定义的物种（包括动物、植物、微生物）仅有 140 万~170 万种，其中半数以上的物种分布在仅占全球陆地面积 7% 的热带森林里。例如，我国西双版纳的热带雨林 2 500 m^2 内（表现面积）就有高等植物 130 种，而东北平原的羊草草原 1 000 m^2（表现面积）只有 10~15 种，可见森林生态系统的物种明显多于草原生态系统。至于农田生态系统，生物种类更是简单量少。当然。不同的森林生态系统的物种数量也有很大差异，其中热带森林的物种最为丰富，它是物种形成的中心，为其他地区提供了各种"祖系原种"。例如，地处我国南疆的海南岛，土地面积只占全国土地面积的 0.4%，却拥有维管束植物 4 000 余种，约为全国维管束植物种数的 1/7；乔木树种近千种，约为全国的 1/3；兽类 77 种，约为全国的 21%；鸟类 344 种，约为全国的 26%。由此可见，热带森林中生物种类的丰富程度。另外，还有许多物种在我们人类尚未发现和利用之前就由于大规模的森林被破坏而灭绝了，这对我们人类来说是一个无法挽回的损失。目前，世界上有 30 余万种植物、4.5 万种脊椎动物和 500 万种非脊椎动物，我国有木本植物 8 000 余种、乔木 2 000 余种，是世界上森林树种最丰富的国家之一。

森林组成结构复杂。森林生态系统的植物层次结构比较复杂，一般至少可分为乔木层、亚乔木层、下木层、灌木层、草本层、苔藓地衣层、枯枝落叶层、根系层以及分布于地上部分各个层次的层外植物垂直面和零星斑块、片层等。它们具有不同的耐阴能力和水湿要求，按其生态特点分别分布在相应的林内空间小生境或片层，年龄结构幅度广，季相变化大，因此形成复杂、稳定、壮美的自然景观。乔木层中还可按高度不同划分为若干层次。例如，我国东北红松阔叶林地乔木层常可分为 3 层：第一层由红松组成；第二层由椴树、云杉、裂叶榆和色木等组成；第三层由冷杉、青楷槭等组成。在热带雨林内层次更为复杂，乔木层就可分为 4 或 5 层，有时形成良好的垂直郁闭，各层次间没有明显的界线，很难分层。例如，我国海南岛的一块热带雨林乔木层可分为三层或三层以上。第一层由蝴蝶树、青皮、坡垒细子龙等散生巨树构成，树高可达 40 m；第二层由山荔枝、多种厚壳楂、多种蒲桃、多种柿树、大花第伦桃等组成，这一层有时还可分层，下层乔木有粗毛野桐、几种白颜、白茶和藤春等。下层乔木下面还有灌木层和草本层，地下根系存在浅根层和深根层。此外还有种类繁多的藤本植物、附生植物分布于各层次。森林生态系统中各种植物和成层分布是植物对林内多种小生态环境的一种适应现象,有利于充分利用营养空间和提高森林的稳定性。由耐阴树种组成的森林系统,年龄结构比较复杂,同一树种不同年龄的植株分布于不同层次形成异龄复层林。如西藏的长苞冷杉林为多代的异龄天然林,年龄从40年生至300年生以上均有,形成比较复杂的异龄复层林。东北的红松也有不少为多世代并存的异龄林,如带岭的一块蕨类榛子红松林,红松的年龄分配延续10个龄级,年龄的差异达200年左右。异龄结构的复层林是某些森林生态系统的特有现象,新的幼苗、幼树在林层下不断生长繁衍代替老的一代,因此这一类森林生态系统稳定性较大,常常是顶级群落。

森林分布范围广,形体高大,长寿稳定。森林约占陆地面积的29.6%。由落叶或常绿以及具有耐寒、耐旱、耐盐碱、耐水湿等不同特性的树种形成的各种类型的森林(天然林和人工林),分布在寒带、温带、亚热带、热带的山区、丘陵、平地,甚至沼泽、海涂滩地等地方。森林树种是植物界中最高大的植物,由优势乔木构成的林冠层可达十几米、数十米,甚至上百米。我国西藏波密地丽江云杉高达70 m,云南西双版纳的望天树高达80 m。北美红杉和巨杉也都是世界上最高大的树种,能够长到100 m以上,而澳大利亚的桉树甚至高达150 m。树木的根系发达,深根性树种的主根可深入地下数米至十几米。树木的高大形体在竞争光照条件方面明显占据有利地位,而光照条件在植物种间生存竞争中往往起着决定性作用。因此,在水分、温度条件适于森林生长的地方,乔木在与其他植物的竞争过程中常占优势。此外,由于森林生态系统具有高大的林冠层和较深的根系层,因此它们对林内小气候和土壤条件的影响均大于其他生态系统,并且还明显地影响着森林周围地区的小气候和水文情况。树木为多年生植物,寿命较长。有的树种寿命很长,如我国西藏巨柏其年龄已达2 200多年,山西晋祠的周柏和河南嵩山的周柏,据考证已活3 000年以上,台湾阿里山的红桧和山东莒县的大银杏也有3 000年以上的高龄。北美的红杉寿命更长,已达7 800多年。但世界上有记录的寿命最长的树木,要数非洲加纳利群岛上的龙血树,它曾活在世上8 000多年。森林树种的长寿性使森林生态系统较为稳定,并对环境产生长期而稳定的影响。

2. 湿地与生物多样性保护

"湿地"一词最早出现在1956年,由美国联邦政府开展湿地清查时首先提出。1972年2月,由加拿大、澳大利亚等36个国家在伊朗小镇拉姆萨尔签署了《关于特别是作为水禽栖息地的国际重要湿地公约》（以下简称《湿地公约》），《湿地公约》把湿地定义为"湿地是指不问其为天然或人工、长久或暂时的沼泽地、泥炭地或水域地带，带有静止或流动的淡水、半咸水或咸水水体，包括低潮时水深不超过 6 m 的水域"。按照这个定义，湿地包括沼泽、泥炭地、湿草甸、湖泊、河流、蓄滞洪区、河口三角洲、滩涂、水库、池塘、水稻田，以及低潮时水深浅于 6 m 的海域地带等。目前，全球湿地面积约有 570 万 km²，约占地球陆地面积的 6%。其中，湖泊占 2%，泥塘占 30%，泥沼占 26%，沼泽占 20%，洪泛平原约占 15%。

湿地覆盖地球表面仅为 6%，却为地球上 20% 已知物种提供了生存环境。湿地复杂多样的植物群落，为野生动物尤其是一些珍稀或濒危野生动物提供了良好的栖息地，是鸟类、两栖类动物的繁殖、栖息、迁徙、越冬的场所。例如，象征吉祥和长寿的濒危鸟类——丹顶鹤，在从俄罗斯远东迁徙至我国江苏盐城国际重要湿地的 2 000 km 的途中，要花费约 1 个月的时间，在沿途 25 块湿地停歇和觅食，如果这些湿地遭受破坏，将给像丹顶鹤这样迁徙的濒危鸟类带来致命的威胁。湿地水草丛生特殊的自然环境，虽不是哺乳动物种群的理想家园，却能为各种鸟类提供丰富的食物来源和营巢、避敌的良好条件。可以说，保存完好的自然湿地，能使许多野生生物在不受干扰的情况下生存和繁衍，完成其生命周期，由此保存了许多物种的基因特性。

我国是世界上湿地资源丰富的国家之一，湿地资源占世界总量的 10%，居世界第四位，亚洲第一位。我国 1992 年加入《湿地公约》。《湿地公约》划分的 40 类湿地，我国均有分布，是全球湿地类型最丰富的国家。根据我国湿地资源的现状及《湿地公约》对湿地的分类系统，我国湿地共分为五大类，即四大类自然湿地和一大类人工湿地。自然湿地包括海滨湿地、河流湿地、湖泊湿地和沼泽湿地，人工湿地包括水稻田、水产池塘、水塘、灌溉地，以及农用洪泛湿地、蓄水区、运河、排水渠、地下输水系统等。我国单块面积大于 100 hm² 的湿地总面积为 3 848 万 hm²（人工湿地只包括库塘湿地）。其中，自然湿地 3 620 万 hm²，占国土面积的 3.77%；人工库塘湿地 228 万 hm²。自然湿地中，沼泽湿地 1 370.03 万 hm²，滨海湿地 594.17 万 hm²，流湿地 820.70 万 hm²，湖泊湿地 835.155 hm²。

3. 林业与外来物种入侵

2003年全国林业有害生物普查结果显示，外来入侵的林业有害生物34种，其中，害虫23种，病原微生物类5种，有害植物6种。在28种从国外（或境外）1980年以后入侵的林业病虫害中，有10种是21世纪后传入的。此外，1980年后有376种林业病虫害在我国省际扩散蔓延，其中，害虫238种、病害138种。我国每年林业有害生物发生面积1067万 hm^2 左右，外来入侵的约280万 hm^2，占26%。1980年后入侵的林业病虫害种类发生220多万 hm^2，约占外来林业病虫害发生总面积的80%。此外，外来有害植物中的紫茎泽兰、飞机草、薇甘菊、加拿大一枝黄花在我国发生面积逐年扩大，目前已达553多万 hm^2。

外来林业有害生物对生态安全构成极大威胁。外来入侵物种通过竞争或占据本地物种生态位，排挤本地物种的生存，甚至分泌释放化学物质，抑制其他物种生长，使当地物种的种类和数量减少，不仅造成巨大的经济损失，更对生物多样性、生态安全和林业建设构成了极大威胁。近年来，随着国际和国内贸易频繁，外来入侵生物的扩散蔓延速度加剧。2000年以来，相继发生刺桐姬小蜂、刺槐叶瘿蚊、红火蚁、西花蓟马、枣实蝇5种外来林业有害生物入侵。已入侵的外来林业病虫害正在扩散蔓延。

（三）加强林业生物安全保护的对策

1. 加强保护森林生物多样性

根据森林生态学原理，在充分考虑物种的生存环境的前提下，用人工促进的方法保护森林生物多样性。一是强化林地管理。林地是森林生物多样性的载体，在统筹规划不同土地利用形式的基础上，要确保林业用地不受侵占及毁坏。林地用于绿化造林，采伐后及时更新，保证有林地占林业用地的足够份额。在荒山荒地造林时，贯彻适地适树营造针阔混交林的原则，增加森林的生物多样性。二是科学分类经营。实施可持续林业经营管理对森林实施科学分类经营，按不同森林功能和作用采取不同的经营手段，为森林生物多样性保护提供了新的途径。三是加强自然保护区的建设。对受威胁的森林动植物实施就地保护和迁地保护策略，保护森林生物多样性。建立自然保护区有利于保护生态系统的完整性，从而保护森林生物多样性。目前，还存在保护区面积比例不足、分布不合理、用于保护的经费及技术明显不足等问题。四是建立物种的基因库。这是保护遗传多样性的重要途径，同时信息系统是生物多样性保护的重要组成部分。因此，尽快建立先进的基因数据库，并根据物种存在的规模、生态环境、地理位置建立不同地区适合生物进化、生存和繁衍的基因局域保护网，最终形成全球性基金保护网，实现共同保护的目的；也可建立生境走廊，把相互隔离的不同地区的生境连接起来构成保护网、种子库等。

2. 防控外来有害生物入侵蔓延

一是加快法制进程，实现依法管理。建立完善的法律体系是有效防控外来物种的首要任务。要修正立法目的，制定防控生物入侵的专门性法律，要从国家战略的高度对现有法律法规体系进行全面评估，并在此基础上通过专门性立法来扩大调整范围，对管理的对象、权利与责任等问题做出明确规定。要建立和完善外来物种管理过程中的责任追究机制，做到有权必有责、用权受监督、侵权要赔偿。二是加强机构和体制建设，促进各职能部门行动协调。外来入侵物种的管理是政府一项长期的任务，涉及多个环节和诸多部门，应实行统一监督管理与部门分工负责相结合、中央监管与地方管理相结合、政府监管与公众监督相结合的原则，进一步明确各部门的权限划分和相应的职责，在检验检疫，农、林、牧、渔、海洋、卫生等多部门之间建立合作协调机制，以共同实现对外来入侵物种的有效管理。三是加强检疫封锁。实践证明，检疫制度是抵御生物入侵的重要手段之一，特别是对于无意引进而言，无疑是一道有效的安全屏障。要进一步完善检验检疫配套法规与标准体系及各项工作制度建设，不断加强信息收集、分析有害生物信息网络，强化疫情意识，加大检疫执法力度，严把国门。在科研工作方面，要强化基础建设，建立控制外来物种技术支持基地；加强检验、监测和检疫处理新技术研究，加强有害生物的生物学、生态学、毒理学研究。四是加强引种管理，防止人为传入。要建立外来有害生物入侵风险的评估方法和评估体系。制定引种政策，建立经济制约机制，加强引种后的监管。五是加强教育引导，提高公众防范意识，还要加强国际交流与合作。

3. 加强对林业转基因生物的安全监管

随着国内外生物技术的不断创新发展，人们对转基因植物的生物安全性问题也越来越关注。可以说，生物安全和风险评估本身是一个进化过程，随着科学的发展，生物安全的概念、风险评估的内容、风险的大小及人们所能接受的能力都将发生变化。与此同时，植物转化技术将不断在转化效率和精确度等方面得到改进。因此，在利用转基因技术对树木进行改造的同时，我们要处理好各方面的关系。一方面应该采取积极的态度去开展转基因林木的研究；另一方面要加强转基因林木生态安全性的评价和监控，降低其可能对生态环境造成的风险，使转基因林木扬长避短，开创更广阔的应用前景。

三、现代林业与人居生态质量

（一）现代人居生态环境问题

城市化的发展和生活方式的改变在为人们提供各种便利的同时，也给人类健康带来了新的挑战。在中国的许多城市，各种身体疾病和心理疾病，正在成为人类健康的"隐形杀手"。

1. 空气污染

我们周围的空气质量与我们的健康和寿命紧密相关。据统计，中国每年空气污染导致 1 500 万人患支气管病，有 200 万人死于癌症，而重污染地区死于肺癌的人数比空气良好的地区高 4.7~8.8 倍。

2. 土壤、水污染

现在，许多城市郊区的环境污染已经深入土壤、地下水，达到了即使控制污染源，短期内也难以修复的程度。据 2014 年国家环境保护部和国土资源部发布的全国土壤污染状况调查公报显示，全国土壤环境总体状况不容乐观，部分地区土壤污染较重，耕地土壤环境质量堪忧，工矿业废弃地土壤环境问题突出。

3. 灰色建筑、光污染

夏季阳光强烈照射时，城市里的玻璃幕墙、釉面砖墙、磨光大理石和各种涂层反射线会干扰视线，损害视力。长期生活在这种视觉空间里，人的生理、心理都会受到很大影响。

4. 紫外线、环境污染

强光照在夏季时会对人体有灼伤作用，而且辐射强烈，使周围环境温度增高，影响人们的户外活动。同时城市空气污染物含量高，对人体皮肤也十分有害。

5. 噪声污染

城市现代化工业生产、交通运输、城市建设造成环境噪声的污染也日趋严重，已成城市环境的一大公害。

6. 心理疾病

很多城市的现代化建筑不断增加，人们工作生活节奏不断加快，而自然的东西越来越少，接触自然成为偶尔为之的奢望，这是造成很多人心理疾病的重要因素。

7. 城市灾害

城市建筑集中，人口密集，发生地震、火灾等重大灾害时，把人群快速疏散到安全地带，对于减轻灾害造成的人员伤亡非常重要。

（二）人居森林和湿地的功能

1. 城市森林的功能

发展城市森林、推进身边增绿是建设生态文明城市的必然要求，是实现城市经济社会科学发展的基础保障，是提升城市居民生活品质的有效途径，是建设现代林业的重要内容。国内外经验表明，一个城市只有具备良好的森林生态系统，使森林和城市融为一体，高大乔木绿色葱茏，各类建筑错落有致，自然美和人文美交相辉映，人与自然和谐相处，才能称得上是发达的、文明的现代化城市。当前，我国许多城市，特别是工业城市和生态脆弱地区城市，生态承载力低已经成为制约经济社会科学发展的瓶颈。在城市化进程不断加快、城市生态面临巨大压力的今天，通过大力发展城市森林，为城市经济社会科学发展提供更广阔的空间，显得越来越重要、越来越迫切。近年来，许多国家都在开展"人居森林"和"城市林业"的研究和尝试。事实证明，几乎没有一座清洁优美的城市不是靠森林起家的。比如奥地利首都维也纳，市区内外到处是森林和绿地，因此被誉为茫茫绿海中的"岛屿"。此外，日本的东京、法国的巴黎、英国的伦敦，森林覆盖率均为30%左右。城市森林是城市生态系统中具有自净功能的重要组成部分，在调节生态平衡、改善环境质量及美化景观等方面具有极其重要的作用。下面我们从生态、经济和社会3个方面阐述城市森林为人类带来的效益。

净化空气，维持碳氧平衡。城市森林对空气的净化作用，主要表现在能杀灭空气中分布的细菌，吸滞烟灰粉尘，稀释、分解、吸收和固定大气中的有毒有害物质，再通过光合作用形成有机物质。绿色植物能扩大空气负氧离子量，城市林带中空气负氧离子的含量是城市房间里的200~400倍。据测定，城市中一般场所的空气负氧离子含量是1 000~3 000个/cm^3，多的可达10 000~60 000个/cm^3；而在城市污染较严重的地方，空气负离子的浓度只有40~100个/cm^3。王洪俊的研究表明，以乔灌草结构的复层林中空气负离子水平最高，空气质量最佳，空气清洁度等级最高，而草坪的各项指标最低，说明高大乔木对提高空气质量起主导作用。城市森林能有效改善市区内的碳氧平衡。植物通过光合作用吸收CO_2，释放O_2，在城市低空范围内从总量上调节和改善城区碳氧平衡状况，缓解或消除局部缺氧，改善局部地区空气质量。国内学者对北京近郊建成区城市森林的研究表明，城市森林日平均吸收CO_2 3.3万t，蒸腾吸热4.48亿J/m^2。城市森林具有良好的滞尘功能。1995年北京市近郊区居住区绿地总滞粉尘量2 170 t，平均每天滞尘量5.95 t。

调节和改善城市小气候，增加湿度，减弱噪声。城市近自然森林对整个城市的降水、湿度、气温、气流都有一定的影响，能调节城市小气候。城市地区及其下风侧的年降水总量比农村地区偏高5%~15%。其中雷暴雨增加10%~15%；城市年平均相对湿度都比郊区低5%~10%。林草能缓和阳光的热辐射，使酷热的天气降温、失燥，给人以舒适的感觉。据测定，夏季乔灌草结构的绿地气温比非绿地低4.8℃，空气湿度可以增加10%~20%。林区同期的3种温度的平均值及年较差都低于市区；四季长度比市区的秋、冬季各长1候，夏季短2候。城市森林对近地层大气有补湿功能。林区的年均蒸发量比市区低19%，其中，差值以秋季最大（25%），春季最小（16%）；年均降水量则林区略多4%，又以冬季为最多（10%）。树木增加的空气湿度相当于相同面积水面的10倍。植物通过叶片大量蒸腾水分而消耗城市中的辐射热，并通过树木枝叶形成的浓荫阻挡太阳的直接辐射热和来自路面、墙面和相邻物体的反射热产生降温增湿效益，对缓解城市热岛效应具有重要意义。此外，城市森林可减弱噪声。据测定，绿化林带可以吸收声音的26%，绿化的街道比不绿化的可以降低噪声8~10 dB。日本的调查表明，40 m宽的林带可以减低噪声10~13 dB；高6~7 m的立体绿化带平均能减低噪声10~13 dB。

涵养水源、防风固沙。树木和草地对保持水土有非常显著的功能。据试验，在坡度为30°、降雨强度为200 mm/h的暴雨条件下，当草坪植物的盖度分别为

100%、91%、60%和31%时，土壤的侵蚀分别为0%、11%、49%和100%。据北京市园林绿化局测定，1 hm² 树木可蓄水30万t。北京城外平原区与中心区相比，降水减少了4.6%，但城外地下径流量比城中心增加了2.5倍，保水率增加了36%。伦敦城区降水量比城外增加了2%，城外地下径流量比城内增加了3.43倍，保水率增加了22%。

维护生物物种的多样性。城市森林的建设可以提高初级生产者（树木）的产量，保持食物链的平衡，同时为兽类、昆虫和鸟类提供栖息场所，使城市中的生物种类和数量增加，保持生态系统的平衡，维护和增加生物物种的多样性。

城市森林带来的社会效益。城市森林社会效益是指森林为人类社会提供的除经济效益和生态效益之外的其他一切效益，包括对人类身心健康的促进、对人类社会结构的改进以及对人类社会精神文明状态的改进。美国一些研究者认为，森林社会效益的构成因素包括精神和文化价值、游憩、游戏和教育机会，对森林资源的接近程度，国有林经营和决策中公众的参与，人类健康和安全，文化价值等。城市森林的社会效益表现在美化市容，为居民提供游憩场所。以乔木为主的乔灌木结合的"绿道"系统，能够提供良好的遮阴与湿度适中的小环境，减少酷暑行人曝晒的痛苦。城市森林有助于市民绿色意识的形成。城市森林还具有一定的医疗保健作用。城市森林建设的启动，除了可以提供大量绿化施工岗位外，还可以带动苗木培育、绿化养护等相关产业的发展，为社会提供大量新的就业岗位。河北省森林在促进社会就业上就取得了18.64亿元的效益。城市森林为市民带来一定的精神享受，让人们在城市的绿色中减轻或缓解生活的压力，能激发人们的艺术与创作灵感。城市森林能美化市容，提升城市的地位。

2. 湿地在改善人居方面的功能

湿地与人类的生存、繁衍、发展息息相关，是自然界最富生物多样性的生态系统和人类最主要的生存环境之一，它不仅为人类的生产、生活提供多种资源，而且具有巨大的环境功能和效益，在抵御洪水、调节径流、蓄洪防旱、降解污染、调节气候、控制土壤侵蚀、促淤造陆、美化环境等方面有其他系统不可替代的作用。湿地被誉为"地球之肾"和"生命之源"。由于湿地具有独特的生态环境和经济功能，同森林——"地球之肺"有着同等重要的地位和作用，是国家生态安全的重要组成部分，湿地的保护必然成为全国生态建设的重要任务。湿地的生态服务价值居全球各类生态系统之首，不仅能储藏大量淡水（据国家林业和草原局的统计，我国湿地维持着2.7万亿t淡水，占全国可利用淡水资源总量的96%，为名副其实的最大淡水储存库），还具有独一无二的净化水质功能，且其成本极其低廉（人工湿地工程基建费用为传统二级生活性污泥法处理工艺的1/3~1/2）；运行成本亦极低，为其他方法的1/10~1/6。因此，湿地对地球生态环境保护及人类和谐持续发展具有极为重要的作用。

物质生产功能。湿地具有强大的物质生产功能，它蕴藏着丰富的动植物资源。七里海沼泽湿地是天津沿海地区的重要饵料基地和初级生产力来源。据初步调查，七里海在20世纪70年代以前，水生、湿生植物群落100多种，其中具有生态价值的哺乳动物约10种、鱼蟹类30余种。芦苇作为七里海湿地最典型的植物，苇地面积达7 186 hm^2，具有很高的经济价值和生态价值，不仅是重要的造纸工业原料，又是农业、盐业、渔业、养殖业、编织业的重要生产资料，还能起到防风抗洪、改善环境、改良土壤、净化水质、防治污染、调节生态平衡的作用。另外，七里海可利用水面达666.7 hm^2，年产河蟹2 000 t，是著名的七里海河蟹的产地。

大气组分调节功能。湿地内丰富的植物群落能够吸收大量的CO_2，放出O_2，湿地中的一些植物还具有吸收空气中有害气体的功能，能有效调节大气组分。但同时也必须注意到，湿地生境也会排放出甲烷、氨气等温室气体。沼泽有很大的生物生产效能，植物在有机质形成过程中，不断吸收CO_2和其他气体，特别是一些有害的气体。沼泽地上的O_2很少消耗于死亡植物残体的分解。沼泽还能吸收空气中的粉尘及携带的各种菌，从而起到净化空气的作用。另外，沼泽堆积物具有很大的吸附能力，污水或含重金属的工业废水，通过沼泽能吸附金属离子和有害成分。

水分调节功能。湿地在时空上可分配不均的降水，通过湿地的吞吐调节，避免水旱灾害。七里海湿地是天津滨海平原重要的蓄滞洪区，安全蓄洪深度3.5~4.0 m。沼泽湿地具有湿润气候、净化环境的功能，是生态系统的重要组成部分。其大部分发育在负地貌类型中，长期积水，生长了茂密的植物，其下根茎交织，残体堆积。据实验研究，每公顷的沼泽在生长季节可蒸发掉7 415 t水分，可见其调节气候的巨大功能。

净化功能。一些湿地植物能有效地吸收水中的有毒物质，净化水质，如氮、磷、钾及其他一些有机物质，通过复杂的物理、化学变化被生物体储存起来，或者通过生物的转移（如收割植物、捕鱼等）等途径，永久地脱离湿地，参与更大范围的循环。沼泽湿地中有相当一部分的水生植物，包括挺水性、浮水性和沉水性的植物，具有很强的清除毒物的能力，是毒物的克星。正因为如此，人们常常利用湿地植物的这一生态功能来净化污染物中的病毒，有效地清除了污水中的"毒素"，达到净化水质的目的。例如，凤眼莲、香蒲和芦苇等被广泛地用来处理污水，用来吸收污水中浓度很高的重金属镉、铜、锌等。在印度的卡尔库塔市，城内设有一座污水处理场，所有生活污水都排入东郊的人工湿地，其污水处理费用相当低，成为世界性的典范。

提供动物栖息地功能。湿地复杂多样的植物群落，为野生动物尤其是一些珍稀或濒危野生动物提供了良好的栖息地，是鸟类、两栖类动物的繁殖、栖息、迁徙、越冬的场所。沼泽湿地特殊的自然环境虽有利于一些植物的生长，却不是哺乳动物种群的理想家园，只是鸟类能在这里获得特殊的享受。因为水草丛生的沼泽环境为各种鸟类提供了丰富的食物来源和营巢、避敌的良好条件。在湿地内常年栖息和出没的鸟类有天鹅、白鹳、鹈鹕、大雁、白鹭、苍鹰、浮鸥、银鸥、燕鸥、苇莺、掠鸟等约 200 种。

调节城市小气候。湿地水分通过蒸发成为水蒸气，然后又以降水的形式降到周围地区，可以保持当地的湿度和降雨量。

能源与航运。湿地能够提供多种能源，水电在中国电力供应中占有重要地位，水能蕴藏占世界第一位，达 6.8 亿 kW 巨大的开发潜力。我国沿海多河口港湾，蕴藏着巨大的潮汐能。从湿地中直接采挖泥炭用于燃烧，湿地中的林草作为薪材，是湿地周边农村重要的能源来源。另外，湿地有着重要的水运价值，沿海沿江地区经济的快速发展，很大程度上是受惠于此。中国约有 10 万 km 内河航道，内陆水运承担了大约 30% 的货运量。

旅游休闲和美学价值。湿地具有自然观光、旅游、娱乐等美学方面的功能，中国有许多重要的旅游风景区都分布在湿地区域。滨海的沙滩、海水是重要的旅游资源，还有不少湖泊因自然景色壮观秀丽而吸引人们前往，辟为旅游和疗养胜地。滇池、太湖、洱海、杭州西湖等都是著名的风景区，除可创造直接的经济效益外，还具有重要的文化价值。尤其是城市中的水体，在美化环境、调节气候、为居民提供休憩空间方面有着重要的社会效益。湿地生态旅游是在观赏生态环境、领略自然风光的同时，以普及生态、生物及环境知识，保护生态系统及生物多样性为目的的新型旅游，是人与自然的和谐共处，是人对大自然的回归。发展生态湿地旅游能提高公共生态保护意识、促进保护区建设，反过来又能向公众提供赏心悦目的景色，实现保护与开发目标的双赢。

教育和科研价值。复杂的湿地生态系统、丰富的动植物群落、珍贵的濒危物种等，在自然科学教育和研究中都有十分重要的作用，它们为教育和科学研究提供了对象、材料和试验基地。一些湿地中保留着过去和现在的生物、地理等方面演化进程的信息，在研究环境演化、古地理方面有着重要价值。

3. 城乡人居森林促进居民健康

科学研究和实践表明，数量充足、配置合理的城乡人居森林可有效促进居民身心健康，并在重大灾害来临时起到保障居民生命安全的重要作用。

清洁空气。有关研究表明，每公顷公园绿地每天能吸收900 kg的CO_2，并生产600 kg的O_2；一棵大树每年可以吸收200 kg的大气可吸入颗粒物；处于硫化物污染区的植物，其体内含硫量可为正常含量的5~10倍。

饮食安全。利用树木、森林对城市地域范围内的受污染土地、水体进行修复，是最为有效的土壤清污手段，建设污染隔离带与已污染土壤片林，不仅可以减轻污染源对城市周边环境的污染，也可以使土壤污染物通过植物的富集作用得到清除，恢复土壤的生产与生态功能。

绿色环境。"绿色视率"理论认为，在人的视野中，绿色达到25%时，就能消除眼睛和心理的疲劳，使人的精神和心理最舒适。林木繁茂的枝叶、庞大的树冠使光照强度大大减弱，减少了强光对人们的不良影响，营造出绿色视觉环境，也会对人的心理产生多种效应，带来许多积极的影响，使人产生满足感、安逸感、活力感和舒适感。

肌肤健康。医学研究证明，森林、树木形成的绿荫能够降低光照强度，并通过有效地截留太阳辐射，改变光质，对人的神经系统有镇静作用，能使人产生舒适和愉快的情绪，防止直射光产生的色素沉着，还可防止荨麻疹、丘疹、水疱等过敏反应。

维持宁静。森林对声波有散射、吸收功能。在公园外侧、道路和工厂区建立缓冲绿带，都有明显减弱或消除噪声的作用。研究表明，密集和较宽的林带结合松软的土壤表面，可降低噪声50%以上。

自然疗法。森林中含有高浓度的O_2、丰富的空气负离子和植物散发的"芬多精"。到树林中去沐浴"森林浴"，置身于充满植物的环境中，可以放松身心，舒缓压力。研究表明，长期生活在城市环境中的人，在森林自然保护区生活1周后，其神经系统、呼吸系统、心血管系统功能都有明显的改善作用，机体非特异免疫能力有所提高，抗病能力增强。

安全绿洲。城市各种绿地对于减轻地震、火灾等重大灾害造成的人员伤亡非常重要，是"安全绿洲"和临时避难场所。1923年9月日本东京发生8.3级大地震，大火烧了3天，烧毁房屋44.7万所，有5.6万人遇难，东京市的公园和绿地成为人们避难的"安全岛"。

此外，在家里种养一些绿色植物，可以净化室内受污染的空气。以前，我们只是从观赏和美化的作用来看待家庭种养花卉。现在，科学家通过测试发现，家庭的绿色植物对保护家庭生活环境有重要作用，如龙舌兰可以吸收室内70%的苯、50%的甲醛等有毒物质。

我们关注生活、关注健康、关注生命，就要关注我们周边生态环境的改善，关注城市森林建设。遥远的地方有森林、有湿地、有蓝天白云、有瀑布流水、有鸟语花香，但对我们居住的城市毕竟遥不可及，亲身体验机会不多。城市森林、树木及各种绿色植物对城市污染、对人居环境能够起到不同程度的缓解、改善作用，可以直接为城市所用、为城市居民所用，带给城市居民的是日积月累的好处，与居民的健康息息相关。

第二节　现代林业与生态物质文明

一、现代林业与经济建设

（一）林业推动生态经济发展的理论基础

1. 自然资本理论

自然资本理论为森林对生态经济发展产生巨大作用提供理论根基。生态经济是对两百多年来传统发展方式的变革，它的一个重要的前提就是自然资本正在成为人类发展的主要因素，自然资本将越来越受到人类的关注，进而影响经济发展。森林资源作为可再生的资源，是重要的自然生产力，它所提供的各种产品和服务将对经济具有较大的促进作用，同时也将变得越来越稀缺。按照著名经济学家赫尔曼·E.戴利（2001）的观点，用来表明经济系统物质规模大小的最好指标是人类占有光合作用产物的比例，森林作为陆地生态系统中重要的光合作用载体，约占全球光合作用的 1/3，森林的利用对于经济发展具有重要的作用。

2. 生态经济理论

生态经济理论为林业作用于生态经济提供发展方针。首先，生态经济要求将自然资本的新的稀缺性作为经济过程的内生变量，要求提高自然资本的生产率以实现自然资本的节约，这给林业发展的启示是要大力提高林业本身的效率，包括森林的利用效率。其次，生态经济强调好的发展应该是在一定的物质规模情况下的社会福利的增加，森林的利用规模不是越大越好，而是具有相对的一个度，林业生产的规模也不是越大越好，关键看是不是能很合适嵌入经济的大循环中。最后，在生态经济关注物质规模一定的情况下，物质分布需要从占有多的向占有少的流动，以达到社会的和谐，林业生产将平衡整个经济发展中的资源利用。

3. 环境经济理论

环境经济理论提高了在生态经济中发挥林业作用的可操作性。环境经济学强调当人类活动排放的废弃物超过环境容量时，为保证环境质量必须投入大量的物化劳动和活劳动。这部分劳动已越来越成为社会生产中的必要劳动，发挥林业在生态经济中的作用越来越成为一种社会认同的事情，其社会和经济可实践性大大增加。环境经济学理论还认为为了保障环境资源的永续利用，也必须改变对环境资源无偿使用的状况，对环境资源进行计量，实行有偿使用，使社会不经济性内在化，使经济活动的环境效应能以经济信息的形式反馈到国民经济计划和核算的体系中，保证经济决策既考虑直接的近期效果，又考虑间接的长远效果。环境经济学为林业在生态经济中的作用的发挥提供了方法上的指导，具有较强的实践意义。

4. 循环经济理论

循环经济的"3R"原则为林业发挥作用提供了具体目标。"减量化、再利用和资源化"是循环经济理论的核心原则，具有清晰明了的理论路线，这为林业贯彻生态经济发展方针提供了具体、可行的目标。首先，林业自身是贯彻"3R"原则的主体，林业是传统经济中的重要部门，为国民经济和人民生活提供丰富的木材和非木质林产品，为造纸、建筑和装饰装潢、煤炭、车船制造、化工、食品、医药等行业提供重要的原材料，林业本身要建立循环经济体，贯彻好"3R"原则。其次，林业促进其他产业乃至整个经济系统实现"3R"，森林具有固碳制氧、涵养水源、保持水土、防风固沙等生态功能，为人类的生产生活提供必需的 O_2，吸收 CO_2，净化经济活动中产生的废弃物，在减缓地球温室效应、维护国土生态安全的同时，也为农业、水利、水电、旅游等国民经济部门提供着不可或缺的生态产品和服务，是循环经济发展的重要载体和推动力量，促进了整个生态经济系统实现循环经济。

（二）现代林业促进经济排放减量化

1. 林业自身排放的减量化

林业本身是生态经济体，排放到环境中的废弃物少。以森林资源为经营对象的林业第一产业是典型的生态经济体，木材的采伐剩余物可以留在森林，通过微生物的作用降解为腐殖质，重新参与到生物地球化学循环中。随着生物肥料、生物药剂的使用，初级非木质林产品在生产过程中几乎不会产生对环境具有破坏作用的废弃物。林产品加工企业也是减量化排放的实践者，通过技术改革，完全可以实现木竹材的全利用，对林木的全树利用和多功能、多效益的循环高效利用，实现对自然环境废弃物排放的最小化。例如，竹材加工中竹竿可进行拉丝，梢头可以用于编织，竹下端可用于烧炭，实现了全竹利用；林浆纸一体化循环发展模式促使原本分离的林、浆、纸3个环节整合在一起，让造纸业负担起造林业的责任，自己解决木材原料的问题，发展生态造纸，形成以纸养林，以林促纸的生产格局，促进造纸企业永续经营和造纸工业的可持续发展。

2. 林业促进废弃物的减量化

森林吸收其他经济部门排放的废弃物，使生态环境得到保护。发挥森林对水资源的涵养、调节气候等功能，为水电、水利、旅游等事业发展创造条件，实现森林和水资源的高效循环利用，减少和预防自然灾害，加快生态农业、生态旅游等事业的发展。林区功能型生态经济模式有林草模式、林药模式、林牧模式、林菌模式、林禽模式等。森林本身具有生态效益，对其他产业产生的废气、废水、废弃物具有吸附、净化和降解作用，是天然的过滤器和转化器，能将有害气体转化为新的可利用的物质，如对 SO_2、碳氢化合物、氟化物，可通过林地微生物、树木的吸收，削减其危害程度。

林业促进其他部门减量化排放。森林替代其他材料的使用，减少了资源的消耗和环境的破坏。森林资源是一种可再生的自然资源，可以持续地提供木材，木材等森林资源的加工利用能耗小，对环境的污染也较轻，是理想的绿色材料。木材具有可再生、可降解、可循环利用、绿色环保的独特优势，与钢材、水泥和塑料并称四大材料，木材的可降解性减少了对环境的破坏。另外，森林是一种十分重要的生物质能源，就其能源当量而言，是仅次于煤、石油、天然气的第四大能源。森林以其占陆地生物物种 50% 以上和生物质总量 70% 以上的优势而成为各国新能源开发的重点。我国生物质能资源丰富，现有木本油料林总面积超过 400 万 hm^2，种子含油量在 40% 以上的植物有 154 种，每年可用于发展生物质能源的生物量为 3 亿 t 左右，折合标准煤约 2 亿 t。利用现有林地，还可培育能源林 133.3 万 hm^2，每年可提供生物柴油 500 多万 t。大力开发利用生物质能源，有利于减少煤炭资源过度开采，对于弥补石油和天然气资源短缺、增能源总量、调整能源结构、缓解能源供应压力、保障能源安全有显著作用。

森林发挥生态效益，在促进能源节约中发挥着显著作用。森林和湿地由于能够降低城市热岛效应，从而能够减少城市在夏季由于空调而产生的电力消耗。城市热岛增温效应加剧城市的酷热程度，致使夏季用于降温的空调消耗电能大大增加。例如，美国 10 万人口以上的城市，气温每增加约 5.6 ℃，能源消耗按价值计算会增加 1%~2%。3%~8% 的电力需求是用于因城市热岛影响而增加的消耗，浓密的树木遮阴能降低夏天空调费用的 7%~40%。据估算，我国森林可以降低夏季能源消耗的 10%~15%，降低冬季取暖能耗 10%~20%，相当于节省了 1.5 亿 ~ 3.0 亿 t 煤，合 750 亿 ~ 1500 亿元。

（三）现代林业促进产品的再利用

1. 森林资源的再利用

森林资源本身可以循环利用。森林是物质循环和能量交换系统，森林可以持续地提供生态服务。森林通过合理地经营，能够源源不断地提供木质和非木质产品。木材采掘业的循环过程为"培育—经营—利用—再培育"林地资源，通过合理的抚育措施，可以保持生产力，经过多个轮伐期后仍然具有较强的地力。关键是确定合理的轮伐期,自法正林理论诞生开始,人类一直在探索循环利用森林,至今我国规定的采伐限额制度也是为了维护森林的可持续利用;在非木质林产品生产上也可以持续产出。森林的旅游效益也可以持续发挥,而且由于森林的林龄增加,旅游价值也持续增加,所蕴含的森林文化也在不断积淀的基础上更新发展,使森林资源成为一个从物质到文化、从生态到经济均可以持续再利用的生态产品。

2. 林产品的再利用

森林资源生产的产品都易于回收和循环利用,大多数的林产品可以持续利用。在现代人类的生产生活中,以森林为主的材料占相当大的比例,主要有原木、锯材、木制品、人造板和家具等以木材为原料的加工品、松香和橡胶及纸浆等林化产品。这些产品在技术可能的情况下都可以实现重复利用,而且重复利用期相对较长,这体现在二手家具市场发展、旧木材的利用、橡胶轮胎的回收利用等。

3. 林业促进其他产品的再利用

森林和湿地促进了其他资源的重复利用。森林具有净化水质的作用,水经过森林的过滤可以再被利用;森林具有净化空气的作用,空气经过净化可以重复变成新鲜空气;森林还具有保持水土的功能,对农田进行有效保护,使农田能够保持生产力;对矿山、河流、道路等也同时存在保护作用,使这些资源能够持续利用。湿地具有强大的降解污染功能,维持着96%的可用淡水资源。以其复杂而微妙的物理、化学和生物方式发挥着自然净化器的作用。湿地对所流入的污染物进行过滤、沉积、分解和吸附,实现污水净化,据测算,每公顷湿地每天可净化400 t污水,全国湿地可净化水量154亿t,相当于38.5万个日处理达4万t级的大型污水处理厂的净化规模。

二、现代林业与粮食安全

(一)林业保障粮食生产的生态条件

森林是农业的生态屏障,林茂才能粮丰。森林通过调节气候、保持水土、增加生物多样性等生态功能,可有效改善农业生态环境,增强农牧业抵御干旱、风沙、干热风、台风、冰雹、霜冻等自然灾害的能力,促进高产稳产。实践证明,加强农田防护林建设,是改善农业生产条件,保护基本农田,巩固和提升农业综合生产能力的基础。在我国，特别是北方地区，自然灾害严重。建立农田防护林体系，包括林网、经济林、四旁绿化和一定数量的生态片林，能有效地保证农业稳产高产。由于林木根系分布在土壤深层，不与地表的农作物争肥，并为农田防风保湿，调节局部气候，加之林中的枯枝落叶及林下微生物的理化作用，能改善土壤结构，促进土壤熟化，从而增强土壤自身的增肥功能和农田持续生产的潜力。据实验观测，农田防护林能使粮食平均增产15%~20%。在山地、丘陵的中上部保留发育良好的生态林，对于山下部的农田增产也会起到促进作用。此外，森林对保护草场、保障畜牧业、渔业发展也有积极影响。

相反，森林毁坏会导致沙漠化，恶化人类粮食生产的生态条件。这种因森林破坏而导致粮食安全受到威胁的情况，在中国也存在。由于森林资源的严重破坏，中国西部及黄河中游地区水土流失、洪水、干旱和荒漠化灾害频繁发生，农业发展也受到极大制约。

（二）林业直接提供森林食品和牲畜饲料

林业可以直接生产木本粮油、食用菌等森林食品，还可为畜牧业提供饲料。中国的2.87亿 hm^2 林地可为粮食安全做出直接贡献。经济林中相当一部分属于木本粮油、森林食品，发展经济林大有可为。经济林是我国五大林种之一，也是经济效益和生态效益结合得最好的林种。《中华人民共和国森林法》规定，"经济林是指以生产果品、食用油料、饮料、调料、工业原料和药材等为主要目的的林木"。我国适生的经济林树种繁多，有1 000多种，主栽的树种有30多个，每个树种的品种多达几十个甚至上百个。经济林已成为我国农村经济中一项短平快、效益高、潜力大的新型主导产业。我国经济林发展速度迅猛。近年来，全国年均营造经济林133万 hm^2 以上，占当年人工造林面积的40%左右。我国经济林产品年总产量居世界首位，截至2010年，达1.27亿 t。我国加入WTO、实施农村产业结构战略性调整、开展退耕还林以及人民生活水平的不断提高，为我国经济林产业的大发展提供了前所未有的机遇和广阔市场前景，我国经济林产业建设将会呈现更加蓬勃的强劲发展势头。

第三节 现代林业与生态精神文明

一、现代林业与生态教育

(一)森林和湿地生态系统的实践教育作用

森林生态系统是陆地上覆盖面积最大、结构最复杂、生物多样性最丰富、功能最强大的自然生态系统,在维护自然生态平衡和国土安全中处于其他任何生态系统都无可替代的主体地位。健康完善的森林生态系统是国家生态安全体系的重要组成部分,也是实现经济与社会可持续发展的物质基础。人类离不开森林,森林本身就是一座内容丰富的知识宝库,是人们充实生态知识、探索动植物王国奥秘、了解人与自然关系的最佳场所。森林文化是人类文明的重要内容,是人类在社会历史过程中用智慧和劳动创造的森林物质财富和精神财富综合的结晶。森林、树木、花草会分泌香气,其景观具有季相变化,还能形成色彩斑斓的奇趣现象,是人们休闲游憩、健身养生、卫生保健、科普教育、文化娱乐的场所,让人们体验"回归自然"的无穷乐趣和美好享受,这就形成了独具特色的森林文化。

湿地是重要的自然资源,具有保持水源、净化水质、蓄洪防旱、调节气候、促淤造陆、减少沙尘暴等巨大生态功能,也是生物多样性富集的地区之一,保护了许多珍稀濒危野生动植物物种。湿地不仅仅是我们传统认识上的沼泽、泥炭地、滩涂等,还包括河流、湖泊、水库、稻田以及退潮时水深不超过 6 m 的海域。湿地不仅为人类提供大量食物、原料和水资源,而且在维持生态平衡、保持生物多样性以及蓄洪防旱、降解污染等方面起到重要作用。我国是世界上湿地生物多样性最丰富的国家之一,共拥有湿地面积 6 590 多万 hm^2,约占世界湿地总面积的 10%,居亚洲第一位,世界第四位。我国政府高度重视湿地保护工作,并于 1992 年加入《湿地公约》。

因此,在开展生态文明观教育的过程中,要以森林、湿地生态系统为教材,把森林、野生动植物、湿地和生物多样性保护作为开展生态文明观教育的重点,通过教育让人们感受到自然的美。自然美作为非人类加工和创造的自然事物美的总和，它给人类提供了美的物质素材。生态美学是一种人与自然和社会达到动态平衡、和谐一致的处于生态审美状态的崭新的生态存在论美学观。这是一种理想的审美的人生，一种"绿色的人生"，是对人类当下"非美的"生存状态的一种批判和警醒，更是对人类永久发展、世代美好生存的深切关怀，也是对人类得以美好生存的自然家园的重建。生态审美教育对于协调人与自然、社会起着重要的作用。

通过这种实实在在的实地教育，会给受教育者带来完全不同于书本学习的感受，加深其对自然的印象，增进与大自然之间的感情，必然会更有效地促进人与自然和谐相处。森林与湿地系统的教育功能至少能给人们的生态价值观、生态平衡观、自然资源观带来全新的概念和内容。

生态价值观要求人类把生态问题作为一个价值问题来思考，不能仅认为自然界对于人类来说只有资源价值、科研价值和审美价值，而且有重要的生态价值。所谓生态价值是指各种自然物在生态系统中都占有一定的"生态位"，对于生态平衡的形成、发展、维护都具有不可替代的功能作用。它是不以人的意志为转移的，它不依赖人类的评价，不管人类存在或不存在，也不管人类的态度和偏好，它都是存在的。毕竟在人类出现之前，自然生态就已存在。生态价值观要求人类承认自然的生态价值、尊重生态规律，不能以追求自己的利益作为唯一的出发点和动力，不能总认为自然资源是无限的、无价的和无主的，人们可以任意地享用而不对它承担任何责任，而应当视其为人类的最高价值或最重要的价值。人类作为自然生态的管理者，作为自然生态进化的引导者，义不容辞地具有维护、发展、繁荣、更新和美化地球生态系统的责任。它"是从更全面更长远的意义上深化了自然与人关系的理解"。正如马克思曾经说过的，自然环境不再只是人的手段和工具，而是作为人的无机身体成为主体的一部分，成为人的活动的目的性内容本身。应该说，"生态价值"的形成和提出，是人类对自己与自然生态关系认识的一个质的飞跃，是20世纪人类极其重要的思想成果之一。

在生态平衡观看来，包括人在内的动物、植物甚至无机物，都是生态系统里平等的一员，它们各自有着平等的生态地位，每一生态成员各自在质上的优劣、在量上的多寡，都对生态平衡起着不可或缺的作用。今天，虽然人类已经具有无与伦比的力量优势，但在自然之网中，人与自然的关系不是敌对的征服与被征服的关系，而是互惠互利、共生共荣的友善平等关系。自然界的一切对人类社会生活有益的存在物，如山川草木、飞禽走兽、大地河流、空气、物蓄矿产等，都是维护人类"生命圈"的朋友。我们应当培养对中小学生具有热爱大自然、以自然为友的生态平衡观，此外也应在最大范围内对全社会进行自然教育，使我国的林业得到更充分的发展与保护。

自然资源观包括永续利用观和资源稀缺观两个方面，充分体现着代内道德和代际道德问题。自然资源的永续利用是当今人类社会很多重大问题的关键所在，对于可再生资源，要求人们在开发时，必须使后续时段中资源的数量和质量至少要达到目前的水平，从而理解可再生资源的保护、促进再生、如何充分利用等问题；而对于不可再生资源，永续利用则要求人们在耗尽它们之前，必须能找到替代它们的新资源，否则，我们的子孙后代的发展权利将会就此被剥夺。自然资源稀缺观有4个方面。第一，自然资源自然性稀缺。我国主要资源的人均占有量大大低于世界平均水平。第二，低效率性稀缺。资源使用效率低，浪费现象严重，加剧了资源供给的稀缺性。第三，科技与管理落后性稀缺。科技与管理水平低，导致在资源开发中的巨大浪费。第四，发展性稀缺。我国在经济持续高速发展的同时，也付出了资源的高昂代价，加剧了自然资源紧张、短缺的矛盾。

（二）生态基础知识的宣传教育作用

目前，我国已进入全面建成小康社会新的发展阶段。改善生态环境，促进人与自然的协调与和谐，努力开创生产发展、生活富裕和生态良好的文明发展道路，既是中国实现可持续发展的重大使命，也是新时期林业建设的重大使命。中央林业决定明确指出，在可持续发展中要赋予林业以重要地位，在生态建设中要赋予林业以首要地位，在西部大开发中要赋予林业以基础地位。随着国家可持续发展战略和西部大开发战略的实施，我国林业进入了一个可持续发展理论指导的新阶段。凡此种种，无不阐明了现代林业之于和谐社会建设的重要性。有鉴于此，我们必须做好相关生态知识的科普宣传工作，通过各种渠道的宣传教育，增强民族的生态意识，激发人民的生态热情，更好地促进我国生态文明建设的进展。

生态建设、生态安全、生态文明是建设山川秀美的生态文明社会的核心。生态建设是生态安全的基础，生态安全是生态文明的保障，生态文明是生态建设所追求的最终目标。生态建设，即确立以生态建设为主的林业可持续发展道路，在生态优先的前提下，坚持森林可持续经营的理念，充分发挥林业的生态、经济、社会三大效益，正确认识和处理林业与农业、牧业、水利、气象等国民经济相关部门协调发展的关系，正确认识和处理资源保护与发展、培育与利用的关系，实现可再生资源的多目标经营与可持续利用。生态安全是国家安全的重要组成部分，是维系一个国家经济社会可持续发展的基础。生态文明是可持续发展的重要标志。建立生态文明社会，就是要按照以人为本的发展观、不侵害后代人生存发展权的道德观、人与自然和谐相处的价值观，指导林业建设，弘扬森林文化，改善生态环境，实现山川秀美，推进我国物质文明和精神文明建设，使人们在思想观念、科学教育、文学艺术、人文关怀诸方面都发生新的变化，在生产方式、消费方式、生活方式等各方面构建生态文明的社会形态。

人类只有一个地球，地球生态系统的承受能力是有限的。人与自然不仅具有斗争性，而且具有同一性，必须树立人与自然和谐相处的观念。我们应该对全社会大力进行生态教育，即要教导全社会尊重与爱护自然，培养公民自觉、自律意识与平等观念，顺应生态规律，倡导可持续发展的生产方式、健康的生活消费方式，建立科学合理的幸福观。幸福的获得离不开良好的生态环境，只有在良好生态环境中人们才能生活得幸福，所以要扩大道德的适用范围，把道德诉求扩展至人类与自然生物和自然环境的方方面面，强调生态伦理道德。生态道德教育是提高全民族的生态道德素质、生态道德意识、建设生态文明的精神依托和道德基础。只有大力培养全民族的生态道德意识，使人们对生态环境的保护转为自觉的行动，才能解决生态保护的根本问题，才能为生态文明的发展奠定坚实的基础。在强调可持续发展的今天，对于生态文明教育来说，这个内容是必不可少的。深入推进生态文化体系建设，强化全社会的生态文明观念。一要大力加强宣传教育。深化理论研究，创作一批有影响力的生态文化产品，全面深化对建设生态文明重大意义的认识。要把生态教育作为全民教育、全程教育、终身教育、基础教育的重要内容，尤其要增强领导干部的生态文明观念和未成年人的生态道德教育，使生态文明观深入人心。二要巩固和拓展生态文化阵地。加强生态文化基础设施建设，充分发挥森林公园、湿地公园、自然保护区、各种纪念林、古树名木在生态文明建设中的传播、教育功能，建设一批生态文明教育示范基地。拓展生态文化传播渠道，推进"国树""国花""国鸟"评选工作，大力宣传和评选代表各地特色的树、花、鸟，继续开展"国家森林城市"创建活动。三要发挥示范和引领作用。充分发挥林业在建设生态文明中的先锋和骨干作用。全体林业建设者都要做生态文明建设的引导者、组织者、实践者和推动者，在全社会大力倡导生态价值观、生态道德观、生态责任观、生态消费观和生态政绩观。要通过生态文化体系建设，真正发挥生态文明建设主要承担者的作用，真正为全社会牢固树立生态文明观念做出贡献。

通过生态基础知识的教育，能有效地提高全民的生态意识，激发民众爱林、护林的认同感和积极性，从而为生态文明的建设奠定良好基础。

（三）生态科普教育基地的示范作用

当前我国公民的生态环境意识还较差，特别是各级领导干部的生态环境意识还比较薄弱，考察领导干部的政绩时没有把保护生态的业绩放在主要政绩上。曾经公布的中国公民生态环境意识调查表明，在总分13分的测试中，中国公众的人均分为2.8分。其中，城市为4.5分，农村为2.4分。这说明中国公众的生态意识水平还较低。森林公园、自然保护区、城市动物园、野生动物园、植物园、苗园和湿地公园等是展示生态建设成就的窗口，也是进行生态科普教育的基地，充分发挥这些园区的教育作用，使其成为开展生态实践的大课堂，对于全民生态环境意识的增强、生态文明观的树立具有突出的作用。森林公园中蕴含着生态保护、生态建设、生态哲学、生态伦理、生态宗教文化等各种生态文化要素，是生态文化体系建设中的精髓。森林蕴含着深厚的文化内涵，森林以其独特的形体美、色彩美、音韵美、结构美，对人们的审美意识起到了潜移默化的作用，形成了自然美的主体旋律。森林文化通过森林美学、森林旅游文化、园林文化、花文化、竹文化等展示了其丰富多彩的人文内涵，在给人们增长知识、陶冶情操、丰富精神生活等方面发挥着难以比拟的作用。

《关于进一步加强森林公园生态文化建设的通知》（以下简称为《通知》）《通知》要求各级林业主管部门充分认识森林公园在生态文化建设中的重要作用和巨大潜力，将生态文化建设作为森林公园建设的一项长期的根本性任务抓紧抓实抓好，使森林公园切实担负起建设生态文化的重任，成为发展生态文化的先锋。各地在森林公园规划过程中，要把生态文化建设作为森林公园总体规划的重要内容，根据森林公园的不同特点，明确生态文化建设的主要方向、建设重点和功能布局。同时，森林公园要加强森林（自然）博物馆、标本馆、游客中心、解说步道等生态文化基础设施建设，进一步完善现有生态文化设施的配套设施，不断强化这些设施的科普教育功能，为人们了解森林、认识生态、探索自然提供良好的场所和条件。充分认识、挖掘森林公园内各类自然文化资源的生态、美学、文化、游憩和教育价值。根据资源特点，深入挖掘森林、花、竹、茶、湿地、野生动物、宗教等文化的发展潜力，并将其建设发展为人们乐于接受且富有教育意义的生态文化产品。森林公园可充分利用自身优势，建设一批高标准的生态科普和生态道德教育基地，把森林公园建设成为对未成年人进行生态道德教育的最生动的课堂。

经过不懈努力，以生态科普教育基地（森林公园、自然保护区、城市动物园、野生动物园、植物园、苗园和湿地公园等）为基础的生态文化建设取得了良好的成效。今后，要进一步完善园区内的科普教育设施，扩大科普教育功能，增加生态建设方面的教育内容，从人们的心理和年龄特点出发，坚持寓教于乐，有针对性地精心组织活动项目。积极开展生动鲜活，知识性、趣味性和参与性强的生态科普教育活动，尤其是要吸引参与植树造林、野外考察、观鸟比赛等活动，或在自然保护区、野生动植物园开展以保护野生动植物为主题的生态实践活动。尤其针对中小学生集体参观要减免门票，有条件的生态园区要免费向青少年开放。

通过对全社会开展生态教育，使全体公民对中国的自然环境、气候条件、动植物资源等基本国情有更深入的了解。一方面，可以激发人们对祖国的热爱之情，树立民族自尊心和自豪感，阐述人与自然和谐相处的道理，认识到国家和地区实施可持续发展战略的重大意义，进一步明确自身在保护生态自然，促进人类与自然和谐发展中所担负的责任，使人们在走向自然的同时，更加热爱自然、热爱生活，进一步培养生态保护意识和科技意识；另一方面，通过展示过度开发和人为破坏所造成的生态危机现状，让人们形成资源枯竭的危机意识，看到差距和不利因素，进而会让人们产生保护生物资源的紧迫感和强烈的社会责任感，自觉遵守和维护国家的相关规定，在全社会形成良好的风气，真正地把生态保护工作落到实处，还社会一片绿色。

二、现代林业与生态文化

（一）森林在生态文化中的重要作用

在生态文化建设中，除了价值观起先导作用外，还有一些重要的方面。森林就是这样一个非常重要的方面。人们把未来的文化称为"绿色文化"或"绿色文明",未来发展要走一条"绿色道路",这就生动地表明,森林在人类未来文化发展中是十分重要的。大家知道,森林是把太阳能转变为地球有效能量,以及这种能量流动和物质循环的总枢纽。地球上人和其他生命都靠植物、主要是靠森林积累的太阳能生存。地球陆地表面原来 70% 被森林覆盖,有森林 76 亿 hm^2,这是巨大的生产力。它的存在是人和地球生命的幸运。在地球生命系统中,森林虽然只占陆地面积的 30%,但它占陆地生物净生产量的 64%。森林每年固定太阳能总量,是草原的 3.5 倍,是农田的 6.3 倍;按平均生物量计算,森林是草原的 17.3 倍,是农田的 95 倍;按总生物量计算,森林是草原的 277 倍,是农田的 1 200 倍。森林是地球生态的调节者,是维护大自然生态平衡的枢纽。地球生态系统的物质循环和能量流动,从森林的光合作用开始,最后复归于森林环境。例如,它被称为"地球之肺",吸收大气和土壤中的污染物质,是"天然净化器";每公顷阔叶林每天吸收 100 kg CO_2,放出 730 kg O_2;全球森林每年吸收 4 000 亿 t CO_2,放出 4 000 亿 t O_2,是"造氧机"和 CO_2"吸附器",对于地球大气的碳平衡和氧平衡有重大作用;森林又是"天然储水池",平均 33 km^2 的森林涵养的水,相当于 100 万 m^3 水库库容的水;它对保护土壤、防风固沙、保持水土、调节气候等有重大作用。这些价值没有替代物,它作为地球生命保障系统的最重要方面,与人类生存和发展有极为密切的关系。对于人类文化建设,森林的价值是多方面的、重要的,包括:经济价值、生态价值、科学价值、娱乐价值、美学价值、生物多样性价值。

无论从生态学(生命保障系统)的角度,还是从经济学(国民经济基础)的角度,森林作为地球上人和其他生物的生命线,是人和生命生存不可缺少的,没有任何代替物,具有最高的价值。森林的问题,是关系地球上人和其他生命生存和发展的大问题。在生态文化建设中,我们要热爱森林,重视森林的价值,提高森林在国民经济中的地位,建设森林,保育森林,使中华大地山常绿、水长流,沿着绿色道路走向美好的未来。

(二)现代林业体现生态文化发展内涵

生态文化是探讨和解决人与自然之间复杂关系的文化;是基于生态系统、尊重生态规律的文化;是以实现生态系统的多重价值来满足人的多重需要为目的的文化;是渗透于物质文化、制度文化和精神文化之中,体现人与自然和谐相处的生态价值观的文化。生态文化要以自然价值论为指导，建立起符合生态学原理的价值观念、思维模式、经济法则、生活方式和管理体系，实现人与自然的和谐相处及协同发展。生态文化的核心思想是人与自然和谐相处。现代林业强调人类与森林的和谐发展，强调以森林的多重价值来满足人类的物质、文化需要。林业的发展充分体现了生态文化发展的内涵和价值体系。

1. 现代林业是传播生态文化和培养生态意识的重要阵地

牢固树立生态文明观是建设生态文明的基本要求。大力弘扬生态文化可以引领全社会普及生态科学知识，认识自然规律，树立人与自然和谐相处的核心价值观，促进社会生产方式、生活方式和消费模式的根本转变；可以强化政府部门科学决策的行为，使政府的决策有利于促进人与自然的和谐；可以推动科学技术不断创新发展，提高资源利用效率，促进生态环境的根本改善。生态文化是弘扬生态文明的先进文化，是建设生态文明的文化基础。林业为社会所创造的丰富的生态产品、物质产品和文化产品，为全民所共享。大力传播人与自然和谐相处的价值观，为全社会牢固树立生态文明观、推动生态文明建设发挥了重要作用。

通过自然科学与社会人文科学、自然景观与历史人文景观的有机结合，形成了林业所特有的生态文化体系，它以自然博物馆、森林博览园、野生动物园、森林与湿地国家公园、动植物以及昆虫标本馆等为载体，以强烈的亲和力，丰富的知识性、趣味性和广泛的参与性为特色，寓教于乐、陶冶情操，形成了自然与人文相互交融、历史与现实相得益彰的文化形式。

2. 现代林业发展繁荣生态文化

林业是生态文化的主要源泉，是繁荣生态文化、弘扬生态文明的重要阵地。建设生态文明要求在全社会牢固树立生态文明观。森林是人类文明的摇篮，孕育了灿烂悠久、丰富多样的生态文化，如森林文化、花文化、竹文化、茶文化、湿地文化、野生动物文化和生态旅游文化等。这些文化集中反映了人类热爱自然、与自然和谐相处的共同价值观，是弘扬生态文明的先进文化，是建设生态文明的文化基础。大力发展生态文化，可以引领全社会了解生态知识，认识自然规律，树立人与自然和谐相处的价值观。林业具有突出的文化功能，在推动全社会牢固树立生态文明观念方面发挥着关键作用。

第八章 现代林业体制改革与创新

第一节 我国林业管理体制

我国国有林林业管理体制属于"政企合一"模式。这种体制是按行政组织和行政层次，运用行政手段直接管理的模式，是在高度集中的计划经济体制基础上建立起来的，其指导思想是以计划经济为指导，其管理手段是以行政命令指令性计划为主。随着社会主义市场经济的逐步建立，林业的管理体制也逐渐摆脱了高度集权的束缚，确定了林业生产责任制，扩大了林业企业自主权，调动了广大林业工人的积极性，逐步适应社会主义市场经济的发展。但是，计划经济在林业系统内部依旧有相当大的市场，林业主管机关从计划投资到大项目的立项仍旧有相当的权力，与其他行业不同的是林业的生物性及自然生态与社会发展要相适应的客观要求，又决定全国林业一盘棋思想在林业系统仍旧占主导地位。最为典型的是十大工程和实行限额采伐管理制度，应当说，没有全国林业发展一盘棋的管理体制，各自为政对中国林业建设和发展是不利的。但是，这种一盘棋体制也制约了地方林业经济的发展，林业企业在企业内部有相当的自主权，但涉及与区域经济发展相协调的时候往往显得相对孤立，表现在一个区域或地方的机构设置上，一个县内同时又有正县级的林业企业，林场与县域在土地上的交叉，造成乱占林地现象突出，以至于林业办社会等问题更突出了。总之，当前的林业管理体制是历史的原因和现实原因结合的产物，这种体制优势与劣势并存，与现代林业发展和建设新格局林业之间存在着相当的矛盾。

一、我国林业管理机制

我国目前的林业管理机制运用还很欠缺，主要以权力机制保障部分利益机制的运用，而对于其他领域和行业中广泛运用的市场利益机制、竞争机制的运用方面是非常有限的。目前的机制运用主要体现在投资方面。

我国林业投资结构主要由以下几方面组成。①中央财政预算，应积极争取将林业占国民经济 GNP 预算逐年提高。国家财政预算始终是林业建设的主要资金来源，但总体来讲，林业与同期水利、交通等基础行业建设投入总额相比，投资明显偏少，在国家日益重视森林对环境影响的今天，积极争取更多的国家预算是十分必要的。②在中央财政比较困难的情况下，各级地方政府通过各种渠道筹集一定数额资金，对确保林业项目建设作用重大，将是今后林业投资体制中一个重要组成部分。在林业建设中，地方政府的积极投入也是拓宽投资渠道，增加林业建设资金的重要来源。③建立生态林效益补偿制度才是改善今后林业投资环境的根本举措。森林生态效益补偿制度建立的成功，对今后我国林业投资体制改善意义重大，对我国今后林业发展的命运产生深远影响。④育林基金的收取可弥补林业建设资金的不足。但是多年来育林基金由于相应配套措施不完善，全国范围内存在着收取困难、使用管理不严、投向分散、效益不高、挤占挪用等问题。实际育林基金只能维持森林资源更新所需费用的 7.7%。因此，在今后育林基金提取比例不可能有大幅度提高的情况下，此项费用将只能作为国有林区和部分集体林区资源更新费用的补充。⑤国家政策性投入、各类贷款也是林业融资的主要组成部分，并发挥越来越重要的作用。

现已逐渐形成"以中央财政预算拨款、生态效益补偿费为主，政策性投入、育林基金、各类贷款及其他专项项目经费为辅"的投资格局。以后逐年会提高社会公益性林业建设投资比重和信贷资金融资比重，并在尝试林业进入保险领域，引入风险投资机制，逐步理顺投资渠道。资金使用上明确采取公益性林业建设项目以中央拨款、生态效益补偿费投入为主；商品林建设、新林区开发、林产工业等基础产业使用国家政策性投入；其他项目原则上以商业信贷等市场投资为主的运行方式，提高投资使用效益。

二、我国林业管理机构

1. 政府的林业组织体系

我国政府的林业调控组织体系，是实行有效调控的组织保证，其结构应包括横向系统和纵向系统。系统包括中央、省市自治区和县政府的林业主管部门。

2. 中国林业管理机构

我国林业管理机构的设置基本是采用行政直线式，按照行政系统从上到下划分为一定层次，层层设置管理机构。各层林业管理机构是同层次政府的职能部门，同时又受上一层次林业管理机构的业务指导。具体的林业经济管理体制：国家设国家林业和草原局，负责全国林业经济方针、政策、计划，重大建设项目和经济业务的指导组织、监督和控制。各省（区）、市、县都相应地成立了林业管理部门，领导和组织林业基层单位的生产建设。

拥有大面积国有林区的省（区），由国家、省（区）直接或通过若干中层管理机构进行管理。例如，我国主要林区的黑龙江省，设有森林工业总局、林业管理局，管理全省森工企业的生产经营活动。

三、我国林业管理制度

1. 林业产权制度

我国林业还没有建立起适应市场经济的产权制度。产权不明确，主要表现在：第一，林业经营者的产权主体地位没有建立起来，在林业中体现产权主体的国家、集体、经营合作组织与政府关系的界定不清楚，各级组织及机构与其管理者的关系也不清楚；第二，产权的客体，包括林业用地、林木、林业生产技术，林业生产条件在内的多种产权的占有、使用、分配、经营等没有明确，不具有法律意义和可操作意义上的科学划分。突出表现在林木和林业用地的产权划分不明确。我国受长期计划经济的影响，公有制经济成分在林业中占主要地位，特别是林业用地归国家或集体所有，大部分林木资源也属于国有或集体所有。

2. 森林资源核算制度

长期以来，在计划经济体制下，对生态环境资源耗用不计价，不考虑对它的价值补偿，使它排除于社会再生产价值运行之外，不能全面地反映国民经济运行的实际状况和再生产价值运动的真实全貌。自20世纪80年代以来，由于资源环境问题日益突出，资源与环境核算问题引起各国、各界和国际有关组织的极大关注，许多国家开展了资源与环境核算的研究。在我国，森林资源核算制度总体上仍处于研究阶段，还没有开始实施。

3. 森林生态效益补偿制度

《中华人民共和国森林法》第六条规定："征收育林费，专门用于造林育林，建立林业基金制度。"自1953年建立育林基金制度以来，对我国用材林的发展起到了很大作用。但随着社会经济的发展，生态环境问题越来越突出，改善和保护生态环境已成为一项十分紧迫的任务。因此，建立森林生态效益补偿制度，征收森林生态效益补偿费作为培育生态林费用成为必然的趋势。

《关于保护森林发展林业若干问题的决定》（中发〔1981〕12号）指出："建立国家林业基金制度；适当提高（除黑龙江、吉林、内蒙古林区外）集体林区和国有林区育林基金和更改资金的征收标准，扩大育林基金征收范围，具体办法由林业部、财政部拟定。"据此，不少省区的林业部门要求把征收育林基金范围扩大到防护林和经济林等生态林。《国务院批转国家体改委关于一九九二年经济体制改革要点的通知》（国发〔1992〕12号）也明确指出："要建立林价制度和森林生态效益补偿制度，实行森林资源有偿使用。"1992年9月《关于出席联合国环境与发展会的情况及有关对策的报告》（中办发〔1992〕7号）第七条"运用经济手段保护环境"，就强调了"按资源有偿使用的原则，要逐步开征资源利用补偿费，并开展对环境税的研究"。1993年国务院《关于进一步加强造林绿化工作的通知》指出："要改革造林绿化资金投入机制，逐步实行征收生态效益补偿费制度。"

《中华人民共和国森林法》明确规定：国家将设立森林生态效益补偿基金，用于提供生态效益的防护林和特种用途林的森林资源林木的营造、抚育、保护和管理；允许用材林、经济林、薪炭林及其林地使用权依法转让，实质上已从经营管理和投入机制角度将森林分成两种主要类型。

第二节　我国林业体制改革所面临的困难

一、目标定位不明确

行政管理机构的职能紊乱。特别是集体林的县（市）级林业管理机构，既是政府的职能部门，具有行政决策，行政领导、行政监督、行政协调等功能，同时又是国有林业的经营者，从事林业生产的经营活动。其结果是，既削弱了行政运行的约束机制，导致了为完成生产任务和追求经营效益而置林政和森林资源管理于不顾，也使林业企业依附于林业行政管理部门，导致其缺乏经营决策及经营管理的自主权而没有活力。

管理部门的大部分精力都放在工程项目上了，似乎忽略了政府的真正职能是为市场机制的有效发挥提供公平竞争的环境，以及为中介组织、企业、职工和林农提供各种基础性服务工作。因此，也造成了管理体制中一些具体目标的不明确。如分类经营制度，对于分类是对营林单位进行分类，还是对不同功能的森林类型进行分类？分类后的管理与监督如何实施？公益林以生态建设为主，那么其中的商业性利用可以达到何种程度呢？商品林也有生态效益，那么对其发挥的生态效益有何补偿呢？针对划分为三类林的情况，兼用林又如何实现兼而用之的目的呢？再如林业产权制度，针对国有和集体产权部分，到底谁来代表国家和集体的利益？如何保证这种国家或集体利益的代表人能真正代表好国家和集体的利益？

总之，政府部门目标定位不够明确，也不够准确，致使政府部门自身卷入一些具体的营造林工作当中，置身其中当然也就无法承担起宏观的职能，无法真正实现市场经济社会的市场配置资源的基础性作用，各种社会机构、企业和个人也无法得到政府应该提供的相应的服务。

二、管理机制难以适应市场经济发展需要

我国林业管理在很大程度上是一种政府行为，其管理机制主要是行政性权力

机制。单纯从管理的角度来看，强化行政管理手段无疑是必需的。然而，管理不仅仅是行政管理，即或是行政管理，在市场经济条件下，也必须运用市场机制，运用法律的、经济的、教育的等多种手段。市场经济最本质的特征，就是在资源配置中，市场起基础性作用。这一性质决定了市场经济条件下的宏观林业经济管理具有两个最基本的特点：一方面，由于市场起基础性作用，人们的林业经济活动都不可避免地带有市场的色彩，要服从市场规律的要求，以追求利润最大化作为行为的主要目标，这就对强化宏观林业管理提出了更高的要求；另一方面，市场效应的影响使得林业经济管理手段变得更为重要。而一些过去行之有效的行政管理手段由于市场的作用而显得无能为力。这一变化表明以行政管理手段为主的林业管理体制难以适应市场经济的要求，而更应注重市场利益和竞争机制的运用。

三、国民经济核算体系影响宏观管理效能的发挥

统计与核算体系是宏观管理体制的重要组成部分，科学的核算体系对宏观管理效能的发挥有重要的作用。我国现行体制中的国民经济核算存在缺陷，最突出的问题是核算中没有计入经济活动造成的生态环境代价，更没有计入生态环境资源的固有价值。正是这种错误的生态环境资源价值观的支配，使得我国许多林业企业、事业单位在其经济活动中，忽视了节约和综合利用林业资源，忽视了林业资源的长期效益和生态效益，只追求眼前的、片面的，因而也是虚假的经济效益，忽视了长远的、全社会的、真实的总体效益，从而造成了企业外部的不经济性。

四、管理体制改革的配套与协调问题

管理体制中的机构、机制与制度三者的改革应协调同步地进行，这三个要素内部也应注意相互的配套与协调问题。如管理机构改革的前提是培育出称职的中介机构和多种经营形式的企业，以配合管理机构的职能转变。权力机制和竞争机制应以利益机制为基础，保证利益机制的顺利运作。各项制度的改革要加强彼此间的配合与支持，如林业资源资产化管理的前提就是产权的明晰化，以及森林生态效益的合理补偿。

五、资金的筹集问题

目前,筹资面临的难点和问题主要有以下几方面。

(一)营林产业市场参与能力差

多年来营林建设资金主要来自国家预算内资金及国家、地方自筹资金,而企业自筹资金部分很少。国有林场资金不足,尤其是森林经营资金不足,森林资源结构的调整与营林资金紧缺矛盾突出。资金使用效果差,林场资金筹集能力较低,形成不了强大的资金规模。目前国有林场资金循环乏力,周转不灵,资金增值能力低下,主要受竞争弱、自身条件差的影响。而且营林产业要考虑部分社会、生态效益,资金成本高、回收慢、风险大,资金收益率低于社会平均利润率。

(二)森工企业尚未真正摆脱"两危"

森工企业是典型的初级产品加工企业,经营手段单一,加上价格不合理,使其市场竞争性差。国家森工宏观调控失控,主要表现为规模过大,生产能力过剩,行业结构失调,行业效益差,市场秩序混乱,企业经营难,森工机械化水平低。再加上木材市场持续疲软和生产成本费用不断提高,当前森工企业的资金越来越困难,若依靠现有的森工企业组织形式难以解决企业再发展资金短缺问题。特别是国有采运企业,社会法人地位不明确,其资金来源主要是国家预算内资金及国内贷款,自发筹集及引进外资比重低。鉴于森工企业严重负债经营、企业发展资金不足的特点,为此积极寻求金融市场的融资渠道,就显得很迫切。

(三)林产工业面临流动资金紧缺和沉重的银行债务负担

由于林业企业宏观失控,盲目建厂、重复建厂问题严重,企业规模小,生产布局分散,小型化、分散化严重。再加上受到森林资源约束,其资金循环运动不畅,集中表现为产成品库存增加,出现"边贷款、边生产、边积压"的状况,林产加工企业的效益普遍下降,林产工业的资本产出率和投资效益水平仍然较低,这样林产工业企业依靠企业自身的经济效果和实力在金融市场上融通资金的能力就极其有限。此外,对于不同的所有制,在投资培育森林上有着不同的方式与制度。国有林区在投资上可以形成规范的制度,而集体和私有林开发投资就很难形成规范的制度，并且在很大程度上投资取决于所有者，国家很难控制。由政府行为过渡到市场行为，实施林业分类经营后，哪些天然林要保护经营好，哪些林地实施集约经营，要受到所有者利益的驱动，即便是造林成林的林地，也容易遭到破坏、挪作他用。分散的林地经营不利于林业分类经营的进行。实现林业分类经营后，若生态补偿金无法实现或征收困难，林场根本就不可能拿出资金去管护公益生态林。实施分类经营后，商品林由经营者投入，而公益林的投入则需要有雄厚的财力做保证，这对于一些经济发达的财政强县而言并非难事，但对于经济欠发达的贫困地区来讲就显得捉襟见肘。

第三节　现代林业的保障体系

一、现代林业的公共财政投入

当前，我国林业资金来源有国家投入和社会投入两个主要渠道，其中能形成固定资产的资金被称为建设资金，很多资金投入是不形成固定资产的。

林业是一项重要的社会公益事业，同时也是一个重要的物质生产部门，兼具生态、经济和社会功能，是一个具有典型外部经济性的行业，需要国家对林业的资金、物资等进行投入和经济调控，需要建立长期稳定的国家支持林业和生态建设的资源配置体系。当前，我国财政改革的主要目标是逐步建立健全公共财政体系，这必将对林业的可持续发展和建设中国现代林业产生重大和深远的影响。现代林业的投入体系中应扭转林业在国民经济定位中的偏差，理顺与财政的相互关系，构建适合我国国情、林情的林业与公共财政关系的基本框架，以促进林业资源的最优配置和充分利用。

1. **完善国家公共财政为主的投入机制**

政府公共财政确保林业事业经费全额拨款。要以建立社会主义市场经济体制为前提，通过改革我国的投资体制，严格按照事权利分原则，明晰中央和地方政府的林业投资义务，真正做到政府扶持资金的足额到位，逐步建立起公益林以政府投入为主、商品林以社会投入为主的投资机制，保证林业建设的投资需要。国家预算内基本建设资金、财政资金、农业综合开发资金、扶贫资金、以工代赈以及国外资金等的使用，都要把加强江河湖建设、绿色植被建设、治理水土流失、防治荒漠化、草原建设和生态农业建设作为重要内容，优先安排，并逐步增加各项资金投入比重。

2. 加大以工代赈、以粮换林、以粮换牧（草）的力度

国家要实事求是、因地制宜，按照退耕还林等重点生态工程的实际需要，设置优惠政策的支持年限。鉴于目前全国工业品、粮食库存积压较多和富余劳动力多的特点，再加上生态恶化地区多是贫困地区，今后，要特别加大集团化、集约化、规模化、科学化、产业化治理的力度，可以组建生态建设兵团（也可以利用军队减员，还可以将现有国有农场转为生产建设兵团等多种形式），建立国家投入、以工代赈、以粮换林、以粮换牧（草）投入相结合的形式。有关部门要制定切实可行的计划和规划；要坚持"谁造谁有，合造共有"的政策，充分调动广大群众植树造林的积极性；要改变以往无偿使用农民劳动积累工、义务工过多的做法，实行有偿使用和机械化规模治理并重的做法，以解决过度剥夺农民投劳的偏差，也可以提高群众参与治理生态环境建设的积极性。

3. 建立和完善森林生态效益补偿制度

加大国家森林生态效益补偿资金投入力度，是推进林业大发展的重要前提。要按照分类经营的要求，根据森林多种功能和主导利用的不同，将森林划分为公益林和商品林两大类，对公益林实行生态补偿，并在此基础上分别对公益林和商品林建设和管理，建立不同的体制和政策。公益林补偿要足额到位，把公益林落实到地块和每个经营主体。作为公共产品供给者的政府，应从中央和各级地方财政中拿出专项基金，设立森林生态补偿基金，并分别纳入中央和地方财政预算，并逐步增加资金规模，根据物价水平及公益林经营管理成本的变动情况，每年进行适当调整。要适应国际"碳交换"机制建立的大趋势，提前研究制定"以林补碳"的操作性手段，统一纳入生态补偿范畴。要研究开征统一的生态环境补偿税，消除部门交叉、重叠收费现象。

4. 设立国家林业生态保护工程建设基金

林业和生态环境周期长，需资巨大，具有后发效应的特性。经测算，2001—2030，需建设资金1.6万亿元。按照今后国家财政和社会财力预测，公共财政

经常性账户大约可负担 1/3，扩张性财政即合理的债务结构负担 1/3，信贷资金负担 1/3。按照阶段划分，前 10 年的资金有了初步的规划，后 20 年的资金就很难有一个稳定的保障。建议在国家公共财政经常性账户纳入预算和已有稳定来源的资金支持之外，需制定新的特殊政策，允许从全社会范围合理并适度地筹措资金，设立"国家林业和生态保护工程建设基金"，纳入国家预算，并给以立法保障，以便稳定有序地用于林业和生态保护建设。基金主要来源：①扩张性财政即合理的债务结构；②与债务结构相配套的合理的信贷结构；③民资；④社会捐助和赠送；⑤国外资金；⑥生态补偿基金。"国家林业生态保护工程建设基金"的使用范围，主要投入到重点工程和重点地区。

5. 实行轻税薄赋政策

国家应实行税收鼓励政策，按照统一税法、公平税赋的原则，确立合理的税目、税基和税率。进一步整顿税制，把减轻林农和林业企业负担作为政府税费改革的主要内容。今后可考虑在以下方面研究减轻税费问题：一是考虑对国内外企业以税前利润投资造林，国家免征所得税；二是对国有林业企业、事业单位从事种植业、养殖业和农林产品初加工利润，以及边境贫困林业局、林场、苗圃可以免征所得税，对林区"三剩物"和次小薪材为原料生产的加工产品，可继续实行增值税即征即退政策；三是对林业初加工产品可按初加工农产品对待，实行同步抵扣；四是对转产、调整结构、利用多种资源及以安置下岗人员为主要目的的生产的产品，可实行增值税即征即退或暂缓征收政策；五是对林业生产、生活用水可考虑免征水资源费；六是对进口种子、种畜、鱼种和非营利性野生动植物可考虑免征进口环节增值税；七是由农民投资营造的公益林，国家除给予必要的管护补贴外，通过卫生伐和更新伐所取得的收入应归投资者所有，并考虑免征一切税收；八是改革育林基金征收使用办法，可考虑由生产者自提自用，但国家对现在育林基金负担的公共支出，要予以保证；九是加大对经济贫困地区中央财政转移支付的力度。

6. 对林业资金使用的监管

一要严格资金规范管理，建立责任追究制度，强化和规范对资金违规违纪问题的整改和查处。加强资金稽查，成立专门的资金监督检查机构，建立林业资金巡回稽查和专项稽查制度，整章建制，加强林业资金源头管理，促进稽查工作日常化、规范化。

二要建立健全林业资金财务管理制度和会计核算制度，抓紧制定相应的财务管理制度和会计核算办法，补充完善相关的内容和标准。

三要加强对资金的全过程管理，通过严格计划管理、预算管理，事中审核、事后检查等措施，确保资金使用合规、合法和真实、完整。要尽快制定林业资金的报账制管理办法，特别是林业重点工程资金的报账制管理。

四要加强社会舆论监督，建立林业资金使用违规违纪举报制度，对重大案件予以曝光。

二、社会资金投入

社会资金，是指除国家财政拨款及其他社会无偿援助以外以盈利为目的的资金。近年来，随着林业战略结构的重大调整，国家鼓励全社会办林业的优惠政策相继出台，大大激发了社会资金拥有者对林业的投资热情，社会资金对林业的投资迅速增加。

当今世界各国，凡林业发展卓有成效者，莫不与政府对林业的高度重视和采取积极有效的经济扶持政策密切相关。创造了"人工林奇迹"的巴西、从木材进口国一跃成为木材出口国的新西兰是如此，森林资源富饶的美国、加拿大也是如此。新西兰发展人工林的主要经验是政府制定了一整套鼓励社会及私人投资的政策，主要内容包括对人工林培育提供低于普通利息45%的低息贷款。巴西政府于1965年实施了造林税收激励法案，规定向人工林的经营者提供低息贷款、降低林产品的出口关税等。扶持国有林的发展是世界上许多林业发达国家林业扶持政策体系中的一项重要内容。美国等国家对国有林采取了统收统支的财务制度；日本对国有林实行特别会计制度，国有林的全部收入均由林业部门自用，所出现的赤字由国家预算补贴，收入盈余则按特别会计的规定转入下年度使用。对私有林的扶持方式虽各国不尽相同，但归纳起来大致可分为3类：一是对某些林业活动给予补贴；二是给予贷款优惠支持；三是给予税收优惠。除上述扶持措施外，国家还通过制定一些相关政策为林业发展创造良好的环境，如干预或鼓励林产品进出口、稳定国内木材价格等。根据我国的国情和林情，鼓励社会资金投入林业可以从以下几个方面提供支持。

1. 中长期信贷投入机制

世界银行主要业务涉及对发展中成员国提供长期贷款。该行主要是面向政府即由政府担保的项目贷款，资助它们兴建某些建设周期长，利润率偏低但又为该国经济和社会发展所必需的建设项目。世界银行的贷款期限，短的数年，长的可达30年，甚至50年。贷款按主要用途有：农业和农村发展、教育、能源、人口保健与营养、公共部门管理、小型企业、技术援助、电信、运输、城市发展、供水和排水等。林业可以借鉴这种方式，建立中长期信贷投入机制。

国家在信贷政策方面应进一步突出林业的特殊性，明确林业信贷扶持政策。一是严格区分政策性贷款与商业贷款的性质，对林业实行政策性优惠贷款，并采取相应的运作机制；二是在政策性贷款中对林业贷款实行计划份额制，保证政策性贷款可以用于林业的总量；三是建立新增项目的专项贷款，拓宽政策性贷款的渠道；四是适当延长贷款期限，加大贴息幅度；五是建立各级银行对林业贷款风险共担制度，促进林业贷款政策的落实，使国家给予林业的扶持优惠信贷足额和及时到位。

2. 国家政策性银行对林业的扶持

政策性银行应在业务范围内，积极提供符合林业特点的金融服务，适当延长林业贷款期限，对林业项目给予积极支持。国家开发银行对速生丰产用材林和工业原料林基地建设项目，根据南北方林木生长周期不同，贷款年限为12~20年；珍贵树种培育根据实际情况而定；经济林和其他种植业、养殖业和加工业项目，贷款年限为10~15年。中国农业发展银行对林业产业化龙头企业贷款期限一般为1~5年，最长为8年；对于速生丰产用材林、工业原料林、经济林和其他种植业、养殖业和加工项目贷款一般为5年，最长为10年，具体贷款期限也可根据项目实际情况与企业协商确定。考虑到林木生产周期长，贷款宽限期可适当延长，具体由银行和企业根据实际情况确定。商业银行林业贷款具体贷款期限根据项目实际情况与企业协商确定。

研究建立面向林农和林业职工个人的小额贷款和林业小企业贷款扶持机制。适当放宽贷款条件，简化贷款手续，积极开展包括林权抵押贷款在内的符合林业产业特点的多种信贷模式融资业务。加大贴息扶持力度。中央财政对林业龙头企业的种植业、养殖业以及林产品加工业贷款项目，各类经济实体营造的工业原料林贷款项目，山区综合开发贷款项目，林场（苗圃）和森工企业多种经营贷款项目，林农和林业职工林业资源开发贷款项目按照有关规定给予贴息。基本建设贷款中央财政贴息资金对总投资 5 000 万元以上的速生丰产用材林基地建设和总投资 3 000 万元以上的天然林资源保护工程转产项目给予适当支持。地方应根据实际情况给予适当支持，积极发挥信用担保机构作用，探索建立多种形式的林业信贷担保机制，各级政府应因地制宜，支持开展林业担保工作。尽快建立并完善与我国林权制度改革相配套的政策性林业保险保障体系。森林保险制度应该是公益性、政策性补助的一项保险制度。只有通过建立政策性森林保险机制，才能有效降低林业生产风险，减轻林农损失，增强林业产业项目抗风险能力。

4. 多渠道资本市场融资机制

林业投融资的趋势，要逐步减少间接投资，增加直接融资。林业企业按照社会主义市场经济体制的要求，深化内部改革，加快产业重组，建立现代企业制度，完善法人治理结构，增强在国际、国内两个市场的竞争力和生存能力。有条件的企业，要争取更多的企业在国内、国外资本市场上市，以获得更多的直接投资。一些中小企业也要按照资本市场准入规则，争取在即将上市的"二板"市场上市，以获取更多的资金支持。采取单位、集体、个人一起上，义务植树、有偿服务、投工投劳、捐资赞助多形式，公益林、商品林多领域，庭院绿化、社区林业建设等多方式，广泛吸引民间资金投入林业。同时建立全方位的国外投融资机制，一是外国政府贷款，如日本、德国、奥地利、法国、荷兰、意大利、芬兰等提供的多种贷款；二是国际金融组织贷款，如世界银行贷款、亚洲开发银行贷款等；三是外商直接投资；四是各种无偿援助，如德国、日本、芬兰、韩国等国政府及联合国开发计划署、联合国粮农组织、全球环境基金、欧盟等提供的双边和多边援助。

三、现代林业的科技支撑体系

现代林业的本质是科学发展的林业。建设现代林业，构建完备的林业生态体系、发达的林业产业体系和繁荣的生态文化体系，必须全面实施科教兴林、人才强林战略，努力提升林业自主创新能力，加快林业科学技术进步，充分发挥科学技术的支撑、引领、突破和带动作用。

（一）建立科学技术研究开发体系，提供技术储备

1.优化资源配置，提升林业自主创新能力

（1）建立国家林业科学中心。

国家林业科学中心以知识创新和原始创新为目标，重点开展林业基础和应用基础研究、重大共性及关键技术研究、林业高技术研究，着重解决事关林业全局的战略性、前沿性重大科技问题。可以在进一步深化科技体制改革的基础上，以现有国家级科研机构为主体，联合高等院校，以优势学科和重点领域为龙头，整合资源，逐步形成林木基因组与生物信息、数字林业、木材与生物基材料、生物质能源、森林防火、荒漠化防治等若干个国家林业科学中心，集聚一批高层次的国家级林业科技创新团队，带动林业科技整体发展水平的快速提高。

（2）建立区域林业科技中心。

区域林业科技中心以区域技术研究开发和技术创新为目标，重点开展区域内共性生态建设技术，产业发展技术的研究开发、集成与试验示范，直接服务于三大体系建设的主战场，为生态建设、产业发展、文化繁荣以及新农村建设提供强有力的科技支撑。可以在继续加强现有省级林业科研院所建设、充分发挥其作用的基础上，调动各方积极性，以区域内现有的中央和地方林业科研院所、林业高等院校为依托，根据全国生态建设和产业发展布局，按照优势互补、强强联合的原则，以项目为纽带，以树种、产品或生态区域为对象，通过创新管理机制、集聚科技资源、加强科技协作，逐步形成一批布局科学、结构合理的区域林业科技中心和创新团队，提高区域林业科技的整体实力和发展水平。

（3）建立林业科学试验基地。

林业科学试验基地主要开展林业科学实验研究、野外试验研究、野外科学观测研究及相关科研基础性工作，为知识创新和技术创新提供研究平台和基础服务。可以根据林业科学实验、野外试验和观测研究的需要，在科技发展重点领域和典型区域重点建设国家、省部级重点实验室、陆地生态系统野外科学观测研究台站；在现有基础上，建设完善若干个工程技术（研究）中心和工程实验室；以种质资源库、科学数据库、科技信息网络等为主体，建立林业科技资源共享平台。

（4）建立林业企业技术研发中心。

依托具有较强研究开发和技术辐射能力、具有良好技术基础的优势企业（集

团），建立林业企业技术研发中心，以项目为依托，以产品为龙头，以政府投入为引导，以企业投入为主体，主要开展林业资源开发利用领域的新技术。对新工艺、新设备等高新技术和相关产品进行研究开发，充分挖掘科研院所、高等院校的研究力量和成果储备，促进产、学、研相结合，提升林业企业的技术开发能力，增强林业企业的核心竞争力。

（5）建立科技资源共享平台。

充分运用信息、网络等现代技术，对科技基础条件资源进行战略重组和系统优化，以促进全社会科技资源高效配置和综合利用，提升科技创新能力。以重点实验室、生态定位站等研究实验资源和种质资源库等自然科技资源为重点，加快资源信息化建设，建立区域性大型科学仪器协作共用网，逐步推进大型科学仪器设备的远程应用。以国家科技计划项目积累的科学数据为重点，建立科学数据共享服务网络和分级分类共享服务体系。扩充、集成科技文献资源，加强数字图书馆建设，构建种类齐全、结构合理的国家科技文献资源保障和服务体系。

2. 加强实用技术与新型产品的开发

（1）加强林木良种培育技术研究。

针对国林木良种培育滞后、林业生产良种使用率较低等问题，重点开展主要造林树种、竹藤、花卉等植物的功能基因组学，木材形成、抗逆、抗病虫等性状的基因解析，木本植物速生、优质、高抗的分子育种，林木种质资源的收集、保存与科学利用，林木抗逆能力的定量测评及早期预测筛选技术，生物技术与常规育种技术的结合与创新，重要造林树种的良种选育，体细胞胚胎扩繁技术，名特优新经济林和花卉良种繁育技术研究，为现代林业建设提供能满足不同生态区域和重点工程需要的优良品种和转基因新品种。

（2）加强森林灾害防治技术研究。

针对森林灾害防治过程中的突出问题，重点开展森林灾害的生态、生物学管理技术，森林重大生物灾害发生机理，多重胁迫对森林健康的综合影响，森林健康维持与恢复技术，重大森林灾害的可持续控制技术，森林灾害的信息管理技术，森林火灾监测预警技术，森林火灾防控与安全扑救技术研究，提升对森林灾害的综合防治能力，为现代林业发展保驾护航。

（3）加强退化系统修复技术研究。

针对林业生态工程建设中的关键技术难题，重点开展森林生态网络体系构建技术，水土保持林、水源涵养林、农田防护林、沿海防护林、抑螺防病林、景观生态林体系构建与经营技术，典型困难立地植被恢复技术，石漠化综合治理技术，低效生态林改造技术，退化天然林恢复与重建技术，湿地生态系统保护与恢复技术研究，构建现代林业生态安全技术保障体系。

（4）加强森林定向培育与可持续经营技术研究。

针对我国森林可持续经营水平低，林地生产力低、森林生态功能差等现状，重点开展工业用材林、高效能源林、经济林优质高产定向培育技术，森林生产力形成与调控技术，主要森林生态系统类型的经营技术体系，森林生长动态模拟及预测技术，森林可持续经营的理论、技术与认证体系研究，提高森林可持续经营水平。

（5）加强林业资源高效利用技术研究。

针对我国森林生物资源破坏和流失严重的问题，重点开展生物质材料与资源的早期评价与应用预测技术，木材（竹藤）增值加工与应用技术，生物质基复合材料和可降解高分子材料设计与制备技术，低污染生物制浆造纸技术，生物质材料的化学资源化利用技术，超临界、等离子体、纳米科技在生物质材料领域的应用技术，废弃木质材料循环利用技术，森林食品与森林保健功能开发，野生动植物人工繁育与开发利用技术，林源天然药用物质提取、纯化与系列产品开发技术研究，生物质能源高效转化技术研究，全面提高森林资源的保护和开发利用水平。

（6）加强数字林业技术研究。

针对林业数字化管理薄弱的问题，重点开展林业生物－环境信息获取传感器网络、波谱探测与分析、视频监测技术，森林生长过程数字模型与系统仿真技术，基于生长模型和3S技术耦合的森林资源预测预警、森林生态环境质量定量化评价技术，虚拟林业与重大林业工程数字化设计技术，林业数字化管理与信息服务技术研究，建成数字化、网络化、智能化和可视化的国家数字林应用体系和林业科技信息网络系统，为宏观决策和科学管理、林业资源利用、生态环境规划及建设、灾害监测、全球变化、生态系统以及水文循环系统研究等方面实时提供可靠的基础数据。

（7）加强现代林业装备技术研究。

针对林业技术装备落后等特点，重点开展森林资源培育装备技术，森林病虫鼠害防治环保药械，森林火灾防控指挥与扑救装备，木材高效智能加工关键技术装备，竹材工业化生产技术装备，非木质森林资源深加工机械装备，林业生物质能源转化利用关键技术装备，林业特产资源高效增值加工装备技术，林产品加工过程数字化监测控制技术研究，增强森林资源的保护、开发和利用能力，为提高资源综合利用率，实现林业现代化提供先进、实用、可靠的装备技术支撑。

3. 加强知识产权保护

（1）加强林业知识产权管理。

以林业知识产权战略研究为基础，有序开展林业植物新品种、专利、名牌产品、遗传资源等的管理工作。建立健全预警机制，规避知识产权侵权风险，防范技术贸易壁垒。建立有利于林业知识产权形成与保护的激励机制，建立对侵犯林业知识产权行为的举报与处罚协调机制。

（2）建立发达的林业植物新品种保护代理网络。

品种权代理人是联系申请人和审批机关之间的桥梁，是委托人的参谋和顾问，是申请人和品种权人利益的维护者，也是《植物新品种保护条例》的执行者和捍卫者。品种权代理机构是经营或者开展品种权代理业务的服务机构，在实施《中华人民共和国植物新品种保护条例》、实行植物新品种保护制度中起着十分重要的作用。通过开展代理人培训、考核，培养一批合格的植物新品种权代理人，审核批准一批品种权代理机构，逐步建立起发达的全国林业植物新品种代理网络。

（3）建立专业的林业植物新品种保护测试机构。

植物新品种测试是实施植物新品种保护的关键一环，是判定一个品种是否为新品种的主要手段。目前我国已有1个测试中心、5个测试分中心、2个分子测定实验室、5个专业测试站，并培训了一大批植物新品种测试技术人员。需要进一步建立健全植物新品种测试机构，完善植物新品种测试标准体系，逐步形成完备的全国植物新品种测试体系。

（4）建立便捷的林业植物新品种保护信息渠道。

应重点建设好供植物新品种测试者使用的已知品种数据库和对照品种数据库系统，建立健全植物新品种数据库系统及网上申请系统，为植物新品种培育者提供知识产权保护的便捷途径。同时，加强宣传，提高植物新品种培育者的知识产权保护意识。

（二）建立健全成果体系，促进科技与生产紧密结合

1. 搭建专业孵化平台，促进科技成果产业化

（1）建立工程技术中心。

依托行业内科技实力雄厚的科研机构、科技型企业或高等院校，与相关企业紧密联系，整合工程技术综合配套试验条件，汇聚本领域一流的工程技术研究开发、设计和试验的专业人才队伍，建立一批工程技术中心，加强科技成果向生产力转化的中间环节，缩短成果转化的周期，促进科技产业化。工程技术中心主要根据国民经济、社会发展和市场需要，针对行业、领域发展中的重大关键、基础性和共性技术问题，持续不断地将具有重要应用前景的科研成果进行系统化、配套化和工程化的研究开发。同时，面向企业规模生产的实际需要，为企业规模生产提供成熟配套的技术工艺和技术装备，不断提高现有科技成果的成熟性、配套性和工程化水平，推动集成、配套的工程化成果向相关行业辐射、转移与扩散，促进新兴产业的崛起和传统产业的升级改造，并不断地推出具有高增值效益的系列新产品，推动相关行业、领域的科技进步和新兴产业的发展，形成我国林业科研开发、技术创新和产业化。目前，我国林业系统虽然在林业机械、林产化工、木材加工、竹藤、经济林种苗5个领域建立了5个国家级工程技术（研究）中心，但与国内其他行业相比，差距较大，这也是影响我国林业科技成果转化、制约林业产业快速发展的重要因素。应结合我国林业生态建设和产业布局，在科学规划的基础上，整合资源，重点在生物质能源、生物质材料、花卉、沙产业、工厂化育苗、特种资源开发利用等领域建设一批国家级工程技术（研究）中心，为加速科技成果转化、促进林业产业发展奠定基础。

（2）建立林业科技园区。

本着服务于科技创业、发展高新技术产业和改造传统产业的基本原则，重点在经济基础雄厚、科技资源集中、资本市场成熟和综合信息密集的地区，选择技术较为成熟、产业化条件具备、有广阔市场前景、具有物化有形载体且易于进行知识产权保护的领域，如以转基因技术为核心的动植物新品种培育、以精确林业为核心的林业信息技术、生物制剂技术、现代林业装备和设施、林产品精深加工和储运等，建立林业科技园区，主要目的是强化林业科技成果组装集成、转化示范和孵化带动，将科技资源迅速、高效地转化为现实生产力，培育中小科技企业，

加速区域产业结构调整，推动高新技术产业发展和传统产业改造升级。重点是通过与相关专业领域的国内外科研院所、高校、大学园区的有效联合和互利合作，把先进适用的科技资源不断地引进来，经集成熟化后使之扩散出去。同时，紧紧依托具有较强竞争力、带动力的龙头企业、种养大户、致富能手，充分发挥孵化器对科技创业企业的集聚功能，为其提供方便快捷的各类科技产品服务，引领相关企业和要索向园区积聚，形成区域支柱产业和经济增长点。

（3）加强高技术产业化示范。

结合现有研究开发基础和高技术储备水平，选择林业生物技术，林木（竹藤、花卉）新品种培育、木竹新材料、林化产品精深加工、森林生物质能源、森林生物制药与森林食品、林业信息技术和林业高技术装备等林业高技术重点发展领域，以森林生物资源及其衍生资源为主要对象，根据其分布的区域性和异质性、区位比较优势、林业高技术产业基础及市场发育状况，以生物技术、新材料技术、新能源技术、信息技术等高新技术为手段，形成一批以林木新品种和种苗培育为先导、集约经营的产业带和以精深加工为重点的产业集群。重点是加大企业高技术产业化力度，鼓励和推动企业投身高技术计划，并成为高技术应用和产业化的主导，造就一批知名品牌，加快传统技术改造，推动林业高技术产业化，促进产业结构的战略调整和产业升级，形成有特色的林业高技术产业链。

（4）培育新兴产业。

森林资源及其衍生资源具有生物多样性丰富、可再生性强、生产力高和生物量大等优势，为发展以用材林、经济林、种苗花卉、森林食品、森林药材、野生动植物繁育为主的种养业，以森林食品、药材加工、人造板、木地板、家具、林业机械、木浆造纸、林产化工为主的加工业，以生态旅游、林产品流通、森林资产评估、技术推广咨询为主的服务业，以生物能源、生物材料、生物制药为主的高新技术产业展示了巨大前景。通过科技创新，深化对各种生物资源的认知和多种功能的开发，以自主知识产权的取得带动新兴产业的崛起，以关键技术的突破点燃企业振兴的希望，通过示范点的辐射与带动，推进科学技术的产业化，形成规模效益。尤其是通过加强基础研究和应用基础研究以及前沿高技术研究，不断探索新的发展方向，实现在一些新兴领域的技术突破，开发新的产品，创造新的市场需求，培育新兴产业，催生新的经济增长点。

2. 加强技术扩散与转移

（1）加强实用技术推广应用。

以国家、省、地、县各级各类林业科技推广计划为依托，大力推广种苗繁育、森林资源培育、困难立地生态系统修复、木质和非木质资源综合加工和高效利用、林业生物质能源培育与开发利用、森林健康和森林保护等生产上急需、适用性强、市场潜力大的林木新品种和新技术，促进科技成果尽快转化为现实生产力，进一步提高林业生产的科技含量，确保建设质量和效益。

（2）开展专项技术咨询服务。

组建林业科技专家库，充分发挥专家智力资源，在深入开展调研、广泛收集技术需求信息的基础上，以网络咨询、电话咨询和现场咨询相结合的方式，开展针对公众多样化需求的专项技术咨询活动。尤其是针对林业生产实践中带有普遍性的"热点"问题或者突发的、影响比较大的生产难题与疫情灾害，开展现场知识答疑和应急防控技术咨询与培训活动，提升广大林农科学经营能力和灾害防御能力。积极推进林业科技社会化服务体系建设，充分发挥科技中介机构、科技社团、林业合作组织、技术协会、信息网络、科普基地、培训基地等社会资源优势，深入开展专项技术咨询服务，为林农提供产前、产中、产后技术咨询服务。

（3）开展新技术试点示范。

根据林业行业的特点和林业区域发展战略布局，选择有代表性的重点地区，以生态类型为主导，与经济发展相结合，在全国不同生态—经济类型区，选择有区域性特点、辐射带动作用强的地方，分别建立和完善一批林业科技示范区、示范县、示范点，形成星罗棋布的示范网点。促进科研、教学单位与地方林业生产部门紧密结合，整合科技资源，把林业新技术、新成果迅速转化并推广辐射到林业生产建设第一线，组装配套各类技术，建立形式多样的示范林、示范户、示范企业，为广大基层生产单位和林农提供看得见、学得会的示范样板，形成覆盖全国的林业科技示范网络，充分发挥其示范样板和辐射带动作用。

大力实施林业标准战略和林业品牌战略，树立一批按标准设计、按标准施工、按标准验收的工程建设典范，选择一批具有一定区域产业优势和较高知名度的林业拳头产品，打造全国驰名乃至享誉世界的知名品牌，建立一批依靠科技进步绿山富民的示范样板，带动区域内生态建设和产业发展。

第四节 现代林业的国际合作

当今世界，经济全球化深入发展，贸易自由化趋势不可逆转，新科技革命加速推进，全球和区域合作方兴未艾。我国现代林业发展离不开世界，需要共同分享发展机遇，共同应对各种挑战。加强国际合作，充分利用国内外两种资源、两个市场，积极引进国外林业先进技术和管理经验，通过实施"请进来、走出去"战略，大力培养高素质林业人才，利用国际环境全面提高我国林产品的国际竞争力，为实现现代林业又好又快地发展提供良好的国际环境和保障。

一、制定国际规则与履行国际义务相结合

为了顺应国际潮流，应对国际挑战，增加国际话语权，就要加强林业相关国际规则的研究，参加国际重大活动，参与各种国际规则制定，以此促进我国现代林业的可持续发展。

（一）参与制定国际规则

1. 完善世贸规则研究以应对国际市场挑战

林业国际化要求公开国内政策，增加透明度，便于外商投资开发森林和发展林产品贸易。中国林业进入国际市场，需要进一步了解世贸等国际规则，急需完善相关政策法规体系，应对各种挑战。一是加快林业企业改制步伐，二是完善林业企业社会保障体系，三是完善包括银行和资本市场在内的金融体系，四是加快行政部门转变职能，五是加强林业法制建设。我国林业市场化程度较低，WTO规则复杂，需要从关税、资本市场、投资环境、法律规范等方面深化研究，以市场准入规则为指导，加强与WTO原则的衔接，形成可操作的林业行业政策法规体系。

要重视国外木材流通市场管理和服务体系的研究，尤其要加强对国外的木材信息网络、销售网络、竞争战略、营销决策、收购政策、兼并政策以及全球化木材流通机制的研究，建立现代化木材经营机制和管理办法。要研究林业如何适应

世贸规则，保护林业，发展林业。WTO规则是一项复杂的贸易规范体系，充分利用可以大大提高我国贸易的主动地位，特别是在条款的利用方面，如林产品进出口贸易、技术设备的引进、新兴工业的保护、国际贸易争端的处理等。

2. 参与制定相关国际规则

林业可持续发展需要与环境保护有机结合，《21世纪议程》要求各国制订国家林业行动计划。为帮助各国有效制订国家林业行动计划，政府间森林问题工作组提出了一个基本原则：保障国家主权和国家领导，与国家政策和国际承诺相一致，与国家可持续发展战略相结合，促进合作关系和公众参与，兼顾整体利益和部门利益。

2002年，联合国粮食与农业组织成立了国家林业计划基金，旨在用5年时间促进60余个成员的国家林业计划进程的制订和实施，加强林业知识的全球共享。在政府间森林问题工作组通过的、联合国森林论坛批准的基本原则指导下，许多国家修订和制订了各自的国家林业计划。同时，各国都积极研究制订了森林可持续经营的标准和指标，并将其作为评价国家森林状况及变化趋势的工具，以促进森林可持续经营。

我国需要积极参与国际多边合作，参加国际森林问题多边磋商以及亚太经合组织林产品贸易自由化谈判，坚持立场，参与全球林业游戏规则制定，积极推进有关国际公约的制定、谈判与实施，及时做到中国与国际林业的接轨。要充分利用"绿箱"政策，有效利用结构调整支持、环境计划支持、地区援助等手段，加强林业能力建设，提高我国林业国际竞争力，维护国家的根本权益。

3. 完善与国际接轨的林业标准指标体系

要重视林产品国际技术标准的制定、完善和实施，扩大出口创汇能力。当今国际贸易关税壁垒大大减少，但非关税壁垒却呈上升趋势，有的国家采取各种办法限制外来商品进入，产品容易受到进口国的种种限制，给扩大出口造成障碍。近年来，我国家具等林产品的出口就受到各种阻挠而产生贸易摩擦。为了应对市场经济要求和激烈的国际竞争，我国必须加快实施林业标准战略，完善林产品贸易相关政策，推动具有自主知识产权的林业产品和技术进入国际市场，不断扩大我国林业的国际影响力。要紧紧围绕林业生态、产业和文化三大体系建设的工作重点，参照国际惯例，结合我国特点，研究和制定既符合WTO规则，又能保护我国国家利益，并有利于促进林业发展的林业标准和技术规程，建立和完善以国家标准和行业标准为主，地方标准和企业标准为辅的林业标准体系；积极参与国际标准的研究制定，逐步提高我国采用国际标准的比例，不断提高我国森林可持续经营水平。

（二）积极履行国际义务

不论是由林业牵头执行的《联合国防治荒漠化公约》《濒危野生动植物种国际贸易公约》《关于特别是作为水禽栖息地的国际重要湿地公约》（简称《湿地公约》）等，还是参与执行的《保护臭氧层维也纳公约》，《联合国气候变化框架公约》及其《京都议定书》，《生物多样性公约》，以及有关国际文件、双边协定等，我国都把其要点引入相关法律和政策中，并认真履行义务，树立良好的国际形象。

1. 认清履约的新形势和必要性

十多年来，国际社会在联合国环境与发展大会通过的《里约环境与发展宣言》《21世纪议程》《关于森林问题的原则声明》的基础上，先后成立了政府间森林问题工作组、政府间森林问题论坛和联合国森林论坛，开展世界范围内的官方磋商，力争在国际森林问题上有所突破，以实现全球性的森林可持续发展。与此同时，全球众多国家参加的森林可持续经营标准与指标的国际进程和森林认证工作也在蓬勃发展，都在不同程度地直接或间接地涉及各个国家的林业部门。近年来，全球范围内开展的林业政策、计划和管理机构的调整，不仅体现出外部的政治经济倾向，也反映了林业部门内部的变革。我国入世面临着"国内市场国际化，国际竞争国内化"的严峻局面。20世纪末，一些亚太经合组织的发达成员为了更多地占领国际市场，就提出要超前于WTO实施贸易投资自由化，林产品是优先讨论的9种商品之一。我国积极参与亚太经合组织贸易投资自由化谈判，并于2001年12月11日正式成为WTO成员方，表明了我国积极参与区域和世界经济合作的立场。按照WTO协议，我国林产品在2020年前将完全进入全球市场。

随着我国改革开放的不断深入，国家和社会对林业空前重视，经济发展和社会进步对林业可持续的要求越来越高，林业已成为我国生态、产业和文化建设的重要组成部分。我国林业正经历着前所未有的深刻变化，传统林业正在淡化，现代林业已经显现。入世后我国由局部性的对外开放，转变为全方位的对外开放；

由以政策主导下的试点性开放,转变为法律框架下的可预见开放;由单方面为主的自我开放,转变为与WTO成员之间的相互开放。这不仅给林业的对外开放工作带来了机遇,同时也带来了挑战。国内外的新形势要求我国林业必须转变思路,解放生产力,更广泛地参与国际分工与合作,更大限度地开放国内市场,满足新时期人类对林业的多种需求,促进现代林业又好又快地发展。

2. 履行WTO规则和林业相关协定

WTO强调可持续发展与环境保护,并允许为保护环境、人和动植物安全采取规则以外的措施。在WTO认可的20个国际协定中,有《濒危野生动植物种国际贸易公约》《京都议定书》《森林可持续经营标准和指标》《林产品加工技术、工艺、质量与环保标准》4个与林业直接相关。对这些协定和措施的执行,有助于我国林业发展和生态建设重点工程在符合WTO规则的基础上顺利实施。同时,WTO强调公平竞争,必将引入更多的民营机制,以降低成本和提高效率。

3. 通过履行国际公约树立良好国际形象

我国是一个少林国家,而且森林资源分布不均、质量不高,还面临着水土流失、土地荒漠化、水资源短缺、物种减少等突出的生态问题和频繁的水涝、干旱等自然灾害,经济发展与生态建设的任务都非常繁重。但是,我国政府一向高度重视环境与发展的协调问题,重视林业建设,把植树造林、绿化祖国、改善环境作为一件大事,从政策上、经济上、法律上采取了一系列重大措施。迄今,我国参与缔结或加入了40多项重要的国际环境条约,除了把这些公约中规定的权利、义务落到实处外,还根据国内情况通过一定法律程序将国际环境法规转化为适用的国内法加以实施。目前,我国已全部通过批准涉及森林问题的国际公约有《生物多样性公约》《联合国气候变化框架公约》《京都议定书》《联合国防治荒漠化公约》《濒危野生动植物种国际贸易公约》《湿地公约》《世界文化和自然遗产公约》等,还加入了《国际热带木材协定》,同时积极回应《21世纪议程》《关于森林问题的原则声明》等,承担起了一个大国的责任和义务。

4. 积极参与相关国际进程

(1) 森林可持续经营标准与指标进程。

联合国环境与发展大会后,世界各国都在自发地参与森林可持续经营国际进程的同时,积极对本国森林经营状况进行监测和评价。有关国际组织召开了一系列国际会议，对森林保护与可持续经营问题进行了讨论，提出了一系列的标准与指标体系框架。到目前为止，全球共有9大进程同时运作，150多个国家正式参与。

我国政府十分重视森林保护与可持续经营问题，并积极参与国际上与我国森林状况有关的活动。我国主要是蒙特利尔进程和国际热带木材组织进程的成员国，也参与了干旱亚洲进程的相关活动。目前，我国充分吸纳了国际上有关标准与指标体系的合理成分，并与国际标准和指标体系接轨，于2001年颁布了我国森林保护和可持续经营标准和指标体系框架，并继续研究在区域水平和经营单位水平上的标准与指标体系。

（2）森林执法与管理进程。

我国政府积极开展双边、多边国际交流与合作，相继参加了亚洲和欧洲及东北亚森林执法与管理等相关国际进程和会议，协助木材生产国控制非法采伐。2000年，中俄两国总理签署了合作开发和可持续经营俄罗斯东部地区森林资源的政府间协定；2001年，国家林业局参与了亚洲加强森林执法管理非正式部长级会议，共同发表了"采取紧急措施——制止林业违法和林业犯罪，特别是非法采伐，以及与之相关的非法贸易、腐败和对法律规定的消极影响"的声明；2002年和2008年，国家林业局分别与印度尼西亚和美国相关政府部门签署了关于非法采伐的谅解备忘录，承诺制止非法采伐和相关贸易；2005年，中欧在北京达成共识，双方同意"共同合作打击亚洲地区的非法采伐问题"；2005年，中俄领导人在北京会晤中一致同意进一步加强森林资源开发利用，加大对非法采伐木材和贸易的打击力度；2007年9月，我国与欧盟等联合在北京召开了森林执法和管理国际会议。对于木材非法采伐和相关贸易，我国政府反对态度坚决、打击立场强硬、遏制措施严厉，通过制定法律及完善进口管理法规，成立机构加强执法，完善木材监督管理体系，从而在木材供给、产品加工和居民消费链上建立起一整套有效的综合措施，来预防和制止这类事情的发生。同时，还与周边国家建立了一些联动机制，共同打击木材非法走私行为。所有这些政府间的合作及行动，充分体现了我国政府坚决打击木材非法采伐和相关贸易、维护国际木材贸易秩序的国际形象。

二、通过国际科技合作促进国内科技创新

（一）建设一批高水平的林业科技国际合作研发基地

当今世界，国与国之间的联系日益密切，尤其是随着经济全球化进程的加剧，各国都无法仅仅依靠自身力量谋求发展，世界市场已经把各国紧紧联系在一起，在利益上互相掣肘。可以说，在科技全球化浪潮中，科学研究全球化趋势日益加强，而跨国合办研究开发机构是国际科技合作深化的表现。目前，已有美国、日本、德国、澳大利亚、俄罗斯、韩国等多个国家的公司、科研机构和大学与我国的科研机构和高校合办了研究开发机构。对于林业来说，应顺应当今科技合作潮流，与国家重大林业科研计划、重点实验室、工程中心等相结合，积极鼓励并依托具有优势的科研院所与国外相关机构合作，建立高水平的林业国际合作研究中心和研发基地。在合作研究机构的研究方向上，应强调前沿领域研究，如生物技术和信息技术等，做好前瞻性研究，促进现代林业的可持续发展。

（二）建立国际化研究组织和研究网络以打造林业国际合作平台

随着我国综合国力的提高和林业科技国际地位的上升，林业科技国际合作的国际化运作也应提升层次，其中建立国际化研究组织就是重要的内容。1997年在北京成立的国际竹藤组织就是一个成功的范例。为了配合相关研究工作，我国政府还成立了国际竹藤网络研究中心。通过国际竹藤组织这一国际科技合作与交流平台，我国竹藤科研和开发水平日益提高，国际影响力日益增强。目前，我国已经成为国际竹藤研究开发和信息的集散地，众多国际机构都提出了合作研究的建议。

另外，现代林业的国际合作也应充分利用有利的国际形势和机遇，积极建立区域性林业研究网络，提升我国在林业国际合作中的地位和作用。目前，我国政府认真履行承诺，与有关国家开展合作，正在积极筹建亚太森林恢复和可持续管理网络。随着经济全球化与国际社会对气候变化问题的关注，建立区域性林业研究网络也将是我国林业进一步融入世界舞台，参与国际规则的制定，向世界展示一个负责任大国风范的重要途径。

（三）保护知识产权以强化科技创新

随着世界步入知识经济时代，知识资产已经成为国家财富的源泉。在国际科技合作中，知识产权制度的完善与否已经成为影响合作发展的重要因素。可以说，知识产权制度已经成为全球科技竞争与合作的一种基本规则。因此，我国应建立诸如植物新品种保护等方面的合理林业知识产权制度，并提高知识产权的管理能力，这也是促进林业科技创新的必要条件。

创新始终是科技工作的首要任务，林业行业也是如此。林业科技的创新离不开学习和借鉴、引进和吸收，通过采取"走出去、引进来"的方式，加强与林业发达国家的科技交流和合作，学习借鉴林业发达国家的先进经验，以最快的速度引进国外先进技术并加以吸收运用。把学习借鉴的经验和吸收的先进技术与我国特色相结合，并转化为发展的动力，推动我国现代林业建设赶超世界林业发达国家的发展水平，迈入国际林业先进国家行列。创新是现代林业的基本特征之一，也是现代林业国际合作的重要特征，没有创新的林业必将是没有发展前途的林业。需要强调的是，现代林业的国际科技合作目的是充分利用国际科技资源与成果，在消化吸收的基础上，进行自主创新和集成创新，形成拥有自主知识产权的林业科技技术。

（四）完善林业科技国际合作的支撑条件

今后，林业科技国际合作将更多地建立在平等投入、互惠互利的基础上，尤其是那些需要多国共同投资、共同研究、共享成果的重大科技项目。如果没有充足的专项经费投入，就无法参加重要的国际性研究计划，也就不能共享研究的资料和成果，从而导致错过许多发展良机。因此，应进一步加大对林业科技国际合作的投入力度，适时建立林业科技国际合作基金，支持重大项目的前期研究工作。另外，要建立健全我国林业科技国际合作的法律法规和管理体系，加强宏观调控和政策引导，加强各部门和各行业之间的联合和协作，提高林业国际合作项目的管理水平，这也是保障林业科技国际合作可持续发展的重要条件。

结 语

现代林业的管理过程较为复杂，应在统筹规划的前提下进行合理的布局和安排，提升现代林业的管理能力。首先，应在林业管理中引进科技手段，我国的国土辽阔，林业资源分布范围广，陈旧的林业管理观念已经不适宜现代林业的生态管理观念。因此，现代林业管理必须加强先进科学技术的引进，发展先进的林业管理技术，使用科学的检测管理设备，最典型的就是林业监测设备的使用。随着现代科技的不断发展进步，GPS等全球定位系统的不断升级，包括无人机技术的广泛运用，监测技术的不断发展，使得对林业资源的管理开始朝着信息化和智能化的方向发展。监测技术能够对林业资源进行准确定位和监控，使用多元化的信息技术，将林业资源纳入信息化的管理体系当中，因此，利用林业监测技术，会使林业管理模式发生巨大的转变，由传统的管理模式转向生态化的林业管理模式，提高林业管理效率。此外，监测技术还推动了林业资源的保护工作。当林业资源遭受水火等自然灾害的破坏时，先进的监测技术可以及时对灾情进行探测，有效控制自然灾害的范围，减小损害，保护林业资源的长远发展，使林业管理工作迈向现代化和生态化的高度。

其次，应强化生态管理观念和意识。现代林业管理务必要朝着生态化的方向发展。这是时代和社会对于现代林业提出的新要求。生态管理观念会引导林业发展朝着可持续的方向进步，促进林业资源的生长和合理利用。在管理工作中，应当切实加强林业管理工作人员的生态观念和管理素质，培养管理工作的生态性和可持续性，用健康的生态文明发展观念促进我国林业资源健康发展，使林业资源有节制、合理的利用，在创造出经济效益的同时也维护自身的可持续发展。林业的生态管理观念是现代林业资源良性发展的前提，使林业资源能为社会发展提供动力。在管理工作开展之前，应当建设一支高水平、专业性强并具有生态文明观念的队伍，加强行业的准入门槛和考核制度，保证在工作中能够对林业的生态保护达成共识。

最后，还应建立林业的社会保护机制。林业管理工作的现代化发展需要全社会的共同努力，社会各界和有关林业管理部门应当加快对林业管理现代化工作的推进。政府有关部门应当加强对林业管理生态化的扶持力度，提供充足的资金和技术支持，联合社会企业的力量，为林业管理工作提供科技设备的资助。同时，各大高校的林业专业应当注重学生生态观念的培养，提升学生的林业情感和创新能力，加强对林业专业知识的培训。收集社会有效资源，改进管理方式，将技术引进来，使优质的林业资源走出去，结合我国各个地区的实际情况，在林业培养基地中积极打造实验林业区，使先进的林业管理技术得到充分的检验。此外，应当加强对林业保护的立法，完善对林业资源的法律保护。

参考文献

[1] 张爱民. 现代林业育苗栽培管理技术要点分析[J]. 农家参谋, 2021（11）: 165-166.

[2] 苏永忠. 现代林业常见病虫害无公害防治技术[J]. 农家参谋, 2021（8）: 168-169.

[3] 文琴. 基于现代林业育苗栽培管理技术分析[J]. 农家参谋, 2021（7）: 169-170.

[4] 安东, 杨冰. 关于现代林业育苗栽培管理技术的探究[J]. 农村实用技术, 2021（4）: 124-125.

[5] 刘开益. 浅析现代林业造林方法及营林生产管理[J]. 甘肃农业, 2021（3）: 95-96+101.

[6] 黄智勇. 现代林业生态建设与林政资源管理探析[J]. 南方农业, 2021, 15（8）: 112-113.

[7] 丁丽艳. 现代林业育苗栽培管理技术要点分析[J]. 现代农业研究, 2021, 27（3）: 105-106.

[8] 王洁琼. 现代林业造林方法及营林生产管理措施分析[J]. 南方农业, 2021, 15（6）: 114-115.

[9] 颜锐. 试析林业技术创新与现代林业的发展[J]. 新农业, 2021（2）: 34.

[10] 王晓升. 林业造林方法及营林生产管理的措施[J]. 农家参谋, 2021（2）: 164-165.

[11] 王心玲. 现代林业企业财务管理信息化建设分析[J]. 农业灾害研究, 2020, 10（8）: 183-184.

[12] 李金亮. 现代林业育苗栽培管理技术：以徽县为例[J]. 乡村科技, 2020, 11（30）: 67-68.

[13] 张菁菁. 现代林业造林方法及营林生产管理[J]. 现代园艺, 2020, 43（20）: 204-205.

[14] 邱凤章. 现代林业发展思路探析[J]. 农家参谋, 2020（21）: 115-116.

[15] 贺树荣. 现代林业造林方法及营林生产管理探讨[J]. 种子科技, 2020, 38（19）: 61-62.

[16] 王新峰. 现代林业育苗栽培管理技术关键点研究[J]. 农家参谋, 2020（23）: 57-58.

[17] 卢志华. 林业育苗栽培技术的应用分析[J]. 新农业, 2020（19）: 26-27.

[18] 李淳. 林业技术创新与现代林业的发展研究[J]. 种子科技, 2020, 38（17）: 119-120.

[19] 刘淳浩. 浅谈我国生态林业管理现状及优化措施[J]. 种子科技, 2020, 38（17）: 23-24.

[20] 樊辉. 现代林业生产管理技术[M]. 兰州: 甘肃科学技术出版社, 2003.

[21] 吴彧. 林业企业现代管理问答[M]. 昆明: 云南科技出版社, 1989.

[22] 刘俊昌, 姜恩来, 李红勋, 等. 现代林业生态工程管理模式研究[M]. 北京: 中国林业出版社, 2008.

[23] 胡文亮. 梁希与中国近现代林业发展研究[M]. 南京: 江苏人民出版社, 2016.

[24] 杜娟, 赵敏. 林业多层经营管理[M]. 北京: 中国社会出版社, 2006.